教科書の公式ガイドブック

教科書ガイド

東京書籍 版

新しい国語

完全準拠

中学国語

1年

教科書の内容がよくわかる

JN085434

編集発行 あすとろ出版

▼巻頭詩

風の五線譜《ごせんふ》

作者・高階杞一《たかしなきいち》

教科書表紙裏

○学習目標

●詩の意味を捉《とら》え、読み方を工夫《くふう》して音読する。

●詩の形式と構成

形式は口語自由詩。六つの連から成っている。内容は、全体の様子を描写《びょうしゃ》する第一連、葉っぱの異なる点を述べた第二〜四連、葉っぱの個性を受けてまとめた第五〜六連と、大きく三つに分けられる。

・第一連（1行目）……風にゆれる葉っぱたち。
・第二連（2〜3行目）…葉っぱの大小。
・第三連（4〜5行目）…葉っぱの形状。
・第四連（6〜7行目）…葉っぱの色。
・第五連（8〜11行目）…葉っぱたちが出す音。
・第六連（12〜13行目）…葉っぱたちが曲を奏《かな》でる。

●主題

さまざまな個性が重なって生み出される調和。

無数の葉っぱが風に吹《ふ》かれてゆれている。葉っぱには、大きさ、形、色などの異なった個性がある。風に吹かれて出す音も、それぞれに違《ちが》っている。それなのに、葉っぱの音たちは調和してきれいな曲を奏でている。人間の個性を葉っぱに見立てて表現している。

●表現の特色

さまざまな表現技法が使われている。「葉っぱ」という言葉を反復すると同時に、体言止め（文末を体言で終わらせる表現）を用いることで印象を強めている。第二〜四連では、「大きな葉っぱ／小さな葉っぱ」のように対句《ついく》も多用され、全体を通してリズム感が生み出されている。第五・六連では、「みんなで／きれいな曲を奏でている」のように、擬人法《ぎじん》（人間以外のものを人間のようにたとえる表現）も用いられている。

●教科書の課題

○詩の意味を捉え、読み方を工夫して音読しよう。

解説 別々の個性を持つ人たちが、自身の個性を生かしながら学校や社会の中で調和しているという主題を意識して読もう。反復、体言止め、対句の表現技法から生まれるリズムも感じながら読もう。

▼本書は、東京書籍版中学国語教科書『新しい国語』に完全準拠《じゅんきょ》したガイドブックです。

※教科書本編の読書案内（『本で世界を広げよう』など）、資料編はあつかっておりません。

本書の構成

＊本書では、教科書の本文を引用する際に、教科書のページ・行を次のような形式で表しています。
例 教科書25ページ8行目→（25・8）

読解教材（文章・詩歌・古典）

解説の流れ ガイダンス→漢字→語句→読解→教科書の課題

●**ガイダンス**……教材のおおよそが理解できるように、学習目標やあらすじ（あらまし）、文章の構成、主題（要旨《ようし》）などを解説しています。また、詩では表現の特色も示しています。

●**新出漢字・新出音訓**……新出漢字や新出音訓について、読み方や意味、用例などを示しています。

・漢字には□、音訓には（　）の記入欄《らん》を設けてあります。理解を深めるために、一度書いてみることができます。

●**語句・文の意味**……教材の脚注《きゃくちゅう》に記号つきで示された語句を中心に、難しい語句や文について、文脈に即した意味や解釈《かいしゃく》を解説しています。必要に応じて、類義語・対義語、短文の例も示しています。

●**読み解こう**……文章教材では、段落（場面）ごとに内容の要約を示したうえで、文章の流れに沿って、筆者（作者）の主張や登場人物の心情などの読解上のポイントを取り上げて解説しています。

・古典では、原文の読み方と現代語訳も示しています。

・記入欄の解答は、学習内容が理解しやすいように、教材の中に出てくる言葉を取り上げています。

●**てびき―解答と解説**……教材末にある課題について、解答や解説を示しています。

表現教材（［話す・聞く］［書く］）

教科書の項目《こうもく》立てに沿って、学習する表現事項の要点をまとめるとともに、表現活動を行うときの注意点を解説しています。

・教科書に示された例文や事例についての解説も示しています。

・読み解こうと同様に、解説に記入欄を設けてあります。

言語教材（日本語探検・文法の窓・漢字道場）

●**新出漢字・新出音訓**……新出漢字や新出音訓について、読解教材と同様に読み方などを示しています。

教科書の項目立てに沿って、学習する言語事項の要点をまとめ、簡潔に解説しています。

・教科書の問題に対する解答や解説を示しています。

・「文法の窓」では、基礎《きそ》編の内容も取りこんで解説し、基礎編の問題に対する解答や解説も示しています。

その他

■**巻頭詩**……教科書表紙裏の詩について、学習目標や構成、主題、表現の特色などを簡潔に解説しています。

■**扉《とびら》の詩七編**……教科書単元扉の詩について、大意や作者などを簡潔に解説しています。

※『詩の心――発見の喜び』の中であつかっています。

■**学びの扉**……基礎編の内容を中心に、学習する「学びを支える言葉の力」の要点を簡潔にまとめて解説しています。

目次

古典と文法の窓の教材名の下には，それぞれ教科書と同じ動画等が見られる二次元コードが入っています。古典原文の読み方の確認や文法ゲームで，内容の理解が深まります。

＊資料(コンテンツ)の使用料はかかりませんが，インターネットの通信費は自己負担となります。

▼読む　言葉の学習

話し方はどうかな

筆者・川上裕之《かわかみひろゆき》

教科書14〜21ページ

ガイダンス

学習目標を押《お》さえ、「話し方はどうかな」のおおよその内容を理解しよう。

●学習目標

- ●相手にとって聞き取りやすいように注意して話す。
- ●文章の内容を捉《とら》え、話し方について考える。

●あらまし

話が相手にとって聞きやすいかどうかは、話す速さに左右されることが多い。最高に速い話し方なら一分間に九百字くらい話せるが、聞きやすい速さとしては一分間に三百字が基準である。この速さを練習して身につけよう。そのうえで緩急《かんきゅう》や強弱などの「話の表情」を加えると、魅力《みりょく》的な話し方になる。この話し方を日常の会話にも取り入れ、聞き手によく分かるような話し方を工夫することを心がけていこう。

筆者が、アナウンサーとしての長年の経験を生かして、上手な話し方を教えてくれているよ。授業中の発表などにも生かせそうだね。

●文章の構成

大きく四つの意味段落に分けることができる。第一段落で話題を提示し、第二、第三段落で筆者の考えを説明し、第四段落で読者への呼びかけをして結んでいる。

- ・第一段落（初め〜15・13）……聞き取りやすい話し方について考えてみよう。（話題の提示）
- ・第二段落（15・14〜17・11）…話す速さの表し方と速さの限度。
- ・第三段落（17・12〜19・7）…聞きやすい速さと「話の表情」の工夫。
- ・第四段落（19・8〜終わり）…話し方を工夫しよう。（結び）

第二、第三段落では、話す速さを実感できるよう、具体的な原稿が提示されている。時間を計りながら声に出して読み、速さを確かめてみよう。

●要旨

相手にとって聞き取りやすい話し方をするには、一分間に三百字という聞き取りやすい速さを土台にしたうえで、緩急や強弱などの「話の表情」を加えることが必要である。

第三段落から筆者の考えを読み取ろう。

新出漢字・新出音訓

読みの太字は送り仮名を示す。（　）は中学校では学習しなくてもよい読みを、━線は特別な言葉に限って使われる読みを示す。例は用例を示し、例中の太字は教科書本文中の語句であることを示す。新出音訓の▼は、常用漢字表の「付表」の語を示す。□には漢字を、（　）には読みを書こう。

p.14 **皆** カイ みな 9画 白 □
すべて、みんな。例 **皆《みな》さん**。皆勤《かいきん》。皆無《かいむ》。

p.14 **挟** （キョウ） はさむ はさまる 9画 手 □
両側からはさむ。例 **挟《はさ》まる**。挟《はさ》み撃《う》ち。

p.14 **汗** カン あせ 6画 水 □
あせ。例 **大汗《おおあせ》**。冷《ひ》や汗《あせ》。発汗《はっかん》。

p.15 **遅** チ おくれる おくらす おそい 12画 辶 □
①進行に時間がかかる。例 **遅《おそ》い**。遅筆《ちひつ》。
②間に合わない。例 遅刻《ちこく》。遅延《ちえん》。

p.15 **普** フ 12画 日 □
①めずらしくない。なみ。例 **普通《ふつう》**。普段《ふだん》。
②広くゆきわたる。例 普及《ふきゅう》。普遍《ふへん》。

p.15 **稿** コウ 15画 禾 □
詩や文章などの下書き。例 **原稿《げんこう》**。投稿《とうこう》。寄稿《きこう》。

p.15 **況** キョウ 8画 水 □
様子。ありさま。例 **実況《じっきょう》**。**状況《じょうきょう》**。近況《きんきょう》。

p.16 **継** ケイ つぐ 13画 糸 □
あとを受けつぐ。例 **中継《ちゅうけい》**。後継《こうけい》。継承《けいしょう》する。
あと継《つ》ぎ。

p.16 **塁** ルイ 12画 土 □
①野球のベース。例 **満塁《まんるい》**。一塁《いちるい》。盗塁《とうるい》。
②土を積み重ねたとりで。例 土塁《どるい》。城塁《じょうるい》。

p.16 **抜** バツ ぬく ぬかす ぬける ぬかる 7画 手 □
①ぬく。引きぬく。例 **抜《ぬ》ける**。抜糸《ばっし》。抜刀《ばっとう》。
②ぬきん出る。例 抜群《ばつぐん》。卓抜《たくばつ》。
抜粋《ばっすい》。

p.16 **跳** チョウ はねる とぶ 13画 足 □
とびはねる。例 **跳《は》ね返《かえ》る**。高跳《たかと》び。跳躍《ちょうやく》。

「跳ぶ」は、地上に足をつけてとび上がる意味を表すんだ。空中を移動したり、ある場所からはなれたりする場合は「飛ぶ」と書くよ。

p.16 **捕** ホ とらえる とらわれる とる つかまえる つかまる 10画 手 □
とらえる。つかまえる。つかまる。例 **捕《と》る**。
捕手《ほしゅ》。捕獲《ほかく》。逮捕《たいほ》。

p.16 **込** こむ こめる 5画 辶 □
①中に入る。入りこむ。例 **滑《すべ》り込《こ》む**。申《もう》し込《こ》む。見込《みこ》み。
②混雑する。例 込《こ》み合《あ》う。

p.18 **猛** モウ 11画 犬 □
①はげしい。きびしい。例 **猛烈《もうれつ》**。猛暑《もうしょ》。猛《もう》攻《こう》。
②あらあらしい。例 猛獣《もうじゅう》。

p.18 **烈** レツ 10画 火 □
はげしい。他を圧倒《あっとう》する力がある。例 **猛烈《もうれつ》**。
熱烈《ねつれつ》。強烈《きょうれつ》。烈火《れっか》。

p.18 **乾** カン かわく かわかす 11画 乙 □
かわく。かわかす。ほす。例 **乾燥《かんそう》**。乾杯《かんぱい》。
乾電池《かんでんち》。

p.18 **燥** ソウ 17画 火 □
かわく。かわかす。例 **乾燥《かんそう》**。焦燥《しょうそう》。

p.18 **扱** あつかう 6画 手 □
取りさばく。もてなす。操作する。例 **取《と》り扱《あつか》い**。扱《あつか》い方《かた》。客扱《きゃくあつか》い。

p.18 **互** ゴ たがい 4画 二 □

たがいに。例**交互**《こうご》。互角《ごかく》。互《たが》いに話《はな》す。

p.19 **淡** タン あわい 11画 水 □

①あっさりしている。例**淡々**《たんたん》。冷淡《れいたん》。②色や味がうすい。例濃淡《のうたん》。淡色《たんしょく》。③塩気がない。例淡水《たんすい》。

■**新出音訓**（――線部の読みを書こう。）

①漢字と仮名が交じる。 p.15（　）

②特定の状況の下で話す。 p.17（　）

③工夫して話す。 p.19（　）

答 ①かな ②もと ③くふう

語句・文の意味

語義が複数の場合、①に教科書本文中の語義を示してある。類は類義語、対は対義語、文は語句を用いた短文例を示す。
●印は、教科書の脚注に示されている語句である。

▼14ページ

●**言葉を挟む**《ことばをはさむ》 人が何か話している最中に話の流れをさえぎるように割り込む。類口を挟む。文友達の話に言葉を挟む。

ペース 仕事や運動の速度。一定の調子。

●**しどろもどろ** 話の内容や話し方が、乱れたりもたついたりする様子。文くわしい説明を求められ、しどろもどろになる。

大汗をかく《おおあせをかく》 非常に恥《は》ずかしい思いや困った経験をする。

▼15ページ

量的《りょうてき》 物事を量の面から見た様子。数量に関する様子。対質的。

●**普通**《ふつう》 他と変わりがない様子。ごく当たり前の様子。類一般《いっぱん》。対特殊《とくしゅ》。特別。

●**山場**《やまば》 物語や劇などで、最も人の心をひきつけるところ。クライマックス。

▼17ページ

換算《かんさん》 ある単位の数量を別の単位に置きかえて数えること。

●**状況**《じょうきょう》 変化していく物事の、その時々の様子。類情況。状態。情勢。

●**基準**《きじゅん》 物事を比べるときのよりどころ。類標準。

▼18ページ

●**猛烈**《もうれつ》 勢いの激しい様子。程度のはなはだしい様子。

優勢《ゆうせい》 勢いが他よりもまさっていること。対劣勢《れっせい》。

●**非常に**《ひじょうに》 普通でない様子。程度のはなはだしい様子。類大変。とても。はなはだ。すこぶる。

●**起承転結**《きしょうてんけつ》 ①物事の順序や組み立て。物事の展開や物語などにおける四段構成。②漢詩（特に四句から成る「絶句」）の構成法。起句（第一句）で言い起こし、承句（第二句）でそれを受け、転句（第三句）で内容を転じて発展させ、結句（第四句）で全体をまとめて結ぶ。

緩急《かんきゅう》 ゆっくりしたところと速いところ。ここでの「緩急がある」とは、速さに変化があること。

▼19ページ

●**淡々**《たんたん》 物事にこだわらず、あっさりしている様子。文悲しい体験を淡々と語った。

●**内容**《ないよう》 ①言葉などで表現されていることがら。実質的な意味。対形式。②形あるものの中身。

●**機会**《きかい》 何かをするのに都合のよいとき。類機。時機。チャンス。

読み解こう

段落ごとの内容を捉えよう。

［　］の中には当てはまる言葉を書こう。

第一段落 **［初め〜15・13］聞き取りやすい話し方について考えてみよう。（話題の提示）**

■**テーマを理解する。**

・話が聞き取りやすいか、聞き取りにくいかは、話す［　］によることが多い。相手に聞き取りやすいように話すための速さについて考えてみよう。

▼速さ

テストに出る!

問 **「このへんのこと」（15・6）とはどのようなことか。**

答 話す速さによって、聞き取りやすさが変わるということ。

テストに出る!

問 **「こういう速さの決め方をしましょう。」（15・13）とあるが、どのような決め方か。**

答 話を録音して漢字仮名交じり文で原稿用紙に書いていき、一分間に何字話したかで速さを表すという決め方。

第二段落 **［15・14〜17・11］話す速さの表し方と速さの限度。**

■**話す速さとはどういうことかおさえる。**

・日本人が話す日本語の最高速度は、スポーツ・アナウンサーが［①　］でしゃべるときの速さ。

・一分間に［②　］が限度であると筆者は考えている。

▼①実況の山場　②九百字

■**野球の中継放送の山場でアナウンサーがしゃべるときの速さは、「分速に換算しますと八百七十字というスピード」（17・2）になるが、こんな早口でも、聞き取り、理解することができるのはなぜかを捉える。**

・アナウンサーは職業的に十分な訓練と経験を積んでいるし、聞き手はアナウンサーが野球の試合の状況をしゃべっていると知っているから。

第三段落 **［17・12〜19・7］聞きやすい速さと「話の表情」の工夫。**

■**「いちばん聞きやすい速さ」（17・12）を押さえる。**

・一分間に［　］を基準とした速さ。

▼三百字

■**「次の文章を声に出して読んでみましょう。」（17・14）とあるが、ここで筆者が具体的な文章を提示している目的を捉える。**

・「いちばん聞きやすい速さ」を読者に実感してもらうため。

■**「『話の表情』」（19・2）とは何かをまとめる。**

・「重要な部分の話はゆっくり、そうでないところは速く」（19・1）

という具合に、話の内容や□に合わせ、緩急、強弱などをつけて話し方に変化を持たせること。

▼起承転結

第四段落 [19・8〜終わり] **話し方を工夫しよう。(結び)**

■**筆者の主張をまとめる。**

・発言する際には、聞き手によく分かるような話し方を工夫していこう。

テストに出る!

問 **筆者の言う「聞き手によく分かるような話し方」(19・9)とはどのようなものか。**

答 一分間に三百字を基準とした速さを土台とし、話の内容に合わせて話す速さや声の強さに変化をつける話し方。

てびきー解答と解説

教科書の課題を解き、学習内容をしっかりと身につけよう。 教科書20〜21ページ

1 言葉を調べて意味や使い方を知る

解説 辞典によって意味や用例が異なることもあるので、複数の辞典を見比べてみるのもよい。

2 文章を読んで考える

・筆者は、話し方において大切なことは何だと考えているか。

解答 話す速さ…人がいちばん聞きやすい、一分間に三百字の速さを基準にして話すこと。

話の表情…重要な部分の話はゆっくり、そうでないところは速くというように、話の内容に合わせて緩急や強弱をつけて話すこと。

解説 「話す速さ」「話の表情」という二つのキーワードがある。「話す速さ」は具体的な数字を用いて説明されていることに注目しよう。

3 発声練習をする

解説 「発声練習」(21ページ)を使って、はっきりと分かりやすく話してみよう。

4 話し方に注意して文章を音読する

(1) 「実況」の原稿(16・5〜16・13)を、できるだけ速く音読してみよう。聞き手は、内容が聞き取れたかどうかを伝えよう。

解説 速さに意識が行きがちだが、きちんと相手に伝わるように読むことが大切である。声の高さや大きさで試合の盛り上がりや会場の雰囲気《ふんいき》も伝えられるとよい。

(2) 「気象情報」の原稿(18・1〜18・10)を、適切な話し方を意識して音読してみよう。聞き手は、話し方についてよかったところや気づいたことを伝えよう。

解説 一分間で読み切ることを意識しながら、聞き手にとって大切な情報がしっかり伝わるように工夫して話すようにしよう。気象情報という原稿の性質上、聞き手に注意を呼びかける箇所《かしょ》は、特に伝わりやすいように速さや話の表情を意識してみよう。

・「大雪の恐《おそ》れ」(18・5)

・「空気が非常に乾燥していますので、火の取り扱いには十分ご注意ください」(18・8)

日本語探検1

音声の働きや仕組み

教科書22ページ

◎**学習内容の要点を押《お》さえよう。（□の中には当てはまる言葉を書こう。）**

●音声の働き

・人が言葉を伝え合うときに使う音を、音声という。

・［k・s・g・p］などを①□、［a・i・u・e・o］を②□という。子音《しいん》と母音《ぼいん》との組み合わせで、さまざまな語を作ることができる。

例 あまがえる＝a・m・a・g・a・e・r・u

▼①子音　②母音

●音節

・□(拍《はく》)とは発音の単位である。

・子音一つと母音一つの組み合わせ、または母音一つで作られるのが基本であり、原則として「あ・か・ざ」などの仮名文字一つで表される。

▼音節

・基本の音節のほかに、次のような音節がある。

促音《そくおん》…「にっき」など　撥音《はつおん》…「ほん」など

長音…「ぼうし」「こおり」「ノート」など

拗音《ようおん》…「としょ」「じゅず」など

●アクセントとイントネーション

・一つ一つの語の音の高低の配置をアクセントという。

・文の末尾《まつび》の上がり下がりの調子をイントネーションという。

＊通常の文では文の末尾の音声を①□言い、質問の文では②□言うのが一般的である。

▼①下げて　②上げて

アクセント

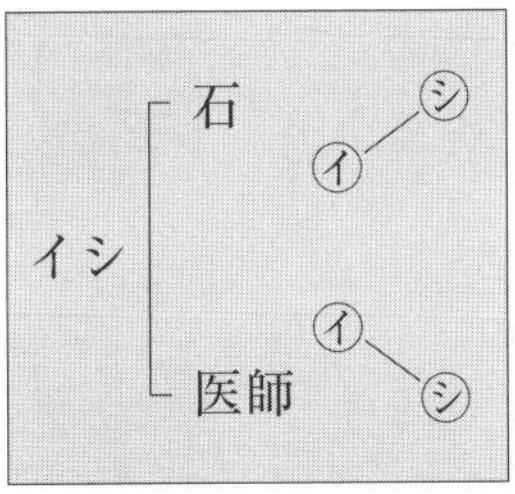

イントネーション

ペンを買うの。↓
（通常の文）
ペンを買うの。↑
（質問の文）

テストに出る！

問 **次の㋐・㋑の語について、アクセントによってどのように意味が変わるか、確かめてみよう。**

㋐あめ　㋑きる

答 ㋐雨（「あ」を高く言う）・飴（「め」を高く言う）

㋑切る（「き」を高く言う）・着る（「る」を高く言う）

◆同じ音の語がアクセントの違いで別の語として区別されることに注意しよう。「はし（箸・橋）」も同様で、「は」を高く言うと「箸」、「し」を高く言うと「橋」を表す。

1 ▼読む　言語感覚

詩の心――発見の喜び

筆者・嶋岡《しまおか》　晨《しん》

教科書24～28ページ

ガイダンス

学習目標を押《お》さえ、「詩の心――発見の喜び」のおおよそを理解しよう。

○学習目標

●詩に描《えが》かれた風景や思いを想像し、詩を音読して読み味わう。
●詩を鑑賞《かんしょう》し、表現の工夫などについて考える。

○言葉の力　詩を鑑賞する

●音読して、言葉の響《ひび》きを感じ取る。
●描き出されている風景や、詩に込められている思いを想像する。
●比喩などの表現技法に着目する。

●あらまし

詩の心は、素朴に心を動かすところから始まる。何の技巧もない表現の中にも心をひくものがあるのは、それが詩人の心の新鮮な働きから生まれているからである。詩の心における「感じる作業」とは、ものを表面的にではなく、より深く感じることである。作者の深い感じ方こそが、単純な事実を感動的なものにしている。詩人は、自らが感じた発見や驚きを表現することで、私たちの詩の心を目覚めさせ、連想や比喩の楽しさを教えてくれる。詩は、作者にとっても読者にとっても、ものによく感じて、新しい驚きを発見する喜びをもたらしてくれるものである。

●文章の構成

三編の詩を引用し、それぞれの内容や表現の工夫を解説しながら、詩の創作や鑑賞の楽しみを語っている。

・第一段落（初め～25・5）……詩は、素朴に心を動かすところから始まる。（山村《やまむら》暮鳥《ぼちょう》の詩「雲」を例に）
・第二段落（25・6～26・5）…詩の心は、ものをより深く感じること。（八木重吉《やぎじゅうきち》の詩「虫」を例に）
・第三段落（26・6～27・3）…詩の表現が、改めて連想や比喩の楽しさを教えてくれる。（三好達治《みよしたつじ》の詩「土」を例に）
・第四段落（27・4～終わり）…詩を通して新しい驚きを発見する喜び。

●要旨

詩の心とは、ごくあたりまえのものに素朴に心を動かし、より深く感じることによって、新しい驚きを発見することである。

新出漢字・新出音訓

読みの太字は送り仮名を示す。（ ）は中学校では学習しなくてもよい読みを、|線は特別な言葉に限って使われる読みを示す。例は用例を示し、例中の太字は教科書本文中の語句であることを示す。新出音訓の▼は、常用漢字表の「付表」の語を示す。□には漢字を、（ ）には読みを書こう。

p.24 **朴** ボク　6画　木 □
かざりけがない。例 **素朴**《そぼく》。純朴《じゅんぼく》。朴直《ぼくちょく》。

p.24 **巧** コウ　たくみ　5画　工 □
技術がすぐれ、できばえがよいこと。例 **技**《ぎ》**巧**《こう》。巧《たく》み。巧妙《こうみょう》。精巧《せいこう》。巧言《こうげん》。

音読みが同じで形も似ている「功」と間違《まちが》えないように気をつけてね。

p.25 **悠** ユウ　11画　心 □
①どこまでも。はるかに。例 悠遠《ゆうえん》。悠久《ゆうきゅう》。
②ゆったりしている。例 **悠然**《ゆうぜん》。悠長《ゆうちょう》。悠々《ゆうゆう》。

p.25 **隠** イン　かく**す**　かく**れる**　14画　阝 □
①かくれる。世事をはなれる。例 **隠**《かく》**れる**。隠居《いんきょ》。隠顕《いんけん》。
②おおいかくす。人に知られない。例 隠語《いんご》。隠謀《いんぼう》。隠忍《いんにん》。

p.25 **鮮** セン　あざ**やか**　17画　魚 □
①新しい。例 **新鮮**《しんせん》。鮮度《せんど》。鮮魚《せんぎょ》。②あざやか。例 鮮明《せんめい》。鮮烈《せんれつ》。

p.25 **驚** キョウ　おどろ**く**　おどろ**かす**　22画　馬 □
事の意外さ、重大さにびっくりする。例 **驚**《おどろ》**く**。驚異《きょうい》。驚嘆《きょうたん》。

もともと、馬がおびえてさわぐことを表す字なのよ。

p.25 **涙** ルイ　なみだ　10画　水 □
なみだ。例 **涙**《なみだ》。感涙《かんるい》。落涙《らくるい》。

p.26 **詰** （キツ）　つ**める**　つ**む**　つまる　13画　言 □
①つまる。ふさがる。例 **切羽詰**《せっぱつ》**まる**。缶詰《かんづめ》。
②問いただす。なじる。例 詰問《きつもん》。詰責《きっせき》。

p.26 **剣** ケン　つるぎ　10画　刀 □
つるぎ。たち。例 **真剣**《しんけん》。短剣《たんけん》。剣道《けんどう》。

p.26 **核** カク　10画　木 □
①果物の種。例 **結核**《けっかく》。②物事の中心。例 中核《ちゅうかく》。核心《かくしん》。③細胞の中心になるもの。例 細胞核《さいぼうかく》。④原子核。例 核実験《かくじっけん》。核爆発《かくばくはつ》。

p.26 **歳** サイ　|セイ　13画　止 □
①年齢《ねんれい》を数える語。例 **三十歳**《さんじっさい》。②一年。月日。例 歳月《さいげつ》。歳出《さいしゅつ》。歳暮《せいぼ》。

「二十歳」の場合は、「にじっさい」ではなく、「はたち」と読むよ。

p.26 **骸** ガイ　16画　骨 □
①なきがら。例 **死骸**《しがい》。②ほね。例 骸骨《がいこつ》。

p.27 **喩（喩）** ユ　12画　口 □
たとえる。例 **比喩**《ひゆ》。直喩《ちょくゆ》。隠喩《いんゆ》。

■ **新出音訓**（──線部の読みを書こう。）

①素直な気持ち。➡p.24（　　　）

答 ①すなお

語句・文の意味

語義が複数の場合、①に教科書本文中の語義を示してある。類は類義語、対は対義語、文は語句を用いた短文例を示す。
●印は、教科書の脚注に示されている語句である。

▼24ページ

素朴《そぼく》　かざりけがなく、ありのままである様子。

馬鹿《ばか》に　度をこえている様子。類随分《ずいぶん》。たいそう。はなはだ。

「馬鹿騒《さわ》ぎ」「馬鹿正直」などの場合も、同じ意味だね。

●**技巧《ぎこう》**　文学や芸術などにおける表現の仕方の工夫。

▼25ページ

ほのぼの　①ほんのりと心に温かみが感じられる様子。②ほのかに明るい様子。

●**悠然《ゆうぜん》**　ゆったりと落ち着いていて、動じない様子。類悠々。

●**願望《がんぼう》**　ねがい、のぞむこと。類希望。

●**純真《じゅんしん》**　心にけがれがない様子。邪心《じゃしん》や私欲のない様子。類純粋《じゅんすい》。無垢《むく》。

●**反応《はんのう》**　他からの働きかけに応じて起こる動き。文目の前に飛んできたボールにとっさに反応した。

表面的《ひょうめんてき》　物事の見かけやうわべだけにとどまっている様子。類外面的。

いま　ないておかなければ　前後の行では「鳴いて」と漢字で書いてあるのに、ここだけ「ないて」と平仮名で書いてあることに着目したい。「いま　ないておかなければ／もう駄目だ」は、作者が虫の心境を想像して表現したものであり、音を出すという意味での「鳴く」だけでなく、悲しみの感情がこもった「泣く」の意味を込めようとしたのかもしれない。

駄目《だめ》　①機能が停止すること。②できないこと。③してはいけないこと。④無益なこと。ここの「もう駄目だ」は、「もう終わりだ」「もう死んでしまう」といった意味。

涙《なみだ》をさそう　涙を流さずにはいられないような気持ちにさせる。悲しみや感動をもたらす。文親子の別れの場面が、観客の涙をさそう。

▼26ページ

●**切羽《せっぱ》詰《つ》まる**　物事がさし迫《せま》って、どうにもならなくなる。文一人でやるつもりの仕事だったが、切羽詰まって仲間に協力を求めた。

「切羽」は、刀の鍔《つば》の部分についている金具のこと。「ここが詰まると刀が抜けなくなることから」とか、「刀の鍔に手をかけて抜こうとしている様子から」など、語源には複数の説があります。

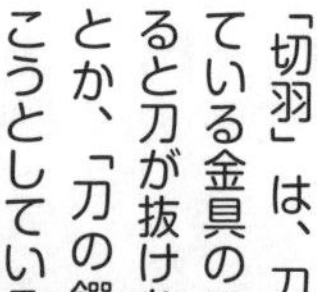

●**単純《たんじゅん》**　①仕組みや働きなどが簡単な様子。②そのものだけで、他のものがまじっていないこと。対複雑。

●**痛《いた》ましい**　心が痛む。いたいたしい。

●**光景《こうけい》**　①ある場面の具体的な様子。②目の前に広がるながめ。類情景。景色。

無論《むろん》　言うまでもなく。

▼27ページ

●**比喩《ひゆ》**　特徴《とくちょう》のよく似た別のものを引いてきて、あるものを印象深く描き出す表現。「ようだ」「みたいだ」などの比喩を表す言葉を用いるものを「直喩」、そうした言葉を用いないものを「隠喩（暗喩）」という。

●**もたらす**　ある状態を実現させる。文チームの団結力が勝利をもたらした。

読み解こう

場面ごとの内容を捉《とら》えよう。□の中には当てはまる言葉を書こう。

第一段落

〔初め～25・5〕詩は、素朴に心を動かすところから始まる。（山村暮鳥の詩「雲」を例に）

詩の心は、素直に心を動かすことから始まる。山村暮鳥の詩「雲」は、ごくあたりまえのものを、子供のような純真さで捉えた心の新鮮な働きから生まれている。

■山村暮鳥の詩は、どのようなものに感動して書かれたのかを押さえる。

・空を□がゆっくりと流れていく光景に感動して書かれた詩。

▼雲

■筆者は山村暮鳥の詩を通して何を伝えようとしているか考える。

・この詩を通して、詩の心はある「もの」に対し素直に何かを感じ、素朴に□ところから始まるということを伝えようとしている。

▼心を動かす

テストに出る！

問 「素直に何かを感じ、素朴に心を動かすところ(24・2)」と同じような意味で使われている語句を抜き出しなさい。

答 子供のような純真さで、初めて見たり聞いたりするような、心の新鮮な働き(25・4)

テストに出る！

問 「それでいて何となくほのぼのと、心をひくものがあります。(25・1)」とあるが、その理由を筆者はどのように考えているか。

答 素朴な感動の中に、悠然と気ままに旅をしたいという作者の願望が隠れていて、読者にも同じ願望を呼び覚ますから。

第二段落

〔25・6～26・5〕詩の心は、ものをより深く感じること。（八木重吉の詩「虫」を例に）

詩の心で「感じる」とは、ものを表面的にではなく、より深く感じることである。八木重吉の詩「虫」は、秋の虫の声を切羽詰まった真剣な命の声として聞くことで、単純な事実を感動的なものにしている。

■詩の心における「感じる作業」(25・6)について、筆者がどのように説明しているかを読み取る。

・「日常見慣れたり聞き慣れたりしているものに、改めて新しい反応を示し、①□こと」(25・6)

・「ものを表面的にただ『美しい』とか『寂《さび》しい』とか感じるのではなく、②□感じること」(25・8)

▼①驚く　②より深く

●ポイント　第一段落では「素直に」「素朴に」心を動かすことを述べていたが、第二段落では「より深く」感じることに主眼が置かれている。

■**八木重吉《やぎじゅうきち》「虫」の中で、筆者が最も注目している表現を押さえる。**

・「いま　ないておかなければ／もう駄目だというふうに」(25・12)

→虫の声を、切羽詰まった真剣な①［　　］と聞く、という深い感じ方が、単純な事実を②［　　］なものにしている。

▼①命の声　②感動的

■**「しぜんと／涙をさそわれる」(25・14)には、作者のどのような心情が込められているかを考える。**

・結核のため三十歳で世を去ることになる作者が、自身の［　　］を予感しているという痛ましい実感が籠《こ》もっている。

・虫に自分自身の姿を重ね合わせ、単なる同情ではなく、自分自身の命のはかなさに対する悲しみや悔《くや》しさを感じている。

▼短命

第三段落 〔26・6～27・3〕詩の表現が、改めて連想や比喩の楽しさを教えてくれる。(三好達治の詩「土」を例に)

> 三好達治の詩「土」は、詩人の目が捉えた発見が比喩で表現され、私たちの隠れた詩の心を目覚めさせてくれる。

■**「ああ／ヨットのやう《ヨウ》だ」(26・9)と表現された光景を具体的にイメージする。**

・蟻《あり》が蝶《ちょう》の死骸を引っ張って地面を歩いているという光景を、比喩を用いて「①［　　］のやうだ」(26・10)と表現している。

・蝶の羽は地面を引きずられているのではなく、蟻が端をくわえて持ち上げ、三角形のヨットの帆《ほ》のように②［　　］状態で、ゆらゆらと揺れながら移動していることがわかる。

・筆者は、蟻が運ぶ白く立った羽を見てヨットを③［　　］して、詩にしている。それが読者に連想や比喩の楽しさを教えると筆者は考えている。

▼①ヨット　②立っている　③連想

■**三好達治の詩を例に、筆者は何を伝えようとしているのかを読み取る。**

・詩に表現された作者の発見や驚きが、読者の中の［　　］を目覚めさせてくれるということ。

▼詩の心

第四段落 〔27・4～終わり〕詩を通して新しい驚きを発見する喜び。

> 詩とは、作者にとっても読者にとっても新しい驚きを発見する喜びをもたらすものである。

テストに出る!

問 **この文章で筆者が最も言いたいことが短くまとめられている一文を抜き出しなさい。**

答 詩とは、作者にとってもまた読者にとっても、ものによく感じて、そこに新しい驚きを発見する、そういう喜びをもたらすものです。(27・4)

てびき―解答と解説

教科書の課題を解き、学習内容をしっかりと身につけよう。 教科書28ページ

◉風景や思いを想像し、詩を音読して読み味わおう

1 三編の詩「雲」「虫」「土」について、文章中の解説を参考にして内容を捉え、音読して読み味わってみよう。

解説 「話し方はどうかな」で学習した「話す速さ」や「話の表情」を参考にして音読しよう。

「雲」…大空をゆっくりと流れていく雲の悠然とした姿。
・「おうい雲よ」と呼びかけながら、雲の行き先に思いをはせる。
・はるか遠くの景色を思い浮《う》かべ、雲のように空を旅したいという思いをつのらせている。
→ゆったりとした気持ちで読んでみよう。

「虫」…小さな虫の声に命のはかなさを感じている。
・冒頭の「虫が鳴いてる」は、作者がふと気をとめた一つの場面。
・「いま　ないておかなければ／もう駄目だというふうに」という部分に、作者の深い感じ方が表れている。
→1行目、2～3行目、4～5行目を読み分けてみよう。

「土」…虫の姿から、想像をふくらませている。
・前半の二行で、蟻が蝶の死骸を運ぶ様子が描かれる。
・その様子から、作者はふと「ヨットのやうだ」と連想を広げる。
→前半と後半の間や、「ああ」の読み方を工夫してみよう。

2 「今までよく見えなかったものを見、よく聞こえなかったものを聞く」(27・5)とは具体的にはどういうことだろうか。三編の詩を例にして、確かめてみよう。

解説 「よく見えなかったものを見、よく聞こえなかったものを聞く」は、「新しい驚きを発見する」とも言い換《か》えることができる。

解答
「雲」・「ゆうゆうと」「のんきさう《ソウ》」
…雲が意志を持って旅しているように表現すること。
・雲のようにありたいという作者の願望を思い起こすこと。

「虫」・「いま　ないておかなければ／もう駄目だというふうに」
…虫の声を単なる音の響きではなく、命の営みと捉えること。
・「しぜんと／涙をさそわれる」
…余命わずかな作者自身の境遇《きょうぐう》と重ね合わせ、虫の心境に寄り添《そ》おうとしていること。

「土」・「蟻が／蝶の羽をひいて行く」というある意味では生と死を感じさせる生々しい光景から、ゆらゆらと揺《ゆ》れながら進んでいく白いヨットの姿を連想している。
…地面の上の小さな光景が大海原と重なり合う意外な発見。

◉詩を読んで、表現の工夫などについて話し合おう

3 三好達治の詩「チューリップ」(23ページ)には、どんな発見が表されているだろうか。また、この詩の表現にはどのような工夫がされているだろうか。話し合ってみよう。

解説
・「羽音」…蜂《はち》の動きを、姿ではなく「羽音」で表現する。
・「微風《びふう》」…花を揺らす風とも、蜂の羽が起こす空気の震《ふる》えともとれる。
・「客を迎《むか》へ《エ》た赤い部屋」…花が蜂を客として招き入れるという密接な関係性への気づきが表現されている。

▼扉《とびら》の詩七編

教科書の各単元の扉で紹介《しょうかい》されている詩。教科書の巻頭にも七編まとめて掲載《けいさい》されている。

1　チューリップ　　教科書23ページ

●鑑賞

飛んできた蜂《はち》がチューリップの赤い花の中に入っていく光景を、蜂の「姿」ではなく、「羽音」で捉えている。見慣れたチューリップの花を、「客を迎《むか》へた」のような擬人《ぎじん》法や、「赤い部屋」のような比喩（隠喩）を用いることで別の視点から描《えが》き出し、新鮮な印象を感じさせる詩である。

●作者

三好達治《みよしたつじ》（一九〇〇年～一九六四年）　大阪府出身。中学時代から俳誌「ホトトギス」を読んで俳句に親しみ、東京大学在学中より同人誌に詩を発表。主な詩集に「測量船」「駱駝《らくだ》の瘤《こぶ》にまたがって」などがある。

2　いちばんぼし　　教科書35ページ

●鑑賞

「いちばんぼし」とは、日没《にちぼつ》後、いちばんはじめに輝《かがや》きだす星のこと。「宵《よい》の明星《みょうじょう》」ともいう。夕方、西の空にひときわ明るく輝きだした大きな星を見ていると、星が暗くなりかけた空の中に光る「目」のように見えた。「ぼく」が輝いている星を見ているのではなく、「うちゅう」の「目」が、「ぼく」ひとりを見つめている。「うちゅうの／目のようだ」という比喩と、「うちゅうが／ぼくを　みている」という擬人法が用いられている。

●作者

まど・みちお（一九〇九年～二〇一四年）　山口県出身。詩人。二十代から詩作を始め、北原白秋《きたはらはくしゅう》に師事。百四歳で亡《な》くなるまで詩を書き続け、童謡《どうよう》、絵画も手がけた。童謡の「ぞうさん」「やぎさんゆうびん」などは子供にも親しまれている。

3　曲がり角　　教科書61ページ

●鑑賞

短い五行の詩だが、三つの連から成る。曲がり角の先の景色は、今いる場所からは見えない。しかし、その先にあるものは「希望」にちがいない。人生の歩みも同じことだ。「曲がり角は希望」のくり返しや「そう思って生きてきた」の一行からは、不安を打ち消して自分を奮い立たせようとする筆者の思いも感じられる。

●作者

銀色夏生《ぎんいろなつを》（一九六〇年～）　宮崎県生まれ。詩人。一九八二年から作詩を始め、詩集、エッセイ、物語など著書多数。著書に掲載するイラストや写真も自ら手がけている。詩集に「黄昏国《たそがれこく》」「これもすべて同じ一日」、エッセイに「つれづれノート」シリーズなどがある。

4　風をみた人はいなかった　　教科書95ページ

●鑑賞

一行目から三行目の行頭で「風」という言葉を反復し、三行目の「風のやさしさも　怒《いか》りも」では、「風」が擬人化され、四行目の「砂だけが教えてくれた」では、「砂」が擬人化されている。目に見えない風の存在を砂によって知ることができるのである。他者の心など、〈目に見えないが確かに存在するもの〉に思いをはせる作者の心境が垣間《かいま》見えるようだ。

●作者

岸田衿子《きしだえりこ》（一九二九年〜二〇一一年）　東京都生まれ。詩人。立原《たちはら》道造《みちぞう》や中原中也《なかはらちゅうや》に影響《えいきょう》を受け、大学在学中に詩を書き始める。詩集に「忘れた秋」「あかるい日の歌」、童詩集に「木いちごつみ」「てんきよほうかぞえうた」などがある。

5　いろは歌

教科書125ページ

●鑑賞

「いろは歌」とは、全ての仮名を一文字ずつ使って七五調の歌にしたもの。古来、書き方の手本や、「いろは順」として仮名の配列を示すのにも使われてきた。全四十七文字の最後に「ん」を加えて四十八字とすることもある。漢字を用いて書き直すと、「色はにほ《オ》へ《エ》ど　散りぬるを　我《わ》が世たれぞ　常ならむ《ン》　有為《うい》の奥山《おくやま》　今日越《こ》えて　浅き夢みじ　酔《え》ひ《イ》もせず」となる。

●作者

諸説あるが特定されていない。平安中期の成立とされる。

6　胸にゐ《イ》る

教科書153ページ

●鑑賞

「僕《ぼく》のこほ《オ》ろぎ」は、胸のうちに秘《ひ》めた心情の比喩と捉えることができる。秋に美しく鳴き、冬に死んでしまう虫であるコオロギと、薄命《はくめい》に終わる作者の人生とを重ねると、いっそうはかない。当時十九歳であった作者が、大人へと成長する不安を羽の震《ふる》えとして表現したものと思われるが、「擽《くすぐ》つ《ッ》たい」という表現からは単なる悲愴《ひそう》感ではなく、胸の鼓動《こどう》のような息づかいも感じられる。

●作者

立原道造（一九一四年〜一九三九年）　東京都生まれ。堀辰雄《ほりたつお》に師事し、東京大学に入学した年に、詩誌「四季」に「村ぐらし」を発表した。以降、本格的な詩作活動に入り、繊細《せんさい》で音楽的な抒情《じょじょう》詩を書いた。結核により二十四歳でその生涯《しょうがい》を閉じた。

7　根もとの雪が解けて

教科書183ページ

●鑑賞

植物の周りの雪が解けるとき、教科書の写真から分かるように、根もとの周りから丸い形で土が見え始める。それは、春のおとずれを知らせる「かたち」である。二行目の「まあるく」、四行目の「まる」が平仮名で表記されており、冬の冷たい空気がゆるんだ、やわらかな情景が伝わってくる。

●作者

高橋順子《たかはしじゅんこ》（一九四四年〜）　千葉県生まれ。詩人。出版社勤務を経て、詩歌を中心とした文筆活動に入る。「花まいらせず」で現代詩女流賞、「時の雨」で読売文学賞など、受賞歴多数。詩集のほかにエッセイ集「博奕《ばくち》好き」、評論「連句のたのしみ」などがある。

学びの扉《とびら》

描写《びょうしゃ》や表現技法を用いる

教科書29、242〜245ページ

体験したことや想像したことをいきいきと伝えられるように、描写や表現技法を用いて伝え方を工夫しよう。

●具体的に描《えが》き出す

・描写とは、何かの様子を［　　］にありありと描き出した表現。

・具体的に描写すると、状況が鮮明になり、その人の見たものや感じたことがより深く伝わるようになる。

▼具体的

教科書の例▼ 飛行機に乗った体験を書いた文章／描写を取り入れて書き直した文章――教科書242・243ページ

・とてもきれいで→日差しを浴びて白く輝《かがや》いていて

・広々としていた→地球を包む大きな羽毛布団《うもうぶとん》のようだった

＊「どんなふうにきれいだったか」「どんなふうに広々としていたか」を具体的に表現することで、様子が伝わる描写になっている。

教科書の例▼ 詩の形に書き改める――教科書243ページ

・窓の下に見える雲→窓の下に広がる雲
　「変更《へんこう》…雲の上にいる感じを表現

・地球を包む大きな羽毛布団→地球を包む羽毛布団
　「削《けず》る…「地球を包む」という表現で大きさも伝わる。

・日差しを浴びて白く輝いていて→日差しを浴びて輝きながら
　「削る…「雲」という言葉で「白い」ことが分かる。

●表現技法を使う

・さまざまな表現技法を使うことで、文にリズムが生まれ、風景をより鮮やかに描き出したり、感動をいきいきと伝えたりすることができる。

・ただし、使いすぎると意味が伝わりにくくなることもある。

さまざまな表現技法

・**比喩**　あるものを別のものにたとえる表現。
　直喩　「ようだ」「みたいだ」などの比喩を表す言葉を使ってたとえる。 例 雨のしずくが宝石のように輝く。
　隠喩　比喩の言葉を使わずにたとえる。 例 雨のしずくは輝く宝石だ。
　効果 たとえたもののイメージによって、印象がより深まる。

・**反復**　同じ語句や文を繰《く》り返す表現。
　例 しとしとと雨が降る。しとしとと屋根をぬらす。
　効果 印象が強まり、リズムが生まれる。

・**倒置《とうち》**　語句の順序を入れ替《か》える表現。
　例 落ち葉が飛ばされる、強い風に。 効果 意味を強調する。

・**体言止め**　文末を体言(名詞)で終わらせる表現。
　例 木の葉の上で輝くのは、雨のしずく。
　効果 簡潔で引き締《し》まった印象を残す。

・**省略**　言葉を省略して、読み手に想像させる表現。
　例 朝から雨がしとしとと。 効果 余韻《よいん》が残る。

・**対句《ついく》**　構成が似ていて意味も対応する二つの語句・文を並べる表現。
　例 落ち葉がひらひら風に舞《ま》う。風見鶏《かざみどり》がくるくる回りだす。
　効果 読み手の興味をひきつける。リズムが生まれる。

▼書く 詩歌創作

小さな発見を詩にしよう

教科書30～31ページ

○学習目標

●言葉を選び、表現を工夫して、詩を仕上げる。

「詩の心――発見の喜び」で見てきたような、素直な心の動き、深く感じることを意識しながら、自分なりの発見を詩で表現してみましょう。

1 詩の題材を見つける

①題材を選ぶ

例・最近体験したこと。

・身の回りで見かけて気になったもの。

②短い文にまとめる

事柄《ことがら》が思い出せる程度の短い文でよい。この段階では技巧的なことは考えず、ありのままを書きとめる。

2 想像を膨《ふく》らませ、表現を工夫する

①詩の下書きを書く

・短い文をもとに、四行くらいで書く。

・［①　］するときのリズムや読みやすさ、［②　］の切れ目などを考えて、適当なところで改行する。

・見たままを書くのではなく、感じたこと、連想したことなどを盛り込んで、詩の世界を広げていこう。

▼①音読　②意味

②言葉を選び、表現を工夫する

○言葉の力　**表現を工夫する**

●風景などを鮮やかに描《えが》き出すように、言葉を選ぶ。

●同じ語句の反復を取り入れるなどして、リズムをよくする。

●新鮮なものの見方を、比喩で表す。

表現技法によって、詩の魅力《みりょく》をさらに引き立てることができる。本書20ページの「さまざまな表現技法」も確かめておこう。

③グループで下書きを読み合い、意見を交換《こうかん》する

まずは友達の「発見」を素直に味わい、そのうえで、自分の心に響《ひび》いた言葉や、自分が想像したことなどを伝えよう。

④友達の意見を参考にして、詩を仕上げる

3 清書して読み合う

①題名を付けて清書する

題名も大切な要素だ。全体のバランスを考えて言葉を選ぼう。

②お互いの詩を読み合う

言葉の響きやリズムを味わうために、音読してみよう。人によって詩の受け止め方は異なるので、音読の仕方にも違《ちが》いが出てくるだろう。

③感想を述べ合う

互いの作品のよいところを見つけて伝え合おう。

文法の窓1

文法とは・言葉の単位

教科書32、250～252ページ

◎**学習内容の要点を押《お》さえ、教科書の問題の答えを確かめよう。**

1 文法とは　文を作るときの、言葉の使い方の決まりである。

2 言葉の単位　大きいほうから順に次のものがある。

❶**文章**…文が集まって、まとまった内容を表したもの。

❷**段落**…長い文章の中の、内容によるひとまとまり。書きだしを一字下げることで示されたまとまりを指すことが多い。

❸**文**……ひとまとまりの事柄《ことがら》や考えを表した、ひと続きの言葉。書き言葉では、文の終わりに句点（。）などが付く。

❹**文節**…文を、声に出して読むときに、言葉として不自然にならないように、できるだけ細かく区切った単位。

＊文節の区切りに「ね・さ・よ」などを入れて確かめる。

例 空に（さ）｜美しい（ね）｜虹《にじ》が（さ）｜出た（よ）。

❺**単語**…意味や働きを持った単位で、それ以上区切ると、その意味や働きが失われてしまうもの。文法上の最も小さな単位。

例 空｜に｜美しい｜虹｜が｜出｜た。

例えば「美しい」を「美し」と「い」に分けてしまうと、それぞれの意味が通らなくなってしまうね。

▼教科書32ページの❶～❸の文を絵に合わせて区切ると次のようになる。

❶ここで／はねては／いけない。　ここでは／ねては／いけない。

❷五日／いても／楽しい。　いつ／かいても／楽しい。

❸せっけんを／つけ／手足を／洗う。　せっけんを／つけて／足を／洗う。

○考えよう　教科書32ページ

次の文は、読んだときに切れるところは同じでも、傍線部《ぼうせん》が二つの意味になりうる。それぞれどういう意味か、考えてみよう。

解答　1　くるまでは → 「車では」「来るまでは」　2　かには → 「蟹《かに》は」「蚊《か》には」

○問題　教科書252ページ

1 下の1～3の文を文節に区切ろう。

解答　1白い｜大きな｜犬が｜毎朝｜家の｜前を｜通る。　2地球には、｜多くの｜生物が｜すんで｜いる。　3宿題が｜終わってから、｜夕食を｜食べ始めた。

解説　2「すんでいる」の「いる」は補助動詞。補助動詞はそれだけで一文節になる。

2 1で分けた文節を単語に区切ろう。

解答　1白い｜大きな｜犬｜が｜毎朝｜家｜の｜前｜を｜通る。　2地球｜に｜は、｜多く｜の｜生物｜が｜すん｜で｜いる。　3宿題｜が｜終わっ｜て｜から、｜夕食｜を｜食べ始め｜た。

解説　2「地球には」の「には」は、「に」と「は」という二つの助詞。3「食べる」と「始める」という二つの単語が合体した複合語。複合語はこれ以上区切ることができない。

漢字道場1

活字と書き文字・画数・筆順

教科書33～34ページ

新出漢字・新出音訓

読みの太字は送り仮名を示す。（　）は中学校では学習しなくてもよい読みを、━線は特別な言葉に限って使われる読みを示す。例は用例を示し、例中の太字は教科書本文中の語句であることを示す。新出音訓の▼は、常用漢字表の「付表」の語を示す。□には漢字を、（　）には読みを書こう。

p.33　**遣**　ケン　つかう　つかわす　13画　辶
①使用する。例**筆遣**《ふでづか》**い**。仮名遣《かなづか》い。②行かせる。例派遣《はけん》。遣唐使《けんとうし》。

「遣」という字と形が似ているので注意しましょう。

p.33　**違**　イ　ちがう　ちがえる　13画　辶
①くいちがう。例**違**《ちが》**い**。違和感《いわかん》。相違《そうい》。②法律や規則にそむく。例違反《いはん》。

p.33　**玄**　ゲン　5画　玄
①おく深い。かすかで遠い。例**玄関**《げんかん》。幽玄《ゆうげん》。②黒い。例玄米《げんまい》。

p.33　**芝**　しば　6画　艹
庭園などに一面に植えるイネ科の多年草。例**芝生**《しばふ》。芝居《しばい》。

p.34　**傍**　ボウ（かたわら）　12画　人
かたわら。そば。わき。例**傍線**《ぼうせん》。傍聴《ぼうちょう》。傍観者《ぼうかんしゃ》。傍若無人《ぼうじゃくぶじん》。

p.34　**乙**　オツ　1画　乙
①幼い。うつくしい。例**乙女**《おとめ》。②十干《じっかん》の二番目。物事の第二位。例甲乙《こうおつ》。乙種《おつしゅ》。

p.34　**克**　コク　7画　儿
①うち勝つ。例**克己心**《こっきしん》。克服《こくふく》。下克上《げこくじょう》。②よく。じゅうぶん。例克明《こくめい》。

「克己心」は「自分の欲望などをおさえる心」という意味で、「自制心」と似た意味です。

p.34　**泌**　ヒツ（ヒ）　8画　水
にじみ出る。例**分泌**《ぶんぴつ》。

■ **新出音訓**　（━━線部の読みを書こう。）

①外科の手術。p.33（　　）
②▼芝生を歩く。p.33（　　）
③克己心をもつ。p.34（　　）
④弓道部に入る。p.34（　　）
⑤氏神さまに参る。p.34（　　）
⑥机上の空論。p.34（　　）
⑦卵黄をまぜる。p.34（　　）
⑧革製品を買う。p.34（　　）
⑨耳鼻科に通う。p.34（　　）
⑩三角州が見える。p.34（　　）
⑪商品を入荷する。p.34（　　）
⑫美しい▼乙女。p.34（　　）

答　①げか　②しばふ　③こっき　④きゅうどう　⑤うじがみ　⑥きじょう　⑦らんおう　⑧かわ　⑨じび　⑩さんかくす　⑪にゅうか　⑫おとめ

◉学習内容の要点を押《お》さえ、教科書の問題の答えを確かめよう。（□の中には当てはまる言葉を書こう。）

1　活字と書き文字

・明朝体《みんちょう》…一般《いっぱん》の印刷物で最もよく見られる活字。
・ゴシック体…見出しなどによく使われる活字。
・教科書体…□の筆遣いや形を参考にした活字。

▼書き文字

（明朝体）遠　（ゴシック体）遠　（教科書体）遠

＊実際に書く場合には、教科書体を参考にするとよい。

2　画数

・漢字を作る点と線を点画といい、その数を画数という。
＊画数を確かめる場合には、活字のうえでは教科書体を参考にするとよい。

3　筆順

・漢字を書くときの筆運びの順序を筆順（書き順）という。

【筆順の大原則】
①上から下へ書く。（三・喜など）
②左から右へ書く。（川・側など）
③中から左右へ書く。（小・承など）
④外側から内側へ書く。（国・内など）
⑤文字全体を貫《つらぬ》く縦画や横画は最後に書く。（車・女など）

○問題 ――教科書33～34ページ

❶ 明朝体と書き文字とでは、筆遣いや形に違いが見られる。次の例で、その違いを確かめよう。

解説　次の画数のところの違いを確かめよう。
1四画目。はねの部分。　2三・四画目。折り方。　3十画目。点画の組み合わせ方。　4二・三画目。点画の組み合わせ方。　5六画目。筆おさえ。　6六画目。しんにょうの書き方。　7二・三画目。点画の形や配置。　8一画目。筆運びの方向。　9三・四・五画目。方向・折り方・曲直など。　10五画目。四画目との重なり。はらうか、とめるかなど。

❷ 次の傍線部の漢字の画数が（　）の数字になることを、書いて確かめよう。

解答　それぞれの筆順は次のとおり。
1 乙　2 ㇇ 了 子　3 ㇆ コ 己　4 ㇆ コ 弓
5 ‐ ヒ 上 比　6 ノ ㇄ 氏 氏　7 丨 丩 収 収
8 く 幺 幺 糸 糸 糸　9 一 十 オ 木 朳 机
10 一 十 土 耂 耂 考　11 ノ ㇄ 𠂎 卯 卯 卯 卯
12 一 十 廾 廾 艹 芇 苩 茸 革

❸ 次の傍線部の漢字は、筆順を間違えやすい。筆順を確かめて書こう。

解答　それぞれの筆順は次のとおり。
1 一 丅 下 下 王 耳　2 丨 𠃌 𠃌 𠁣 𠁣 臣
3 丶 丿 小 州 州 州　4 一 十 艹 艹 芢 芢 茾 荷 荷
5 亻 亻 仁 仕 件 隹 隹 進 進　6 ノ 二 仁 午 無 無 無 無 無
7 ⺅ ⺅ 印 印 印 印 印 㒷 興　8 ㇈ ㇈ ㇈ 飞 飞 飛 飛 飛 飛
9 丶 丶 氵 氵 氵 泌 泌 泌

2 ▼読む　文学一

飛べ　かもめ

作者・杉《すぎ》　みき子《こ》

教科書36〜40ページ

ガイダンス

学習目標を押《お》さえ、「飛べ　かもめ」のおおよその内容を理解しよう。

●学習目標

● 人物や情景を描《えが》いた表現に注意して、作品を読み味わう。
● 作品から読み取ったことをもとに、想像したことをまとめる。

○言葉の力

人物や情景を描いた表現に注意する

● 登場人物がどんなことを感じたり考えたりしているのかを捉《とら》えるためには、登場人物の言葉や行動・態度などを描いた表現が手がかりになる。
● 場面の様子（情景）を描き出した表現にも着目するとよい。

●あらすじ

成績が下がったことを母親に指摘《してき》され、不快に思った少年は、黙《だま》って家を出て列車に乗り込んだ。海の見える席にうつろな目をして座っていると、窓の外で必死に羽ばたくかもめの姿を見つける。少年はかもめの様子を見て自分の甘さを恥《は》じ、かもめを応援《おうえん》する気持ちになる。かもめはしばらく列車と同じ速度で飛び続けたが、次第に速度を落とし、視界から消えた。「よくやった」と思うと同時に、目に涙が浮《う》かんだ。かもめの姿に心を打たれた少年は、次の駅で列車を降り、走って帰る決意をする。その瞳には光が戻っていた。

●文章の構成

状況の変化から、大きく三つの場面に分けられる。
・第一場面（初め〜37・1）……少年の状況と心情。
・第二場面（37・2〜38・9）…かもめの登場とその懸命《けんめい》な姿。
・第三場面（38・10〜終わり）…かもめがいなくなった後の少年の心情の変化。

状況の変化にともなって少年の心情が移り変わる。少年の言動や情景を表す言葉に注意して、かもめの姿が少年にどんな変化をもたらしたのかを読み取る。必死にはばたくかもめの様子と、冒頭で語られる少年の姿がどのように対比されているのかをしっかりと捉えよう。

●主題

甘えず、怠けずに、自分の力を精いっぱいぶつけて生きていこう。自分の力で懸命に羽ばたくかもめの姿を見て、少年は自分の甘さに気づき、自分もかもめのように力いっぱい生きていこうと思っている。

新出漢字・新出音訓

読みの太字は送り仮名を示す。( )は中学校では学習しなくてもよい読みを、—線は特別な言葉に限って使われる読みを示す。例は用例を示し、例中の太字は教科書本文中の語句であることを示す。新出音訓の▼は、常用漢字表の「付表」の語を示す。□には漢字を、( )には読みを書こう。

p.36 **鈍** ドン にぶい にぶる 12画 金
①のろい。例**鈍行**《どんこう》。**鈍**《にぶ》**い**。②にぶい。例愚鈍《ぐどん》。

p.36 **曇** ドン くもる 16画 日
雲が日をおおう。例**曇**《くも》**る**。曇天《どんてん》。

p.36 **影** エイ かげ 15画 彡
①姿や形。例**人影**《ひとかげ》。**鳥影**《とりかげ》。②光がさえぎられて、地面などに映った黒い部分。例影《かげ》。

昔は、月や日などの「光」という意味も持っていたのよ。

p.36 **頃** ころ 11画 頁
ころ。例**幼**《おさな》**い頃**《ころ》。近頃《ちかごろ》。

p.37 **貼** チョウ はる 12画 貝
はる。例**貼**《は》**り付**《つ》**く**。貼付《ちょうふ》。

p.38 **頼** ライ たのむ たよる たのもしい 16画 頁
あてにする。信じて任せる。例**頼**《たよ》**る**。信頼《しんらい》。

p.38 **握** アク にぎる 12画 手
にぎる。例**握**《にぎ》**る**。握手《あくしゅ》。

p.38 **僕** ボク 14画 人
①ぼく。われ。例**僕**《ぼく》。②したがう。例公僕《こうぼく》。

「僕」の部首は「にんべん(亻)」です。「てへん(扌)」にすると「撲」となって「打撲《だぼく》」などのように使われる字になるので気をつけましょう。

p.38 **振** シン ふる ふれる ふるう 10画 手
①ふる。ふるう。例**振**《ふ》**り向**《む》**く**。三振《さんしん》。②ふるい立たせる。例振起《しんき》。

p.39 **甘** カン あまい あまやかす あまえる 5画 甘
①ゆるい。だらしがない。例**甘**《あま》**える**。②あまい。例甘味《かんみ》。③あまやかす。例甘言《かんげん》。④あきらめ、受け入れる。例甘《あま》んずる。

p.39 **怠** タイ おこたる なまける 9画 心
なまける。おこたる。例**怠**《なま》**ける**。怠慢《たいまん》。怠惰《だ》。

p.39 **浜** ヒン はま 10画 水
はま。水辺。例**砂浜**《すなはま》。

p.39 **瞳** ドウ ひとみ 17画 目
目の中の黒い部分。例**瞳**《ひとみ》。瞳孔《どうこう》。

p.39 **戻** (レイ) もどす もどる 7画 戸
もどす。かえす。例**取**《と》**り戻**《もど》**す**。逆戻《ぎゃくもど》り。

p.39 **虹** にじ 9画 虫
にじ。例**虹**《にじ》。虹色《にじいろ》。

■新出音訓 (——線部の読みを書こう。)

①いすに座る。p.38 ( )
②次第に速度が落ちる。p.38 ( )
③▼意気地なしだと笑う。p.38 ( )
④▼行方を追う。p.38 ( )

答 ①すわ ②しだい ③いくじ ④ゆくえ

語句・文の意味

語義が複数の場合、①に教科書本文中の語義を示してある。類は類義語、対は対義語、文は語句を用いた短文例を示す。
●印は、教科書の脚注に示されている語句である。

▼36ページ

片《かた》隅《すみ》 一方のすみ。すみっこ。

もたれる ①物によりかかる。体をよせる。②食物が消化されず、胃などが重く感じる。

目《め》が落《お》ち着《つ》かない 心の中が乱れているために、視線があちこちにゆれ動いている様子。

念《ねん》を押《お》す 重ねて注意する。十分に何度も確かめる。

●**きっぱり** 態度をはっきりとさせる様子。文きっぱりと断る。

●**ありったけ** あるだけ全て。可能な限り。類あるだけ。ある限り。全部。

行《い》き当《あ》たりばったり 前もって決めた計画や予定もなく、その場のなりゆきに身を任せること。

●**放《ほう》心《しん》** ①何かに心を奪《うば》われて、ぼんやりしていること。②気にかけないこと。安心。

面目《めんもく》を失《しっ》する 世間からの評価を失うこと。人に合わせる顔がないこと。

▼37ページ

●**悟《さと》る** ①物事の隠されている意味を知る。感づく。類察知する。②道理を知る。明らかに理解する。

●**錯《さっ》覚《かく》** 勘《かん》違い。思い違い。

▼38ページ

●**抜《ぬ》き差《さ》しならぬ** 身動きすることができず、どうにもしようがない。のっぴきならない。

●**我《われ》知《し》らず** 無意識のうちに。自分では気づかないうちに。類思わず。

●**赤《せき》面《めん》** ①恥《は》ずかしさから、顔を赤らめること。②興奮するなどして、顔が赤くなること。

●**懸《けん》命《めい》** 力をつくして努力する様子。類精いっぱい。

目《め》が離《はな》せない 気になって、見守らずにはいられない。

拳《こぶし》 手を握って固めたもの。握りこぶし。

声《こえ》を立《た》てる 声を発する。発言する。

意気地《いくじ》なし 弱気で役に立たないこと。また、そういう人。「意気地」は物事をやりぬく気力のこと。

●**次第《しだい》に** 状態や程度が少しずつ変化する様子。類だんだんと。

行《ゆく》方《え》 ①行った方向。②行き先。

力《ちから》尽《つ》きる 持てる力を全て出しつくし、それ以上の力を出せなくなる。

視界《しかい》から消《き》える 今まで見えていたものが、見えなくなる。

●**残《ざん》像《ぞう》** 光による刺激《しげき》を受けた後で、目を閉じたり、他の方を見たりしたときに生じるさまざまな色や形をした像。文彼《かの》女《じょ》の姿が、まるで残像のように、まぶたの裏側から離《はな》れなかった。

かすかに わずかに認められる様子。はっきりと分からないほど少ない様子。

涙《なみだ》がにじむ 涙が目にうっすらと出てくる。

▼39ページ

●**生々《なまなま》しい** ①すぐ目の前にあるような感じ。新しい。②今できたばかりのような感じ。③生身であること。

よみがえる ①おとろえていたものが、また盛《さか》んになる。②死んだ人や、死にかけていた人が生き返る。

雨《あめ》が上《あ》がる 降っていた雨がやむ。「上がる」は、終わる、止まるという意味で使うことがある。

読み解こう

場面ごとの内容を捉えよう。

□の中には当てはまる言葉を書こう。

第一場面 〔初め～37・1〕 少年の状況と心情。

■場面の状況を読み取る。

・①□の初めの、どんよりと曇った昼過ぎ。

・海沿いに走る②□に行き当たりばったりで乗った。

▼①冬 ②鈍行列車

■列車に乗ったときの少年の心情を押さえる。

・初めはもう帰らない、①□と思っていた。

・次第に弱気になり、②□を失しないで帰るにはどうしたらよいかと考えたり、また思い直したりしている。

▼①帰りたくない ②面目

「もう帰らない」と自分に念を押しているのは、「帰らない」という気持ちが弱まってきているからだね。

・**ポイント** 母親への反発から黙《だま》って家を出てきたが、列車が進むにつれ少しずつ冷静になり、「帰らない」という気持ちがだんだん弱まってきている。

テストに出る!

問 少年が黙って家を出て列車に乗ったのはなぜか。

答 母親に成績が下がったことをやや強く言われ、おもしろくなかったから。

第二場面 〔37・2～38・9〕 かもめの登場とその懸命な姿。

■少年の視界に入ってきたものを押さえる。

・窓ガラスに大きな□のようなものを見た少年は、それが列車と同じ速度で羽ばたくかもめであることを知る。

▼しみ

■少年とかもめの状況を読み取り、違いを捉える。

・かもめが列車の窓の同じ位置に見えるのは、列車と同じ速度で飛んでいるからである。少年とかもめは同じ速度で進んでいるが、その状況は全く異なる。

少年…暖房の効いた車内で、①□座っている。

かもめ…自分の②□だけを頼りに、懸命に羽ばたいている。

▼①のんびりと ②意志と力

・**ポイント** 少年は、自分とかもめの状況を比べて、自分の甘さを恥じ、「頑張《がんば》れ、頑張れ」（38・7）とかもめを応援し始める。

テストに出る

問 **「我知らず赤面した。」(38・3)とあるが、少年が赤面したのはなぜか。**

答 自力で懸命に羽ばたくかもめに比べ、暖房の効いた列車内にのんびりと座っている自分はとても甘えていると感じたから。

かもめと対比することで、少年は自分を見つめ直すことができたんだね。

第三場面　〔38・10～終わり〕かもめがいなくなった後の少年の心情の変化。

■**かもめの速度が落ちて、やがて少年の視界から消えたときの少年の心情を押さえる。**

・かもめの翼の動きが鈍くなり、速度が落ちてくる。少年は、体ごと振り向いて鳥の行方を追うが、やがて視界から消えてしまった。

・それを見届けた少年の目にかすかに涙がにじむ。少年は「あいつは、よくやった。」(38・16)と、かもめをたたえた。

■**かもめが消えた後の少年の心情の変化を押さえる。**

・「甘えるな。怠けるな。力いっぱい①［　　］。」と、自分で自分を励ましている。

・初めは帰りたくないと思っていたのが、この次の駅で降りて、砂浜を②［　　］帰ろうという気持ちに変化している。勢いよく立ち上がった様子からも前向きな気持ちになったことがうかがえる。

▼①飛べ　②走って

列車に乗ったときと、かもめを見失った後では、少年の気持ちが大きく変化しているね。

■**最後の場面の役割について考える。**

・「海に大きな虹が出ている。」(39・8)という描写から、雨が上がって日が差してきたことが分かる。この描写から、少年がすがすがしい気持ちに変わったことが読み取れる。

・列車に乗ったときの「［　　］曇った昼過ぎ」(36・2)という情景描写と対照的な表現になっている。

▼どんよりと

テストに出る

問 **「涙がにじんだ。」(38・15)とあるが、少年の目に涙がにじんだのはなぜか。**

答 かもめの懸命な姿に心を打たれたから。

てびき—解答と解説

教科書の課題を解き、学習内容をしっかりと身につけよう。

教科書40ページ

◉人物の心情を読み取ろう

1 かもめの登場までの場面(36・1〜37・1)を音読し、少年の思いを捉えよう。

解答 成績が下がってきたことを母親にやや強く言われたことがおもしろくないので、誰《だれ》にも言わずに家を出てきた。行き当たりばったりの列車に乗り、最初は帰らないつもりだったが、次第に弱気になり、どんな顔をして帰ればいいだろうと考え始めている。

解説 少年の思いが明確に書かれている部分のほか、場面の様子から読み取れることにも注目してまとめる。

2 かもめが登場した場面(37・2〜38・9)と、かもめが姿を消した場面(38・10〜39・8)では、かもめの姿がそれぞれどのように描かれているだろうか。また、それを見ている少年の思いはどのように変わっていくだろうか。

解答 かもめが登場した場面…かもめが列車と同じ速度で懸命に飛ぶ姿が描かれており、少年はその姿に感動して、甘ったれた自分を恥じている。

姿を消した場面…かもめの姿は次第に小さくなり、ついには視界から消えてしまったと描かれている。少年はかもめの健闘《けんとう》をたたえ、自分も頑張ろうと思っている。

解説 それぞれの場面のかもめの描写を読み取ろう。かもめの姿から少年がどのようなことを感じ、心情にどのような変化が起きたのか考えよう。

3 「どこかで雨が上がったのか、海に大きな虹が出ている。」(39・8)とあるが、虹を目にした少年はどのようなことを考えていたのだろうか。想像してみよう。

解答 かもめが懸命に羽ばたく姿から、甘えず、怠けず、力いっぱいやりとげることを学び、これからそうして生きていこうと思ったときにちょうど虹が出たことから、まるで空が自分の考えに賛同し、応援してくれているように感じた。

解説 雨が上がって虹が出るという描写が少年の心情を表していることを捉えよう。

・少年の気持ちが晴れたすがすがしさを表す。
・今後の自分に対する少年の決意を認め、その未来を祝福している。

◉メッセージを想像し、紹介《しょうかい》し合おう

4 最後の場面の後で、少年からかもめに伝えたいメッセージを想像して書いてみよう。そして、グループやクラスで紹介《しょうかい》し合おう。

解説 かもめの姿を見て少年がどのように変わったのかを考え、少年のかもめに対する思いを想像してみよう。

かもめに出会う前
「もう帰らない、帰りたくない」(36・5)

●かもめの登場
・「自分は…意志と力だけを頼りに。」(38・3)
・「頑張れ、頑張れ」(38・7)
・「僕なんかに……僕なんかに——。」(38・8)

→ かもめが見えなくなった後
「甘えるな。……砂浜を走って帰ろう。」(39・1)

学びの扉《とびら》

文脈を捉《とら》え、伏線《ふくせん》に気づく

小説や物語を読むときには、語句や文のつながりから意味を推測したり想像したりすることで、作品を読み深めることができる。

●文脈を捉える

・文脈とは、文章中の語句や文どうしが①[　　]し合って生まれる意味のつながり。

・文章を読むときには、語句や文の関連に気をつけると、意味の②[　　]、つまり文脈が明らかになってくる。

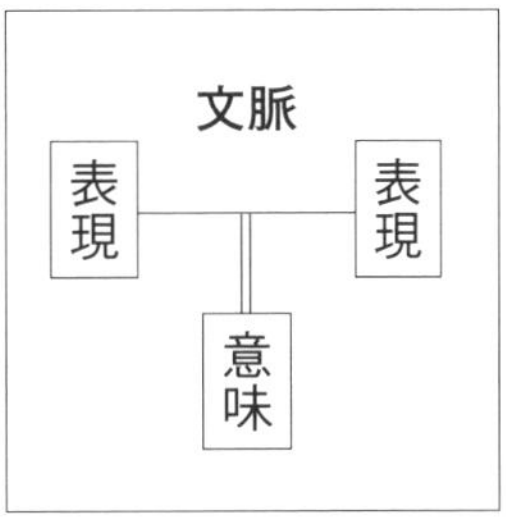

▼①関連　②つながり

教科書の例▼ ―― 教科書238ページ

・机の上の鏡をじっと見つめた。……上出来、上出来。

「私」が日頃からよく鏡を見ていて、自分の表情がどう見えるのかを気にしていることがうかがえる。

・「なんだ、また鏡なんか見てるのか。」

「上出来、上出来。」と思ったのはなぜか？
↓後の部分で、意味のつながりが明らかになるかもしれない。

ポイント 二か所にある「鏡」という言葉に着目し、表現の関連を捉える。「また」という言葉から私の日頃の様子が推測できる。

●伏線に気づく

教科書41、238〜241ページ

・伏線とは、文章の中で、後の[　　]や山場・結末を暗示する表現。後の表現と関連し合って読み手の疑問を解決したり、納得感《なっとく》を与《あた》えたりする。伏線に気づくことで、文章を豊かに読み解ける。

・後で出てくる言葉と同じ言葉や、さりげないながらも印象に残る言葉が伏線になっていることが多い。

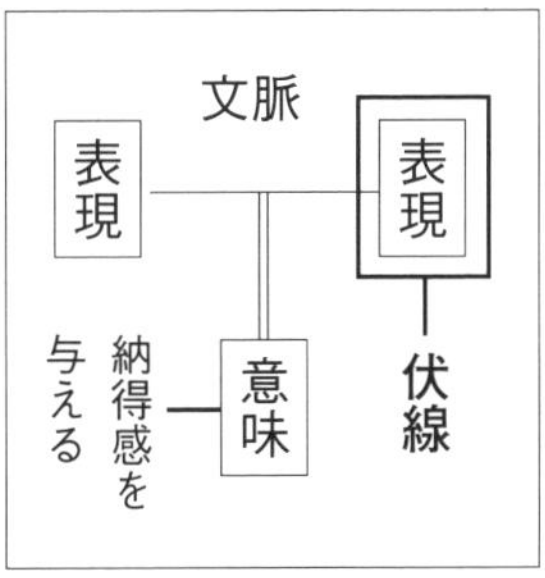

▼展開

教科書の例▼ ―― 教科書239・240ページ

・「私」が鏡を見ながら「いろんな表情」を作ってみている。

㋐「怒《おこ》った顔」…㋓「私は少し怒ったように言った。」

㋑「何食わぬ顔」…㋔「私は何食わぬ顔で答えた。」

＝「いろんな表情」を作っていたのは、兄と話すための練習

㋕「私は机の引き出しから……うまくいったぞ。」

＝プリンを持ち去ったのは「私」

㋒「上出来、上出来。」と思っている。

「怒った」、「何食わぬ顔」、「上出来」＝「うまくいった」など、同じ言葉や似た意味の言葉に注目すると、それが伏線になっているかもしれないんだね。

2 ▼読む 文学一

さんちき

作者・吉橋通夫《よしはしみちお》

教科書42〜53ページ

ガイダンス

学習目標を押さえ、「さんちき」のおおよその内容を理解しよう。

○学習目標

●人物や情景を描《えが》いた表現に注意して、作品を読み味わう。
●作品から読み取ったことをもとに、想像したことをまとめる。

○言葉の力　人物や情景を描いた表現に注意する

●登場人物がどんなことを感じたり考えたりしているのかを捉えるためには、登場人物の言葉や行動・態度などを描いた表現が手がかりになる。
●場面の様子（情景）を描き出した表現にも着目するとよい。

●文章を読む前に

「さんちき」は、江戸《えど》時代末期の京都を舞台《ぶたい》にした、車大工《くるまだいく》の親方と、まだ半人前の弟子、三吉《さんきち》の物語である。だいじな車作りの仕事の一部を任された三吉の喜びと、それを見守る親方の温かい心の触《ふ》れ合いが描かれている。

昔は今のように機械による大量生産が行われなかったので、物の生産はほとんどが職人による手作りだった。職人は自分の仕事に誇《ほこ》りを持ち、物作りを通して人生や社会への知恵《ちえ》を身につけた。この小説でも、親方の仕事や人生に対する考え方がよく表れている。

そのほか、親方と三吉の京言葉による会話も、独特の雰囲気《ふんいき》を作り出している。じっくり読み味わってみよう。

●あらすじ

車大工の弟子、三吉は、祇園《ぎおん》祭りの鉾《ほこ》の車輪の矢の一本を任され、いつになく必死で仕事に取り組んだ。うまくできた記念に、夜中にこっそりと自分の名を彫り込むことにした。もうすぐ完成というときに親方に見つかり、しかも、うっかり「さんちき」と間違えて彫ってしまったことも指摘された。しかし、親方は少しも怒らず、三吉に最後まで彫れと言い、自分は矢の裏側に今日の日付を彫った。そして親方は、車大工は命を懸《か》けて車を作っているんだ、と三吉に言い聞かせた。そのとき、仕事場の近くで侍たちの殺し合いが起こり、一人の侍が殺された。親方は、殺し合いに明け暮れる侍たちと対比しながら、百年も使われ続ける車を残す車大工という仕事の尊さを三吉に教えさとす。それを聞いた三吉もまた、仕事への夢を膨《ふく》らませる。

●文章の構成

登場人物の行動や出来事に着目すると、次のような四つの場面に分けることができる。この構成は、いわゆる「起・承・転・結」の展開である。

・第一場面（初め〜44・7）……自分が作った車輪の矢に名を彫ろう

とする三吉。

・第二場面（44・8〜48・10）…親方も加わって、車に「さんちき」の名と日付を彫る。

・第三場面（48・11〜49・15）…突然《とつぜん》、外で侍たちの斬《き》り合いが起こる。

・第四場面（49・16〜終わり）…親方の話を受け止め、三吉は腕のいい車大工になろうと決意する。

三吉と親方のやりとりが中心だが、時代背景として、尊王攘夷《そんのうじょうい》派の侍たちと幕府方の新選組《しんせんぐみ》とが対立する幕末の京都の物騒な様子も織り込まれている。特に第三場面では侍の斬り合いが三吉たちのすぐそばで起こり、物語に大きな変化をもたらす。殺伐《さつばつ》とした侍の日常と、町人たちのつつましくも堅実《けんじつ》な暮らしが対照的である。

●表現の特色

この小説は、三吉と親方の会話を中心に描かれている。二人の会話は江戸時代の町人の京言葉であり、親方の怒鳴り声でさえ、どこかやわらかさが感じられる。声に出して読み味わいたい。

●登場人物

三吉…八つのときに車大工の「車伝《くるまでん》」に弟子入りして五年だが、仕事の腕も、心構えも、まだ半人前。親方に怒鳴られてはしょんぼりしているが、親方の人柄《ひとがら》を冷静に観察していたり、親方に内緒《ないしょ》で名前を彫ったりするなど大胆《だいたん》な一面もある。

親方…「車伝」の親方。口うるさくて、気が短い。三吉をよく怒鳴っているが、厳しさの中にも弟子を思いやるやさしさがある。

侍……刀で斬られたのか「車伝」の仕事場の外の道で倒れたが、やがて、三、四人の侍たちに連れ去られていった。

●主題

仕事への誇りと情熱、愛情に満ちた師弟《してい》関係。

「さんちき」を小説として読み味わった場合、感動の中心はどこにあるかをまず考えてみる。誰《だれ》もが感じるのは、親方と三吉との温かい心の交流である。職人の世界では、親方（師匠《ししょう》）は弟子を厳しくしつける。技能に関する面だけでなく、生活のあらゆる面、生き方についてまでそれは及《およ》ぶ。したがって、親方は怖《こわ》い存在で、弟子にとっては緊張《きんちょう》をもって接する相手である。ところが、「さんちき」では、一見怖そうな親方が、弟子の三吉を心の奥深《おくふか》いところで絶えず思いやっている。それを感じ取っているからこそ、三吉も親方のもとでがんばれるのである。この愛情に満ちた師弟関係が、この小説の魅力《みりょく》である。あわせて、時代を超《こ》えた仕事への情熱、人間としての誇りと自信なども、この小説の味わいどころであろう。

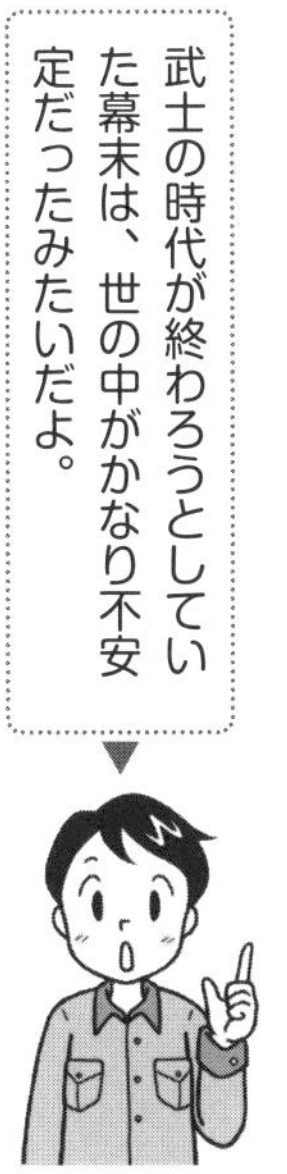
武士の時代が終わろうとしていた幕末は、世の中がかなり不安定だったみたいだよ。

町人たちの暮らしはどうだったのかしら。

新出漢字・新出音訓

読みの太字は送り仮名を示す。（ ）は中学校では学習しなくてもよい読みを、━線は特別な言葉に限って使われる読みを示す。例は用例を示し、例中の太字は教科書本文中の語句であることを示す。新出音訓の▼は、常用漢字表の「付表」の語を示す。□には漢字を、（ ）には読みを書こう。

締　p.42　テイ／しまる／しめる　15画　糸　□
①かたく結ぶ。例**引《ひ》き締《し》まる**。②取り決めを結ぶ。例締結《ていけつ》。

伸　p.42　シン／のびる／のべる／のばす　7画　人　□
①物の長さが長くなる。例**伸《の》びる**。伸縮《しんしゅく》。②述べる。例追伸《ついしん》。

縛　p.42　バク／しばる　16画　糸　□
くくる。しばる。自由にさせない。例**縛《しば》る**。束縛《そくばく》。捕縛《ほばく》。

「縛」のつくりは「専」に似ているけど、最後に「、」がつくことを忘れないで書こう。

叫　p.42　キョウ／さけぶ　6画　口　□
大声をあげる。例**叫《さけ》ぶ**。絶叫《ぜっきょう》。

彫　p.43　チョウ／ほる　11画　彡　□
きざむ。ほって形を作る。例**彫《ほ》る**。彫刻《ちょうこく》。彫像《ちょうぞう》。

寝　p.43　シン／ねる／ねかす　13画　宀　□
ねどこにつく。横になる。例**寝《ね》る**。就寝《しゅうしん》。

怒　p.43　ド／いかる／おこる　9画　心　□
①おこったように激しい。例**怒鳴《どな》る**。怒張《どちょう》。②いかる。例**怒《おこ》る**。怒気《どき》。怒号《どごう》。

騒　p.43　ソウ／さわぐ　18画　馬　□
①さわがしい。うるさい。例**物騒《ぶっそう》**。騒音《そうおん》。②乱れさわぐ。さわぎ。例騒動《そうどう》。騒乱《そうらん》。

侍　p.43　ジ／さむらい　8画　人　□
①さむらい。例**侍《さむらい》**。若侍《わかざむらい》。②身分の高い人に仕える。例侍従《じじゅう》。侍医《じい》。

吹　p.44　スイ／ふく　7画　口　□
①勢いよく出る。例**吹《ふ》き出《だ》す**。②息をはく。風が動く。例**吹《ふ》き消《け》す**。③楽器をふき鳴らす。例吹奏《すいそう》。

響　p.44　キョウ／ひびく　20画　音　□
①音がひびく。例**響《ひび》く**。音響《おんきょう》。②他に作用をおよぼす。例影響《えいきょう》。反響《はんきょう》。

慌　p.44　（コウ）／あわてる／あわただしい　12画　心　□
①あわてる。あわただしい。例**慌《あわ》てる**。②おそれる。例恐慌《きょうこう》。

肝　p.44　カン／きも　7画　肉　□
①最もたいせつなところ。例**肝心《かんじん》**。肝要《かんよう》。②きも。例肝臓《かんぞう》。

黙　p.44　モク／だまる　15画　黒　□
声や言葉を出さない。例**黙《だま》る**。暗黙《あんもく》。黙読《もくどく》。沈思黙考《ちんしもっこう》。

削　p.47　サク／けずる　9画　刀　□
うすくそぎとる。例**削《けず》る**。削減《さくげん》。

倒　p.48　トウ／たおれる／たおす　10画　人　□
①立っているものが地にふす。例**倒《たお》れる**。倒産《とうさん》。転倒《てんとう》。七転八倒《しちてんばっとう》。②さかさまにする。例倒置《とうち》。倒立《とうりつ》。③動作・状態が激しい。例圧倒《あっとう》。傾倒《けいとう》。

p.48 **闇** やみ 17画 門

暗いこと。見通しが立たないこと。例**闇**《やみ》。夕闇《ゆうやみ》。闇夜《やみよ》。闇雲《やみくも》。

p.48 **隣** リン となる となり 16画 阝

境界線が接している。となり。例**隣**《となり》。隣国《りんごく》。近隣《きんりん》。

p.48 **端** タン はし はた (は) 14画 立

①中心から最もはなれた部分。例**端**《はし》。先端《せんたん》。突端《とったん》。極端《きょくたん》。②事柄《ことがら》。例万端《ばんたん》。③きちんとして正しい。例端整《たんせい》。端然《たんぜん》。④はた。わき。例道端《みちばた》。井戸端《いどばた》。⑤はじまり。例発端《ほったん》。途端《とたん》。

p.48 **唾** ダ つば 11画 口

口の中から分泌される消化液。例**生唾**《なまつば》。唾液《だえき》。

p.49 **鋭** エイ するどい 15画 金

①とがっている。するどい。例**鋭い**《するど》。鋭利《えいり》。②すばやくすぐれた。例精鋭《せいえい》。新鋭《しんえい》。新進気鋭《しんしんきえい》。

p.49 **憎** ゾウ にくむ にくい にくらしい にくしみ 14画 心

にくむ。きらう。例**憎しみ**《にく》。愛憎《あいぞう》。憎悪《ぞうお》。

p.50 **藩** ハン 18画 艹

江戸時代に大名《だいみょう》が治めた土地。例**藩**《はん》。藩主《はんしゅ》。廃藩置県《はいはんちけん》。

p.50 **腕** ワン うで 12画 肉

①うで。例**腕**《うで》。腕力《わんりょく》。腕章《わんしょう》。②人間の才能・力。例手腕《しゅわん》。

p.50 **腰** (ヨウ) こし 13画 肉

①胴体《どうたい》の下部のほう。こし。例**腰**《こし》。腰痛《ようつう》。②身がまえ。例弱腰《よわごし》。

「腕」と「腰」の部首は「にくづき(月)」よ。「つきへん(月)」と同じ形だけど、体に関係する漢字は「にくづき(月)」と覚えておきましょう。

p.50 **押** (オウ) おす おさえる 8画 手

①物の上に力を加える。おしつける。例**押**《お》す。押印《おういん》。②とりしまる。例押収《おうしゅう》。

広がる言葉

p.53 **辛** シン からい 7画 辛

①からい。舌をさすようなぴりぴりした味。例**辛い**。②つらい。心が痛むこと。例辛酸《しんさん》。

「幸」と似ているけど、横棒が一本少ないよ。書くときに間違えないようにしよう。

■ **新出音訓**（――線部の読みを書こう。）

①師匠と弟子。 p.42（　　）

②天井が高い。 p.42（　　）

③包丁を研ぐ。 p.43（　　）

④丁寧《ねい》な仕事。 p.43（　　）

⑤香ばしいにおい。 p.53（　　）

⑥軽やかな動き。 p.53（　　）

答 ①でし ②てんじょう ③と ④てい ⑤こう ⑥かろ

語句・文の意味

語義が複数の場合、①に教科書本文中の語義を示してある。類は類義語、対は対義語、文は語句を用いた短文例を示す。
●印は、教科書の脚注に示されている語句である。

▼42ページ

親方《おやかた》 職人の弟子を抱《かか》え、仕事を教え、生活の面倒を見る人。また、一般《いっぱん》に集団の中のリーダー的存在の人を指す。

見上《みあ》げると できあがった鉾の車輪を見上げたのである。車の大きさが分かる。

ため息《いき》が出《で》る 心配したり失望したり感心したりしたときなどに、大きな息をつく。

こそっともしない 少しも動かない。「こそっと」は、ほんのわずかな動きの様子を表す言葉。

半人前《はんにんまえ》 一人前の半分くらいの技能しか持っていない人。まだ一人前ではない場合に使う。

車《くるま》伝《でん》 車屋の屋号《やごう》。三吉の親方は「車伝」という屋号の店を構えていたのである。

弟子入《でしい》り 親方のもとに弟子として修業《しゅぎょう》に入ること。普通、給金(給料)はもらえないが、食事や住まいなどの生活は保障されている。修業の年限は職種によって異なる。本文では「弟子入りして、まだ五年。一人前になるには、もう七、八年かかる」とあるから、車大工の場合は十二、三年かかったと考えられる。

口《くち》うるさい ちょっとしたことでも文句を言う。口やかましい。

てつどうてもらおか 手伝ってもらおうか。普通、弟子にはだいじな注文の仕事を直接手伝わせることはしない。

任《まか》せる 自分がやるべき仕事などを他人にやらせる。

必《ひっ》死《し》 全力をつくす様子。類死にものぐるい。一生懸命《けんめい》。

いつもなら半分《はんぶん》も聞《き》いてないのに 三吉がこれまで必ずしも真面目な弟子ではなかったことを示している。

白《しろ》く輝《かがや》いて見《み》えた 鉾の車作りという大仕事に参加して矢を一本作りあげたという三吉の満足感や誇らしい気持ちが、自分の作った矢を白く輝かしいものに思わせたのである。

▼43ページ

そっと彫《ほ》っておく 目立たないように彫っておく。三吉はそういうことは知らず、車の外側の人目につくところに彫ってしまう。

おかみさん 親方の奥さん。町人の家の主婦を指す。

彫《ほ》ってしまえば、こちらのものだ 彫ってしまえば、誰から文句を言われてもこちらの勝ちだ。

縁《えん》がない 関係がない。ここでは、苦手であることを表す。文南国育ちなので、雪遊びには縁がない。

の　み 木材や石に穴をあけたり、溝《みぞ》を彫ったりする工具。

カ　シ ブナ科の常緑高木の一群。高さ二十メートルほどになる。幹はかたくて弾《だん》力《りょく》性があり、建築や器具、炭に使われる。実はドングリ。

研《と》ぐ よく切れるように刃物《はもの》を砥石《といし》などでみがく。

物《ぶっ》騒《そう》 何が起こるか分からない危険な様子。なぜ物騒なのかは、後に続く部分で説明されている。侍の殺し合いに町人も巻き込まれかねない情勢なのである。

取《と》り締《し》まる 見張りをして、悪いことをさせないようにする。

斬《き》り合《あ》い 刀を持って互いに戦うこと。

▼44ページ

気《き》が焦《あせ》る　気持ちがはやる。このようなときは、気持ちだけが先走って行動がついていかないため、やろうとすることがうまくできない。

残《のこ》るはあと一字《いちじ》だけ　本来なら「さんきち」の「ち」が最後の一字だが、三吉は順番を間違えてしまっているので、最後に残っているのは「き」の字である。ただし、そのことは、「『き』の字が『キ』まで彫ってあり」(45・21)という記述で初めて明らかになる。

●**いきなり**　何の前ぶれもなく起こる様子。類突然。急に。不意に。だしぬけに。

びくっと　びくりと。驚き恐《おそ》れて、一瞬《いっしゅん》身を震《ふる》わせる様子。

「ろうそくが、もったいないやないか！」と怒鳴《どな》られそうな気《き》がした　親方は三吉が何をしているかは知らないはずだから、怒るとすればろうそくの無駄《むだ》づかいしかないと三吉は思ったのである。

物騒《ぶっそう》やないか　幕府方と反幕府方（尊王攘夷派）の争いが活発なので、それに巻き込まれることを恐れた言葉。

ひょこっと　ここでは、急に首を縮める様子。

●**首《くび》をすくめる**　首を縮める。怒られたときやきまりの悪いときにする動作。文先生にしかられて、首をすくめた。

●**うなだれる**　首を前にたれる。ここでは、反省の様子を表す。ただし、「いかにもすまなそうに」とあるので、心から反省しているわけではなく、表面的に反省の態度を示したということである。

しょんぼりする　さびしそうで元気のない様子でいる。

●**……に限《かぎ》る**　……が最もよい。……が最高のやり方だ。文つかれたときは、寝るに限る。

しょんぼりすればするほど、親方《おやかた》の怒鳴《どな》り声《ごえ》は小《ちい》さくなっていく　親方が弟子を怒鳴りつけるのは教育のためであり、本人が反省している様子が見られれば、必要以上にせめ立てたりはしない。相手の態度をよく見て対応している親方のやさしさがうかがえる。一方、三吉も親方の様子をよく観察しており、そうした一面に気づいている。

●**肝心《かんじん》**　とりわけ大切なこと。類重要。肝要。

言葉《ことば》が飛《と》んできた　言葉が勢いよく発せられた、という意味。

悪《わる》さをしてたな　いたずらをしていたな。

首《くび》を振《ふ》る　首を横に何度も動かすことで、打ち消し、否定の意味を表す。

●**せわしない**　せかせかして落ち着きがない。

▼45ページ

おまえの名前《なまえ》を——　親方は、三吉の大胆な行動にあきれたが、その後すぐに思い直して興味を示した。

●**理《り》屈《くつ》**　物事の筋道。道理。

●**とたんに**　間を置かずに続く様子。ちょうどそのとき。類すぐに。たちまち。

目障《めざわ》り　見たときにじゃまに感じたり、不快に感じたりするもの。

●**見《み》せびらかす**　得意げに他人に見せつける。文新しいゲームを見せびらかす。

●**首《くび》をひねる**　疑問に思う。分からなくて考え込む。文計算が合わず、首をひねる。

▼46ページ

もうどうしょうもあらへん　もうどうしようもありはしない。間違えて彫った「ち」の字を消すことはできないということ。三吉自身、「彫ってしまえば、こちらのものだ。なんぼ親方が怒鳴っても消えることはない。」(43・5)と思っていたはずだが、失敗さえも消すことはできないのだと、このとき痛感したであろう。

●**おろおろする**　どうしてよいか分からずにうろたえる。

●**目《め》の色《いろ》を変《か》える**　怒ったり、夢中になったり、必死になったりして、前とは全く違う表情になる。

がらくた入《い》れ　価値のない雑多な品物を入れておく箱。「がらくた箱」ともいう。

かき回《まわ》す　ここでは、奥のほうまでよく探す、の意味。

▼47ページ

なんやその顔《かお》は――　先の欠けたのみを見せられた三吉は、不満顔をしたのだろう。それを見て親方が発した言葉。

わりにきちんと彫《ほ》れている　先の欠けたのみでも、親方の手にかかるときちんと彫れるのである。

ぼけっと　何もしないでぼんやりとしている様子。頼りない様子。

●**結《けつ》局《きょく》**　最後には。類ついに。とうとう。文接戦だったが、結局負けてしまった。

●**けっこう**　おおむね。類相当に。かなり。

親方《おやかた》、はようせんと、物騒《ぶっそう》ですよ　弟子の言葉としては少々生意気である。三吉の人なつっこい性格が表れている。

▼48ページ

●**学《がく》がある**　学問を積んでいる。物知りだ。

親方《おやかた》がろうそくを指差《ゆびさ》す　指でさし示すことで、無言のうちに、ろうそくを消すように指示したのである。

生唾《なまつば》を飲《の》み込《こ》む　緊張のあまり口の中にたまった唾を思わず飲み込むこと。

知《し》らぬ間《ま》に、手《て》が親方《おやかた》の着物《きもの》の袖《そで》をぎっちり握《にぎ》りしめていた　恐ろしさのため、三吉は無意識に親方にすがろうとしていたのである。

▼49ページ

●**無《む》念《ねん》**　くやしくてたまらないこと。類残念。

次第《しだい》に　少しずつ変化していく様子。類だんだんに。徐々《じょじょ》に。

●**間《ま》際《ぎわ》**　そのことがまさに行われようとするとき。類寸前。

●**やたら**　根拠《こんきょ》・節度がなく、手当たりしだいにする様子。類むやみ。

国《くに》のためやとか言《い》うてるけど、殺《ころ》し合《あ》いの中《なか》から、いったい何《なに》を作《つく》り出《だ》すというんじゃ　親方の侍に対する批判。親方が、物を作り出す職人という仕事に誇りを持っていることがうかがえる。

持《も》つ　状態が保たれる。

▼50ページ

今《いま》わしらの彫《ほ》った字《じ》　「さんちき」という名前と、「元治《げんじ》元年甲子《きのえね》五月二十日」という日付を指す。日付を彫ったことで、百年後の人が見ても、いつ作られたものかが分かるのである。

声《こえ》の調子《ちょうし》を変《か》えてしゃべりだした　百年先の人物になりきって語ろうとする親方の演出といえる。

三吉《さんきち》は親方《おやかた》の腰《こし》をぎゅっと押《お》した　親方がからかい半分に自分の将来への期待を述べたので、三吉は照れてしまったのである。

さんちきは、きっと腕《うで》のええ車大工《くるまだいく》になるで　「さんちき」と、彫り間違えた名前を口にしているのは、「今日この矢を作ったこの自分」ということを強く意識しているからだと考えられる。「きっと腕のええ車大工になるで」は、親方の「きっと腕のええ車大工やったんやろなあ」を受けたものであり、親方の期待に応えてみせるという決意が込められている。

読み解こう

場面ごとの内容を捉えよう。

□の中には当てはまる言葉を書こう。

第一場面 〔初め～44・7〕…自分が作った車輪の矢に名を彫ろうとする三吉。

■**主人公の立場と状況を押さえる。**

・主人公＝三吉…□の見習いをして五年になる。

・初めて祇園祭りの鉾の車の矢の一本を作ることを親方から任され、今日できあがった。

▼車大工

物語の書きだしの場面は「夜」だけど、その日の昼間にどんなことがあったかが、三吉の回想という形で語られているね。

テストに出る

問 **「体が震えた。」(42・25)ときの三吉はどのような気持ちだったのか。説明しなさい。**

答 初めて任された仕事をやりとげた満足感や感動で、胸がいっぱいになっている。

◆自分の作った矢を組み込んだ車が完成した瞬間である。すぐ後の「そこら中走り回って叫びたかった。／――おらも、いっしょに作ったんやで！」(42・26)にも着目して考える。

■**三吉が「夜中にそっと起き出してきた」(43・5)目的を読み取る。**

・自分が任されて作った車の矢に、□を彫ることが目的。

▼自分の名前

・**ポイント** 車大工は、気に入った車が作れたとき、自分の名前をそっと彫っておく。三吉はそれをまねしようと考えたのである。自分の名前の平仮名なら書けるので「さんきち」と彫るつもりである。

■**「親方が目を覚ましたらたいへんだ。」(43・17)と三吉が思った理由を読み取る。**

・まだ□の弟子が、自分の作ったたった一本の矢のためだけに名前を彫るのは生意気だと、親方に怒られると思ったから。

▼半人前

・**ポイント** 「彫ってしまえば、こちらのものだ。なんぼ親方が怒鳴っても消えることはない。」(43・5)にも着目。彫る前に気づかれたら止められてしまうだろうから、親方が気づく前に彫り終えてしまいたいと思っている。

■**物語の時代背景を読み取る。**

・幕府の政治に反対する尊王攘夷派の侍たちが幕府方の者を殺したり、それを取り締まる新選組との間で斬り合いが起きたりしている。

・町人は巻き込まれるのを恐れて、夜はどの家も早くから戸を閉めて寝てしまう。

・**ポイント** 江戸時代末期の京都の物騒な状況を捉える。

■**三吉が彫った文字を確かめる。**

・「さ」と「ん」を彫ったあと、三字目も彫り終わり、あと一字を残すだけである。

・ポイント　その「三字目」が何かは、ここでは明かされていない。

第二場面　**〔44・8〜48・10〕…親方も加わって、車に「さんちき」の名と日付を彫る。**

親方の登場で、第二場面に入るよ。ここは、三吉と親方の会話が中心となっていて、テンポよく話が進んでいるね。

■**親方に対する三吉の態度を読み取る。**

・親方に怒鳴られた三吉は、首をすくめ、いかにもすまなそうに□。

▼うなだれた

・ポイント　これは、しょんぼりすれば親方の怒りが収まることを知っているからである。三吉がふだんから親方によく怒鳴られていることや、親方の性格をよく知っていることがうかがえる。

■**「変な理屈《りくつ》だ。」(45・7)とは、どういうことを指しているのかを明らかにする。**

・親方は、夜中にろうそくをともしていた三吉を「①□やないか！」と怒鳴った。これは侍に目をつけられるのを恐れてのことである。

・ところが、三吉が「物騒やもん。」と言って明かりをつけるのをためらっていると、今度は「②□が怖くて車大工がつとまるか。」としかって、三吉にろうそくをつけさせた。

▼①物騒　②侍

・ポイント　言っていることのつじつまが合っていないということ。

■**親方が指摘《してき》した、三吉の彫り方の間違いを整理する。**

・本来なら目立たないよう、車の裏に彫らなければならないのに、□に彫ってしまった。

・「き」と「ち」の順番を間違えてしまい、名前が「さんちき」になっていた。

▼表

■**「そ、そやかて——。」(46・11)の「——」にはどんな言葉が補えるかを考える。**

・このままにはしておけない。

・間違った名前を残したくない。

・ポイント　「そやかて」は「そんなことを言ったって」という意味。直前の「そないなこととして消えるか。」という親方の言葉に反論しようとしているのである。

テストに出る

問 **「今度のしょんぼりは、本当のしょんぼりだ。」(46・17)とあるが、①前の「しょんぼり」(夜中にろうそくをつけて仕事場にいるところを見つかったとき)と、②今度の「しょんぼり」では、どのように違うのか。説明しなさい。**

答 ①…親方の怒りをしずめるために、しょんぼりした様子をつくろっていた。

②…自分の名前を彫り間違えるという取り返しのつかない失敗をしたことに対して、心底落ち込んでいる。

■**こっそり名前を彫っていた三吉への、親方の対応を捉える。**

・最初は「おまえの名前を――。」(45・1)と驚いたが、すぐに三吉の心情を理解し、名前を彫ったこと自体はしからなかった。

・名前を彫り間違えて落ち込む三吉を、「それもなかなか[ ]な。」と笑って励《はげ》ました。

・残りを彫ってしまうようにうながし、名前を彫ることを許した。

▼おもろい

●ポイント 三吉の成長を温かく見守ろうとする親方の気持ちが読み取れる。また、親方と弟子という関係でありながら、二人の会話には堅苦《かたくる》しさがなく、お互いに親しみを持っていることも伝わってくる。

■**親方の仕事に対する考えを捉える。**

・侍が命を懸《か》けているように、自分たち車大工も[ ]を懸けて車を作っている。

・のみの先には、鉾の上に乗る四十人の命が懸かっている。だからのみを動かすときには、一分《いちぶ》たりとも間違えてはいけない。

▼命

●ポイント 三吉が暗唱していることから、親方は日頃から、車大工としての心構えを三吉にくり返し語って聞かせていることが分かる。親方の職人としての意地と誇りが、「命」という言葉に表れている。

テストに出る

問 **「同じことをもう五回も聞かされた。」(47・36)とあるが、親方が三吉に言って聞かせたのはどのようなことか、親方の口調で書きなさい。**

答 ええか三吉、わしらののみの先にはな、四十人の命が懸かってるんや。鉾の上に乗る四十人のはやし方の重みを、この車が支えてるんや。そやから、のみを動かすときには、一分《いちぶ》たりとも間違えたらあかん。

第三場面

〔48・11～49・15〕…突然、外で侍たちの斬り合いが起こる。

■**侍が倒れていた状況を捉え、何が起こったのかを読み取る。**

・侍のそばに白く細長いもの、つまり①[ ]が落ちていた。

→斬り合いをしていた。

・三、四人の足音が表で止まったあとに、侍も刀も②[ ]いた。

→仲間がこの侍を連れ去った。

▼①刀 ②消えて

■**第三場面は、物語の流れの中でどのような役割を果たしているかを考える。**
・幕末の京都の世情を生々しく描き出す役割。
・第四場面で親方が語る、車大工としての誇りや心意気を強調する役割。

●ポイント　物語の時代背景は第一場面で説明されており、三吉や親方も「物騒だ」とくり返しているが、それが第三場面では具体的な出来事として生々しく描かれている。侍の死に際《ぎわ》を描いたことで、「命を懸ける」ということの意味や、侍と対比して語られる町人の暮らしの尊さが、より重みを増している。

第四場面

〔49・16〜終わり〕…親方の話を受け止め、三吉は腕のいい車大工になろうと決意する。

■**「侍に生まれんで、よかったな。」（49・20）と声をかけた親方が三吉に語ったことを整理し、親方が伝えようとしたことを捉える。**
・侍の目は、死ぬ間際でも①［　　］でいっぱいだった。侍たちは殺し合うばかりで、何も作り出さない。
→国のためと言いながら、憎み合うだけで何も残さずに死んでいく侍のむなしさ。
・自分たちが作った車は百年残り、自分たちより②［　　］する。百年先、世の中がどうなっていても、町人の暮らしは途《と》切《ぎ》れずに続いていくだろう。
→町人たちが地道な暮らしの中で文化を継承していくことの尊さ。

▼①憎しみ　②長生き

●ポイント　侍たちの殺し合いを間近に見て「体の震えの止まらない三吉」（49・18）に対して、親方は、自分たち町人の生き方について静かに語りだす。三吉の気持ちを「死」の恐怖から「生きる」希望や喜びへと向けさせようとしている。

■**親方の三吉に対する思いを読み取る。**
・三吉が作った矢を、「ええ仕上がりや。」（49・33）とほめた。
・車大工の仕事の尊さを語った後で、三吉もその車大工の一人だと声をかけた。
→三吉に職人としての自信や誇りを持たせようとしている。
・［　　］の人が三吉の仕事をほめるだろうと語った。
→三吉が腕のいい車大工になることを期待している。

▼百年先

テストに出る！

問　**三吉が「腕のええ車大工になるで。」（50・34）と決意したきっかけは何だったと考えられるか。説明しなさい。**

答　百年もの間使われ続ける車を作るという仕事に誇りややりがいを感じたことや、親方が自分の将来に期待をかけていることを感じ取ったこと。

人の命には限りがあるけれど、時代をこえて受け継がれるものを残すことができれば、すばらしい人生だったと思えるわね。

てびき―解答と解説

教科書の課題を解き、学習内容をしっかりと身につけよう。

教科書52ページ

◉ 人物像を捉え、心情を読み取ろう

1 前半部分(42・1〜48・10)から、三吉と親方の特徴がよく表れている描写や会話などを探して、それぞれの人物像(どんな人物か)を明らかにしよう。

解答 それぞれ、次のような部分から人物像が読み取れる。

三吉・「半人前のおらが…だれも信じひんやろ。」(42・11)
→半人前であることを自覚している。
・「彫ってしまえば、…消えることはない。」(43・5)
・「親方に…しょんぼりしているのに限る。」(44・18)
→親方の性格を見抜いて、ちゃっかりしている部分がある。
・「だが三吉は、…親方には見えない。」(44・22)
・「『しもうたあ!』…手でごしごしこすった。」(46・8)
→そそっかしい性格である。

親方・「何してるんや!」(44・8)など、怒鳴っていることが多い。
→せっかちで気が短い。
・「よし、ろうそくをつけてみい。」(45・4)
・「よしっ、残りをさっさと彫ってしまえ。」(46・23)
→三吉の気持ちをくむ情の深さがある。
・「わしらも命を懸けて車を作ってるんや。」(47・26)
・「そのとおりや、…命を削ってるんや。」(47・39)
→仕事への誇りがある。

解説 三吉は半人前ながらちゃっかりした面があり、親方は短気だが三吉への情や仕事への誇りを持っていることを読み取ろう。

2 「『さんちきは、きっと腕のええ車大工になるで。』/そっとつぶやいてから、思い切り息を吸い込んで、ろうそくの明かりをひと吹きで消した。」(50・34〜50・37)とあるが、このとき三吉はどんなことを考えていたのだろうか。

解説 名前を彫り間違えたこともふくめて、この日の出来事は三吉にとって車大工としての大切な一歩である。世の中がどう変わろうと、自分の仕事は百年という先まで残ること、自分の知らないたくさんの人が自分の仕事を見て、感動してくれるかもしれないことに気づかされた日である。親方の言葉のとおり、百年後の人々に「きっと腕のええ車大工やったんやろなあ」と言われるような車大工になりたいと強く思ったかもしれない。

「のみを動かすときには、一分《いちぶ》たりとも間違えたらあかん」という親方の言葉の意味を、三吉はこの日、改めて心に刻んだんじゃないかな。

◉ 人物の心情を想像してまとめよう

3 三吉が将来、りっぱな車大工になって、自分が初めて作った矢を数十年ぶりに見たとしたら、どんなことを思うだろうか。三吉の心情を想像して書いてみよう。

解答 初めての仕事を必死にやりとげたときは、震えるほどうれしかった。夜中にこっそりと矢に名前を彫り、「さんちき」と彫り間違えたことも懐《なつ》かしい。この矢が車大工としての自分の第

一歩だった。親方は短気だったが、愛情と誇りに満ちていた。これからも後世に残る仕事をしていきたい。自分はあの時思い描いた「腕のええ車大工」になれているだろうか。

解説 ❶で考えた三吉と親方の人物像、❷で考えた三吉の気持ちも参考に考えよう。

当時の自分について

・初めての仕事をやりとげた喜び
・名前を彫り間違えたことを懐かしむ気持ち

車大工としての自分について

・親方の厳しさと愛情
・思い描いた「腕のええ車大工」になれているか

広がる言葉

ⓐ **「さんちき」には、物事の様子を表す言葉、特に「ドサッ」(48・11)や「ぎゅっと」(50・23)のような擬音《ぎおん》語・擬態語が効果的に用いられている。ほかに、文章中から擬音語・擬態語を探そう。**

解答 どっしりと(42・3)／びくっと(44・10)／ゆらゆらと(45・11)／ばらばらと(49・6)／ゴロゴロ(50・12)など

解説 「さんちき」には、物の様子、動作の様子、状況の様子などに、いろいろな擬音語・擬態語が使われている。

ⓑ **例を参考に、1〜3の(　　)に当てはまる、物事の様子を表すさまざまな言葉を入れてみよう。**

解答 1ぎらぎらと／じりじり　など　2けたたましく／不気味に　など　3やわらかな／すべすべした　など

解説 夏の太陽と冬の太陽では様子に違いがある。「照りつける」というと、夏の太陽を連想する。同じように、サイレンの鳴っている状況、赤ちゃんの状態を想像することから、様子を表す言葉を引き出してみよう。

ⓒ **例を参考に、「さんちき」の中の1〜4の文について、そのときの物事の様子を表す言葉としてふさわしいものを「言葉を広げよう　様子を表す言葉」(328ページ)から一つ以上選ぼう。**

解答 1漆黒《しっこく》／ほの暗い／真っ暗　など　2静まり返る／しんと　など　3しずしず／そろり　など　4足早／すばしっこい　など

解説 選んだ言葉によって印象がどのように変わるか比べよう。

ⓓ **次の物事の様子を表す言葉のリストから一つ選び、その言葉を使った短文を作ってみよう。**

解答 風で髪《かみ》がさらさらとなびく。／大きな鳥がバサバサと音を立てて羽ばたく。／コーヒー豆の香ばしい香りがただよう。／透《す》き通るような声で歌う。／ごつごつした岩山を登る。／まばゆい初日の出に思わず目を細める。／カメがのっそりと歩いている。／その店の料理はどれもすごく辛い。／夏が終わり、朝晩は肌寒《はださむ》い日が増えた。／小雨がぱらぱらと降り始めた。／エジプトの王の仮面は金ぴかに輝いていた。／好きな人と話せたのがうれしくて、軽やかな足取りで帰った。　など

解説 様子を表す言葉を効果的に使うことで、場面の様子を印象づけたり、より鮮やかに描写したりすることができる。作った例文を、別の言葉を使って言い換《か》えてみよう。

学びの扉《とびら》

相手の話を受け止め、引き出す

教科書54、246～249ページ

相手の話を黙って聞き、自分の思いを話すだけでは、対話は成り立たない。話を受け止め、引き出す対話の仕方を考えてみよう。

●相手の話を受け止める

・話を聞いたら、自分が思ったことを言う前に、まずは相手の話を受け止める。

・相手の話を受け止めるには、話の中心＝「何の①［　］について、どんな②［　］を伝えようとしているか」を的確に捉《とら》えることが必要。

・相手の目を見ながら話を聞いたり、うなずいたりすることでも、話を受け止めていることが伝わる。

▼①話題　②思い

教科書の例▼ 問題1 ―― 教科書246ページ

・話題…鉄道模型

・伝えようとしている思い…自分が感じている鉄道模型の魅力《みりょく》

ポイント 「詩織《しおり》さんは鉄道模型が好きなんだね。」というように、短くまとめて伝えると、相手は話を受け止めてもらえたと実感できる。

●質問で相手の話を引き出す

(1)話の中心に関わる質問と関わらない質問

教科書の例▼ 問題3 ―― 教科書248ページ

・㋐…話の中心に関わる質問

→詩織さんの伝えたい「鉄道模型の魅力」に関わる内容であり、質問された詩織さんが、いろいろなことを話したくなる。

・㋑…話の中心に関わらない質問

→詩織さんの伝えたいこととは関係がなく、話を引き出しにくい。

(2)開かれた質問と閉じられた質問

・**開かれた質問**…相手が話す内容を［　］に決められる質問。

・**閉じられた質問**…少ない単語や「はい」「いいえ」だけで答えられる質問。

▼自由

教科書の例▼ 問題4 ―― 教科書248ページ

・㋐…閉じられた質問

→「○種類です。」と答えて終わってしまう。答えの自由度が低い。

・㋑…開かれた質問

→答えるのに時間がかかるが、さまざまな答えができる。

質問の種類	話の引き出しやすさ	
話の中心に関わる質問	○	いろいろ話したくなる
話の中心に関わらない質問	△	伝えたいことと無関係
開かれた質問	○	たくさん話せる
閉じられた質問	△	短い答えで終わる

ポイント 「話の中心に関わらない質問」でも、聞き手が興味のあることを質問するのは悪いことではない。また、「閉じられた質問」は答えやすいので、会話を始めるときなどには有効である。場面や目的に応じてうまく使い分けるとよい。

▼話す・聞く　聞く

話を聞いて質問しよう

教科書55～57ページ

◦学習目標

●メモを取ったり、質問したりしながら、話の内容を捉《とら》え、考えをまとめる。

1 自己紹介《しょうかい》を聞いてメモを取る

・四人一組で、順番に自己紹介をする。聞いている人はメモを取る。

教科書の例▼ 自己紹介の例 ―― 教科書55ページ

・「体を動かすことが好き」
・「テニス部に入って、頑張《がんば》って練習しています。」
→好きなものや得意なこと、最近のお気に入りなどを話す。

2 質問したいことを書き出す

・1で取った［　　］をもとに質問したいことを書き出し、その中から三つ選ぶ。

▼メモ

自己紹介の内容を深め、相手のことを詳《くわ》しく知ることができる質問を選ぼう。

3 インタビューをする

・グループで、質問する人、答える人、［　　］する人の分担を決め、インタビューを行う。
・質問する人…2で選んだ三つの質問をし、メモを取る。答えを聞いて更《さら》に質問を重ねてもよい。
・答える人…質問に答える。質問に関連して思いついたことを話してもよい。
・ほかの人…質問を考えながら、インタビューの様子を観察する。
※交替《こうたい》して、全員がすべての役割を受け持つ。

▼観察

◦言葉の力　メモを取り、質問する

●だいじだと思う言葉を中心にメモを取る。
●相手の話の中で聞き取れなかったことや確認《かくにん》したいこと、詳しく知りたいことなどについて質問する。
●「なぜ」「どんな」など詳しく知るための質問や、自分との共通点や相違点に関する質問など、さまざまな質問をする。

教科書の例▼ インタビューをする ―― 教科書56ページ

・「なぜ、テニス部に入ろうと思ったんですか。」
→「なぜ」「どんな」など、①［　　］知るための質問
・「私も体を動かすことが好きで…」
→自分との②［　　］や相違点を見つける質問

▼①詳しく　②共通点

4 ほかのグループに紹介する

メモを見ながら、インタビューした相手のことをほかのグループに紹介する。

日本語探検2　接続する語句・指示する語句

教科書58～60ページ

新出漢字・新出音訓

読みの太字は送り仮名を示す。（　）は中学校では学習しなくてもよい読みを、―線は特別な言葉に限って使われる読みを示す。例は用例を示し、例中の太字は教科書本文中の語句であることを示す。新出音訓の▼は、常用漢字表の「付表」の語を示す。□には漢字を、（　）には読みを書こう。

p.58　**坊**　ボウ｜ボッ　7画　土　□
①人を呼ぶときに添《そ》える語。例**寝坊**《ねぼう》。赤《あか》ん坊《ぼう》。②僧侶《そうりょ》やその住居。例坊主《ぼうず》。宿坊《しゅくぼう》。③男の子を親しんで呼ぶ語。例坊《ぼう》や。

p.58　**拠**　キョ　コ　8画　手　□
たよる。よりどころ。例**根拠**《こんきょ》。拠点《きょてん》。証拠《しょうこ》。

p.59　**般**　ハン　10画　舟　□
物事の種類、また物事を数える語。例**一般**《いっぱん》**的**《てき》。全般《ぜんぱん》。諸般《しょはん》。

p.59　**柄**　（ヘイ）　がら　え　9画　木　□
①内容や性質。例**事柄**《ことがら》。人柄《ひとがら》。国柄《くにがら》。②体つき。例小柄《こがら》。③布地などのもよう。例花柄《はながら》。④手で持つところ。例長柄《ながえ》。⑤いきおい。権力。例横柄《おうへい》。

p.59　**沙**　サ　7画　水　□
①水中でより分けて悪い物を取る。例**ご無**《ぶ》**沙汰**《さた》。沙汰《さた》。②砂のようにとても細かい物。

p.59　**汰**　タ　7画　水　□
水であらって選び分ける。例**ご無沙汰**《ぶさた》。沙汰《さた》。淘汰《とうた》。

◉学習内容の要点を押さえよう。（□の中には当てはまる言葉を書こう。）

●接続する語句

・「だから・それで・だけど・しかし」などの語には、文と文をつないで、二つの文の□をはっきりと表す働きがある。これらの言葉を接続する語句という。

▼関係

例
㋐寝坊した。《だから》遅刻した。
㋑寝坊した。《だけど》間に合った。
㋒先生は厳しい。《だけど／だから》先生が好きだ。

＊ほかに、「なぜならば」「とはいうものの」といった語句もある。

●接続する語句の働き

接続する語句が表す文と文の関係には次のようなものがある。

・**結論や根拠を示す**
例だから・したがって・なぜなら・というのは

・**逆のことを述べる**
例だけど・しかし・だが・けれども・そうはいっても

・**言い換**《か》**える**　例すなわち・つまり・要するに

㋒は、つなぐ言葉が、話し手の意識の違いを表しているね。

・例を挙げる　例 例えば・一例として
・付け加える　例 そして・それから・それに加えて
・違う話題にする　例 ところで・さて・それはさておき

テストに出る！


問 次の文の（　）に入る接続する語句を考えてみよう。

㋐明日は待ちに待った遠足だ。（　）ぜひ晴れてほしい。

㋑日本にはおいしいものがたくさんある。（　）大阪のたこ焼きは日本人だけでなく外国人にも親しまれている。

答 ㋐だから（したがって）　㋑例えば（一例として）

●指示する語句

・物事・場所・方向などを指し示す働きをする語を、指示する語句（こそあど言葉）という。

	近称《きんしょう》	中称	遠称	不定称
物事	これ	それ	あれ	どれ
場所	ここ	そこ	あそこ	どこ
方向	こちら こっち	そちら そっち	あちら あっち	どちら どっち
様子	こう	そう	ああ	どう
状態	こんな	そんな	あんな	どんな
限定	この	その	あの	どの

近称…話し手に近いものに使う。

中称…話し手から離《はな》れていて聞き手に近いものに使う。

遠称…話し手・聞き手双方《そうほう》から離れているものに使う。

例 ㋐「その本おもしろそうだね。」
「うん、これ、とてもおもしろいよ。」
㋑「あそこに見えるのは何だろう。」
㋒「どれにしますか。」
㋐の「その」「これ」や㋑の「あそこ」は、話に登場する特定の物や場所を指し示し、㋒の「どれ」は、指し示すものが定まっていない場合に使う。

・話の中の事柄を指し示す言葉には、次のようなものもある。
「以上の／以下の」「先の」「例の」「前者／後者」「上記の／下記の」「右記の／左記の」

＊「上記の～」「右記の～」はもっぱら書き言葉で使う。

テストに出る！


問 次の文の傍線部が指し示す内容は何か。

㋐努力すれば必ず結果が出る。私はそう信じている。

㋑図書館には、電車かバスで行くことができる。早く到《とう》着《ちゃく》できるのは前者だ。

答 ㋐努力すれば必ず結果が出る　㋑電車
◆㋐は、前の文で述べた事柄全体を指している。
㋑の「前者」は、二つのうちの前のものを指す言葉である。

3 ▼読む 構成・展開

オオカミを見る目

筆者・高槻成紀《たかつきせいき》

教科書62〜69ページ

ガイダンス

学習目標を押さえ、「オオカミを見る目」のおおよその内容を理解しよう。

学習目標

●段落の役割や段落どうしの関係に着目して文章の構成を捉え、内容を読み取る。

●文章の書き方の工夫について考える。

言葉の力　段落の役割や段落どうしの関係に着目する

段落の役割や段落どうしの関係に着目して、文章全体をいくつかのまとまりに分けると、文章の構成が捉えやすくなる。

●文章全体における段落の役割の例

▼話題提示　▼問題提起　▼例示　▼結論　▼主張　など

●段落どうしの関係の例

▼問いと答え　▼原因と結果　▼考えと根拠　▼対比

▼詳《くわ》しい説明とまとめ　▼中心となる説明と補足　など

●段落どうしの関係を捉えるときには、接続する語句や指示する語句（こそあど言葉）が手がかりになる。

文章を読む前に

現代の日本にはオオカミは生息していないといわれるが、もし身近な野山にオオカミが野良犬《のらいぬ》のごとく歩き回っているとしたら、どうだろう。やはり「怖《こわ》い」と思うのではないだろうか。それは、オオカミが自分に襲いかかってくることを想像するからだろう。でも、野生動物は本来、むやみに人間を襲ったりはしない。人間がオオカミに対して恐怖《きょうふ》を感じるようになったのには別な理由がある。一方、絵本やアニメに登場するオオカミのキャラクターは悪役であることが多いが、その背景にはオオカミに対する恐れというよりも「憎しみ」がある。なぜ人間がオオカミを憎むのか。そのことを理解するには、現代の私たちの生活感覚から離《はな》れて、昔の人々の生活の在り方に思いをめぐらせなくてはならない。この文章は、オオカミに対するさまざまな見方とその背景を探《さぐ》ることを通して、私たちの「ものの見方」について考えさせてくれる。

考えてみれば、オオカミがどんな動物なのか実はよく知らないな。なのに、絵に描《か》くと、ついつい悪そうな顔にしてしまうよ。

あらまし

童話「赤ずきん」に出てくるオオカミが悪者であるように、昔のヨーロッパではオオカミは悪を象徴する生き物とされていた。一方、昔の日本ではオオカミは神のように敬われていた。それはヨーロッパの農業が牧畜を基盤としており、ヒツジを襲うオオカミを嫌《きら》ったのに対し、日本の農業は米を軸としており、稲《いね》を食べる草食獣を殺してくれるオオカミは人間の味方と考えられたからである。しかし、その日本でも明治時代にはオオカミが徹底《てってい》的に駆除《くじょ》され絶滅してしまう。それは狂犬病《きょうけんびょう》の流行などでオオカミに対するイメージが悪化していったからである。このように、人の考えや行いは社会の在り方に強い影響を受けるとともに、社会の状況の変化によって変わってしまうものなのである。

●文章の構成

大きくは「序論」「本論」「結論」の三つに分けられるが、本論を更に二つに分けて、次の四つの意味段落で捉えておく。

・第一段落（初め～63・8）……二つの問いの提示。
・第二段落（63・9～65・9）…問いの答え①（ヨーロッパと日本とでオオカミに対する見方が大きく違っていた理由）。
・第三段落（65・10～67・4）…問いの答え②（日本でオオカミのイメージが変化した理由）。
・第四段落（67・5～終わり）…筆者の考えのまとめ。

第一段落の二つの問いとは、①「ヨーロッパと日本とで、オオカミに対する見方が大きく違うのはなぜか」、②「日本において、昔と今とでオオカミのイメージが変わったのはなぜか」である。

●論展開の工夫

段落構成

右の「文章の構成」に示したように、序論・本論・結論が明確に区別されており、明快な構成となっている。

接続する語句や指示する語句

「ところが」「一方」「しかし」などの言葉で対比関係を明確にしている。本論における二つの内容を、「まず」「では、次に」ではっきり区別している。「このように」「つまり」などで言い換《か》えやまとめを示している。

問いと答えの対応

序論で問いを提示し、本論でその答えを解説し、結論で答えの要点を再度まとめ直している。

対比

「ヨーロッパと日本」、日本における「昔と今」を対比させることで、それぞれの特徴を浮《う》かび上がらせている。

●要旨

牧畜を生活の基盤とするヨーロッパではオオカミは悪の象徴とされたが、稲作《いなさく》を営む日本ではオオカミは神のように敬われた。しかし、その日本でも明治時代にはオオカミに対するイメージが悪化し、オオカミは迫害《はくがい》の対象となっていった。このように、人の考えや行いは、社会の状況によって異なりもするし、変化もしうるものである。

文章の構成としては、二つの疑問を提示し、それに答えていくという形になっているが、要旨《ようし》として短くまとめる際には答えに当たる内容が押さえてあればよい。最終段落にまとめられている筆者の考えは、必ず盛り込む。

新出漢字・新出音訓

読みの太字は送り仮名を示す。（　）は中学校では学習しなくてもよい読みを、|線は特別な言葉に限って使われる読みを示す。例は用例を示し、例中の太字は教科書本文中の語句であることを示す。新出音訓の▼は、常用漢字表の「付表」の語を示す。□には漢字を、（　）には読みを書こう。

p.62 **匹** ヒツ ひき 4画 匚
①けものや小動物を数える語。例**三匹**《さんびき》。②二つのものの力や様子が同じであること。例匹敵《ひってき》。

p.62 **伏** フク ふせる ふす 6画 人
①身をひそめる。例**待**《ま》**ち伏**《ぶ》**せ**。伏兵《ふくへい》。②ふす。横たわる。例起伏《きふく》。腕立《うでた》て伏《ふ》せ。③したがう。例降伏《こうふく》。

p.62 **賢** ケン かしこい 16画 貝
かしこい。例**ずる賢**《がしこ》**い**。賢者《けんじゃ》。賢明《けんめい》。

p.62 **徴** チョウ 14画 彳
①しるし。きざし。例**象徴**《しょうちょう》。特徴《とくちょう》。②召《め》し出す。例徴兵《ちょうへい》。徴用《ちょうよう》。③取り立てる。例徴収《ちょうしゅう》。徴税《ちょうぜい》。

p.63 **捉** ソク とらえる 10画 手
とらえる。例**捉**《とら》**える**。捕捉《ほそく》。把捉《はそく》。

p.63 **栽** サイ 10画 木
植物を植えて育てる。例**栽培**《さいばい》。植栽《しょくさい》。盆栽《ぼんさい》。

p.63 **培** バイ（つちかう） 11画 土
苗木《なえぎ》を育てる。例**栽培**《さいばい》。培養《ばいよう》。

p.63 **襲** シュウ おそう 22画 衣
①相手を攻撃《こうげき》する。例**襲**《おそ》**う**。**襲撃**《しゅうげき》。襲来《しゅうらい》。②あとを継ぐ。例世襲《せしゅう》。襲名《しゅうめい》。

p.63 **撃** ゲキ うつ 15画 手
①武力をもって攻《せ》める。例**襲撃**《しゅうげき》。攻撃《こうげき》。爆撃《ばくげき》。②うつ。たたく。例打撃《だげき》。射撃《しゃげき》。③あたる。ふれる。例目撃《もくげき》。

p.64 **魔** マ 21画 鬼
人のさまたげをする悪神。人の力を超《こ》えた術や力。例**悪魔**《あくま》。**魔女**《まじょ》。魔術《まじゅつ》。魔法《まほう》。

p.64 **恐** キョウ おそれる おそろしい 10画 心
①こわがる。例**恐**《おそ》**れる**。**恐**《おそ》**ろしい**。恐怖《きょうふ》。恐慌《きょうこう》。②おどす。例恐喝《きょうかつ》。③おそれいる。例恐縮《きょうしゅく》。

p.64 **軸** ジク 12画 車
①物事の中心。かなめ。例**軸**《じく》。主軸《しゅじく》。枢軸《すうじく》。②回転運動をささえる心棒。例車軸《しゃじく》。

p.64 **畜** チク 10画 田
人間に飼い養われる動物。例**牧畜**《ぼくちく》。家畜《かちく》。畜産《ちくさん》。

p.64 **盤** バン 15画 皿
①物をのせる平らな台。例**基盤**《きばん》。配電盤《はいでんばん》。②大きく平たい皿。例銅盤《どうばん》。円盤《えんばん》。

p.64 **稲** トウ いね｜いな 14画 禾
イネ科の一年草。実は米。例**稲作**《いなさく》。**稲**《いね》。

p.64 **祈** キ いのる 8画 示
神仏に願って福を求める。例**祈**《いの》**り**。祈願《きがん》。祈念《きねん》。

p.65 **獣** ジュウ けもの 16画 犬
けもの。例**草食獣**《そうしょくじゅう》。**害獣**《がいじゅう》。猛獣《もうじゅう》。獣医《じゅうい》。

p.65 **撲** ボク　15画　手
なぐる。例**撲滅**《ぼくめつ》。打撲《だぼく》。

p.65 **滅** メツ　ほろびる　ほろぼす　13画　水
①ほろびる。例**撲滅**《ぼくめつ》。**絶滅**《ぜつめつ》。滅亡《めつぼう》。破滅《はめつ》。②消える。なくなる。例消滅《しょうめつ》。点滅《てんめつ》。

「滅」を書くときは、「火」の上にある一画を書き忘れないようにしてね。

p.65 **江** コウ　え　6画　水
①海や湖が陸地に入り込んだ所。例**江戸**《えど》。入《い》り江《え》。②大きな川。例江上《こうじょう》。長江《ちょうこう》。

p.65 **症** ショウ　10画　疒
①病気。例**感染症**《かんせんしょう》。後遺症《こういしょう》。既往症《きおうしょう》。②病気の性質や状態。例**発症**《はっしょう》。自覚症状《じかくしょうじょう》。炎症《えんしょう》。重症《じゅうしょう》。対症療法《たいしょうりょうほう》。

p.66 **及** キュウ　およぶ　およぼす　および　3画　又
そこまで達する。例**普及**《ふきゅう》。言及《げんきゅう》。及第《きゅうだい》。

p.66 **更** コウ　さら　（ふかす）　（ふける）　7画　曰
①あらたまる。例**更に**《さら》。変更《へんこう》。更正《こうせい》。記録《きろく》更新《こうしん》。②いれかわる。例更迭《こうてつ》。

p.67 **被** ヒ　こうむる　10画　衣
①こうむる。身にうける。かぶさる。例**被**《ひ》**害**《がい》。被災《ひさい》。被告《ひこく》。被験者《ひけんしゃ》。被子植物《ひししょくぶつ》。②着るもの。例被服《ひふく》。

p.67 **崩** ホウ　くずれる　くずす　11画　山
①くずれる。くずす。例**崩す**《くず》。崩壊《ほうかい》。崩落《ほうらく》。②天子がなくなる。例崩御《ほうぎょ》。

○広がる言葉

p.69 **臆** オク　17画　肉
気おくれする。例**臆病**《おくびょう》。臆《おく》する。臆面《おくめん》。

p.69 **爽** ソウ　さわやか　11画　大
すがすがしい。さわやか。例**爽やか**《さわ》。爽快《そうかい》。

p.69 **粋** スイ　いき　10画　米
①洗練されている。例**無粋**《ぶすい》。粋《いき》がる。②まじりけがない。例純粋《じゅんすい》。

p.69 **俗** ゾク　9画　人
①世間一般。例**俗**《ぞく》**っぽい**。世俗《せぞく》。②風習。習慣。例民俗《みんぞく》。風俗《ふうぞく》。

■新出音訓（——線部の読みを書こう。）
①火が燃え盛る。p.64（　　）
②農業が盛んな地域。p.64（　　）
③布を赤く染色する。p.65（　　）

答　①さか　②さか　③せんしょく

語句・文の意味

語義が複数の場合、①に教科書本文中の語義を示してある。類は類義語、対は対義語、文は語句を用いた短文例を示す。
●印は、教科書の脚注に示されている語句である。

▼62ページ

●**イメージ**　心に思い浮《う》かべる姿や形。ある物事から受ける全体的な印象。

童話《どうわ》　子供向けに作られた物語。

●**影響**《えいきょう》　物事の力や作用が他のものに及んだり、関係したりすること。また、それによって起こった変化や結果。

ずる賢い《がしこ》　悪知恵《わるぢえ》が働く。自分の得のために要領よく立ち回るのがうまい。

●**実際**《じっさい》　ここでは副詞で、本当に、の意。類本当に。確かに。事実。

●**象徴**《しょうちょう》　抽象的《ちゅうしょうてき》な思想や観念などを具体的な

事物によって表現すること。また、その表現したもの。

▼63ページ

●**ところが**　逆接を表す接続詞。前の事柄から順当に予想されるものとは反対の内容を述べる場合に用いる語。類しかし。けれども。

●**それに**　添加《てんか》を表す接続詞。前の事柄を受けて、そのうえに別の事柄を付け加える場合に用いる語。類そのうえ。更に。しかも。おまけに。

●**ま　ず**　いくつかの事柄を示す場合に、順序として最初であることを示す語。類はじめに。最初に。第一に。

●**糧**《かて》　①生きていくための食物。②活動の源。物事を続けていくために必要なもの。

●**襲撃**《しゅうげき》　不意をついて襲いかかること。

●**策**《さく》**を講**《こう》**じる**　物事をうまく運ぶための手段・方法を考えて実際に行う。

▼64ページ

●**いたずらに**　むだに。必要以上に。

●**軸**《じく》　①活動や運動の中心となる部分。②回るものの中心となる部分。③物の棒状の部分。

●**基**《き》**盤**《ばん》　物事を成り立たせる大もととなるもの。類基礎《きそ》。土台。

見《み》**なす**　そうと決めて取り扱う。

汗水《あせみず》**垂**《た》**らす**　一生懸命《けんめい》に働く。「汗水(を)流す」ともいう。

●**心血**《しんけつ》**を注**《そそ》**ぐ**　心身の力を全て出しきって、あることに打ち込む。文被災地の復興に心血を注ぐ。

●**したがって**　順接を表す接続詞。前の事柄から順当に予想される内容を述べる場合に用いる。類だから。それゆえ。

▼65ページ

つまり　前に述べた内容をまとめたり、言い換えたりする場合に用いる語。類要するに。すなわち。

●**撲**《ぼく》**滅**《めつ》　完全にうちほろぼすこと。

絶《ぜつ》**滅**《めつ》　ある生物の種が完全に死に絶えること。

●**手**《て》**のひらを返**《かえ》**す**　それまでとは態度をがらりと変える。「手の裏を返す」ともいう。文昨日まではいっしょに遊んでいたのに、手のひらを返したように冷たくあたるようになった。

迫《はく》**害**《がい》　相手を追い詰めて、苦しめること。

●**一変**《いっぺん》**する**　がらりと変わること。または、変えること。類百八十度変える。一転する。文お酒を飲むと、態度が一変する。

●**獰**《どう》**猛**《もう》　あらあらしく凶暴《きょうぼう》である様子。

●**たとえ**　「たとえ…としても」で、その状態が仮に成立しても、それは後の結果には影響を及ぼさないという表現。類もしそうでも。仮に。

▼66ページ

にわか　物事が急に起こったり変化したりする様子。

●**忌**《い》**まわしい**　①うとましい。いやだ。②縁起《えんぎ》が悪い。

●**積極的**《せっきょくてき》　物事を進んで行う様子。対消極的。

●**価値観**《かちかん》　どのようなことに価値を認めるかという判断。物事を評価するうえでの基準となる考え。

教《きょう》**訓**《くん》　生き方や考え方に役立つ教え。

普《ふ》**及**《きゅう》　一般に行きわたること。

●**駆**《く》**除**《じょ》　害になるものを追いはらったり退治したりすること。

●**対**《たい》**象**《しょう》　働きかけの目標となるもの。目当て。相手。

更《さら》**に**　そのうえに。加えて。

●**不**《ふ》**利**《り》　状況のよくない様子。利益にならない様子。損。不利益。対有利。

▼67ページ

●条件《じょうけん》　ある物事が成立するために必要なこと。

●とうとう　最終的にある結果となること。
類ついに。結局。最終的に。

●まさに　ある物事が確かな事実である様子。
類確かに。まさしく。

心《こころ》に留《と》める　いつも注意する。覚えておく。
類心に刻む。

読み解こう

段落ごとの内容を捉えよう。［　］の中には当てはまる言葉を書こう。

第一段落　［初め～63・8］　二つの問いの提示。

■この文章で筆者が取り上げている話題は何であるかを捉える。

・オオカミという動物に対する［　］。

▼イメージ

●ポイント　初めの一文で、読者に問いを投げかけている。現代の日本においてオオカミは身近な動物ではないが、童話などを通じて自分がどんなイメージを持っているか、考えながら読み進めよう。

現代の日本ではオオカミに接する機会がないから、童話の中のイメージが強いかなあ。

■昔のヨーロッパでのオオカミに対する見方と、それを示す具体例を読み取る。

・昔のヨーロッパでは、オオカミは悪を象徴する生き物とされ、①［　］いた。

・具体例…「赤ずきん」や「三匹の子ブタ」などの童話に出てくるオオカミが、ずる賢くて②［　］として描かれている。

▼①憎まれて　②悪い動物

■昔の日本でのオオカミに対する見方と、それを示す具体例を読み取る。

・昔の日本では、オオカミは①［　］のように敬われていた。

・具体例…埼玉県の三峯《みつみね》神社ではオオカミを神としてまつっている。オオカミの語源は②［　］であるという説がある。

▼①神　②大神

■筆者が提示している「二つの疑問」(63・4)を整理する。

・疑問①＝オオカミに対して、①［　］とで大きく見方が違っていたのはなぜか。

・疑問②＝同じ日本で、②［　］で、オオカミのイメージが変わってしまったのはなぜか。

▼①ヨーロッパと日本　②昔と今と

●ポイント　この二つの疑問に答える形で、続く第二・第三段落の内容が構成されている。

テストに出る

問 「こんなにも見方が違っていた」(63・5)とあるが、ヨーロッパと日本とで、オオカミに対する見方はどのように違っていたのか。

答 ヨーロッパでは、オオカミは悪の象徴として憎まれていたのに対し、日本では、オオカミは神のように敬われていた。

第二段落 〔63・9～65・9〕…問いの答え①。

■ヨーロッパの人々の生活とオオカミとの関係を整理する。

・ヨーロッパの人々はヒツジを①□の糧《かて》としていた。
→ヒツジを襲うオオカミを残酷《ざんこく》で悪い動物と思い、憎む。
・②□の影響がたいへん強かった。
→オオカミに悪魔のイメージが重ねられていった。

▼①生活 ②キリスト教

■昔の日本の人々の生活とオオカミとの関係を整理する。

・日本の人々は米作り(稲作)に励《はげ》む生活を送ってきたため、稲を食べるイノシシやシカなどの草食獣に強い憎しみを感じていた。
→草食獣を殺してくれるオオカミは自分たちの□と考え、敬うようになった。

▼味方

・**ポイント** 人々の生活を支えるものが「ヒツジ」か「稲」かで、人間とオオカミとの関わり方が違っていったのである。

■現代の日本人とオオカミとの関係を整理する。

・現代の日本人は、オオカミを①□のように敬ってはいない。
・②□時代にはオオカミの徹底的な撲滅作戦が繰《く》り広げられるなど、手のひらを返すような迫害が行われた。
・明治三十八年の記録を最後に③□したとされている。

▼①神 ②明治 ③絶滅

■「しかし、現代の日本人は……考えられるのです。」(65・4～65・9)の段落が、前後の段落とどのような関係にあるかを押さえる。

・前の段落とは相反する内容を補足するとともに、後の段落への導入的な□を果たしている。

▼役割

テストに出る

問 前の段落の内容を言い換えてまとめる働きをしている段落はどれか。

答 ①「このように、ヨーロッパでは……見なされることとなったのです。」(64・7)
②「つまり、米を軸にした……敬われるようになったのです。」(65・2)

◆各段落初めの「このように」や「つまり」が、まとめの段落であることを示している。

テストに出る！

問 **「それには日本人のオオカミに対する見方の変化が関わっている」(65・8)とあるが、「それ」が指す内容を説明しなさい。**

答 日本人が、昔はオオカミを神のように敬っていたのに、明治時代にはオオカミの徹底的な撲滅作戦を行うほど迫害したということ。

第三段落 〔65・10～67・4〕…問いの答え②。

■ **日本人のオオカミに対するイメージが悪化していった過程を読み取る。**

・①［　　］時代の中頃に狂犬病が流行した。感染したオオカミに襲われて人が死ぬこともあったため、オオカミは忌まわしい動物となった。

・明治時代には、オオカミを悪者にした②［　　］の童話が普及し、オオカミのイメージを更に悪化させた。

▼①江戸　②ヨーロッパ

■ **日本のオオカミが絶滅した理由を読み取る。**

・オオカミに対する①［　　］の変化を背景に、害獣として駆除されるようになったうえ、感染症の流行、生息地の減少、食料であるシカの激減など、オオカミの生息に②［　　］な条件が重なったから。

▼①見方　②不利

テストに出る！

問 **日本でオオカミのイメージが悪化していった原因を二つ、簡潔にまとめて答えなさい。**

答 ①狂犬病の流行。
②オオカミを悪者にしたヨーロッパの童話の普及。

テストに出る！

問 **「オオカミにとって不利な条件」(66・17)とは、具体的にはどのようなことか。**

答 害獣として駆除されたこと、感染症であるジステンパーの流行、開発による生息地の減少、食料であるシカの激減。

第四段落 〔67・5～終わり〕…筆者の考えのまとめ。

■ **「こうしたオオカミの例」(67・5)が示していることとして、筆者がどのような結論を導いているかを読み取る。**

・野生動物に対する考え方は、その社会によって強い影響を受け、また、社会の状況の変化によって［　　］ということ。

▼変わりうる

テストに出る！

問 **この文章で筆者が訴《うった》えたかったことは何か。**

答 人の考えや行いは、置かれた社会の状況によって異なりもするし、また変化もしうるのだということ。

◆「オオカミに対する見方」は一つの例であり、そこから読み取れることは、「野生動物に対する考え方」や、もっと広く「人の考えや行い」全般に当てはまるものなのである。

てびき―解答と解説

教科書の課題を解き、学習内容をしっかりと身につけよう。

教科書68ページ

◉文章の構成を捉え、内容を読み取ろう

❶この文章を、問いが示されている第一のまとまり、答えが説明されている第二のまとまり、筆者の考えが述べられている第三のまとまりに分けてみよう。続いて、第二のまとまりを、更に二つのまとまりに分けてみよう。

解答

第一のまとまり【問い】…初め～63ページ8行目

第二のまとまり【答え】…63ページ9行目～67ページ4行目

①【一つ目の疑問の答え】…63ページ9行目～65ページ9行目

②【二つ目の疑問の答え】…65ページ10行目～67ページ4行目

第三のまとまり【筆者の考え】…67ページ5行目～終わり

解説　第二のまとまりは、第一のまとまりで示された「二つの疑問」に対応している。段落のはじめにある接続する語句にも着目する。

❷文章中に示された二つの問いに、筆者はどのように答えているだろうか。それぞれ表や図にまとめてみよう。

解答　①ヨーロッパと日本でオオカミに対する見方が大きく違っていたのはなぜか。

	生活の基盤	オオカミ	イメージ
昔のヨーロッパ	ヒツジを軸にした牧畜	ヒツジを襲う	悪い動物 悪魔
昔の日本	稲作（米作り）	稲を食べるシカやイノシシを退治してくれる	自分たちの味方 神

②日本でオオカミのイメージが変化したのはなぜか。

江戸時代　狂犬病の流行。→狂犬病にかかったオオカミは獰猛になり、人をよく襲うようになった。→忌まわしい動物となった。

→

明治時代　オオカミを悪者にしたヨーロッパの童話が日本に入ってきた。→「オオカミ少年」など、いくつかの童話は、当時の教科書にも掲載され、普及した。→オオカミのイメージを悪化させた。

解説　①の問いについては、ヨーロッパと日本を比較《ひかく》して述べているので、表に整理するとよい。オオカミに対する見方の違いの根本は、生活の基盤の違いにあることが分かる。

②の問いについては、日本でのオオカミのイメージが変わる原因となった出来事が、時系列に沿って説明されている。出来事が起こった順序を矢印で示すなど、図にまとめると分かりやすい。

◉文章の書き方の工夫について話し合おう

❸この文章では、興味をひきつけたり、分かりやすく伝えたりするために、どのような書き方の工夫がされているだろうか。具体的な箇所《かしょ》を挙げながら話し合おう。

解説　考えを分かりやすく伝えるためには、主に次のような方法がある。これらに当てはまる箇所を文章中から探してみよう。

・文の構造（話の道筋）を明快にする。

・接続する語句や指示する語句を効果的に使って、段落や文どうしの関係をはっきりさせる。

・問いかけたり話しかけたりして、読み手の注意を引く。
・具体的な例を挙げる。
・比較したり時系列で述べたりして、話の内容を整理する。

○広がる言葉

ⓐ **「オオカミを見る目」には、「賢い」(64・1)や「ずる賢い」(62・8)のようなよい印象・悪い印象を表す言葉が用いられている。ほかに、オオカミのよい印象・悪い印象を表す言葉を、文章中から探そう。**

解答 よい印象…神のよう(63・1)/味方(64・16)など
悪い印象…残酷(64・2)/悪魔のよう(64・8)/獰猛(65・16)/忌まわしい(66・4)など

解説 印象は、形容詞や形容動詞(性質や状態を表す言葉)、その状態を表すたとえ(「神のよう」など)で表されることが多い。

ⓑ **例を参考に、1～3の生き物の印象を表す言葉を考えよう。**

解答 1気ままな/気高い　など
2ゆったりとした/強そう　など
3優雅《ゆうが》/楽しげ　など

解説 猫《ねこ》はほかに「しなやか」「やわらかい」など、熊も「大きい」や、くつろいでいる様子は「のっそり」など。チョウも「美しい」や、飛んでいる様子から「軽やか」など。いろいろな状況で印象を表す言葉を考えてみよう。

ⓒ **次の(　)に入る言葉として、ア・イのどちらのほうが適切だろうか。また、その言葉を選んだのはなぜだろうか。**

解答 1ア…高原の朝の、爽やかな良い印象に合うから。
2イ…「人望が厚い」という良い印象の言葉と一致《いっち》するから。
3ア…「洗練されていない」という意味の「やぼったい」ではなく、「きちんとしていない」という意味の「だらしない」のほうが、先生に注意されるような服装の印象に合うから。
4イ…「今の時代」に「和服」を着る行為《こうい》には、「しゃれている」という意味の「おつ」という言葉が合うから。

解説 それぞれ、(　)の前後の言葉や文全体から受ける印象を考え、それに合う言葉を選ぼう。

ⓓ **次の印象を表す言葉のリストから一つ選び、その言葉を使った短文を考えてみよう。**

解答 新しいことへの挑戦《ちょうせん》に臆病になってはいけない。/山頂に着くと爽やかな風が吹いていた。/凛《りん》とした態度で対応する。/一攫《いっかく》千金なんてはかない夢だった。/華《はな》やかな雰囲気《ふんいき》のホテル。/頼もしい兄の存在。/じゃまをするなんて無粋だ。/先に選ぶなんてずるい。/どこからか甘ったるいにおいがただよってきた。/圧倒的な勝利で鮮烈な印象を残した。/彼女の立ち振る舞《ま》いはエレガントだ。/彼《かれ》の声を聞くだけで元気が出る。/そんな俗っぽい考え方は止めるべきだ。/力強い歌声が聞こえてきた。/不真面目な態度が反感を買う。/今の段階では好ましい状況とは言えない。/この本はすぐ結末が分かってつまらない。

解説 文中での言葉の使われ方を通して、辞書に載《の》っている意味だけではなく、その言葉のもつイメージをつかむようにしよう。

▼書く　伝達

調べて分かったことを伝えよう

「食文化」のレポート

教科書70〜76ページ

学習目標

●ふだんの生活の中からテーマを決め、調べて分かったことを整理する。

●調べて分かった事実や自分の考えがよく伝わるように、分かりやすい構成でレポートを書く。

1　調査のテーマを決める

言葉の力　テーマを設定する

○興味のある物事について、まず百科事典などで調べてみる。

○調べて、おもしろいところや、もっと知りたいところを見つけ、「なぜ」「どんな」など問いの形でテーマを立てる。

○自分の立てた問いに対して、答えの予想(仮説)を立ててみて、調べるべき問題点を明確にする。

○複数の事柄を比較《ひかく》するテーマ設定も有効である。

①クラス全体のテーマから、個人テーマを考える。

・全体のテーマに関連することについて、興味のあるものをキーワードとして挙げる。

→ふだんの生活やメディアなどで見聞きすることを思い起こす。

②キーワードについて調べ、個人テーマを設定する。

・百科事典などで調べ、もっと知りたいことを考える。

・［　　］の形でテーマを設定する。

▼問い

③テーマに対して自分なりに答えを予想する。

→調べるべきことが明確になる。

教科書の例▼　個人テーマを考えるためのキーワード例／個人テーマの例　――教科書71ページ

・全体のテーマ「食文化」について、料理や食事形態、調味料、食材などから幅《はば》広くキーワードを挙げている。

・個人テーマは、キーワードに関連してもっと調べたいことの中から、「〜のか」「どんな」「なぜ」など、問いの形で設定している。

2　情報を集め、整理する

①図書館やインターネットなどを利用して調査を進める。

【活字メディア】…書籍《しょせき》や新聞など

・比較的、信頼性の高い情報を得やすい。

・読むのに時間がかかったり、調べたい情報がどこにあるかを探すのに手間取ったりする。

→目次等を見て、関係のありそうな部分に絞《しぼ》って読む。

【インターネット】

・多くの情報を手軽に得ることができる。

・調べたい内容に絞って情報を探し出しやすい。

・不確かな情報が含《ふく》まれていることがある。

→書籍など、ほかの情報源にも当たって確認《かくにん》する。

【その他】

・関連する場所を訪ねたり、専門家にインタビューしたりする。

ポイント 調べたい内容に合わせて、有効な調べ方を選ぼう。

②調べて分かったことを記録する。

・自分の予想の答えが分かる情報を積極的に書き留めておく。
・参考になる図表は書き写したりコピーを取っておいたりする。

教科書の例▼ 情報をカードに記録した例 ―― 教科書72ページ

・「調べた項目《こうもく》」「書名（資料名）」「著者・編者」「出版社（ＵＲＬ）」などの項目を立て、表の形に整理している。
・インターネットで得られた情報について、書籍にも当たって確認している。

教科書の例▼ 調べて見つけた図表の例 ―― 教科書73ページ

・シラスウナギが捕れにくくなっていることが一目で分かる。

③集めた情報を整理して、レポートに盛り込む内容を決める。

・情報を取捨選択《せんたく》し、必要な情報を絞りこむ。
・情報が不足していたら、さらに調べて補う。
・感じたことや考えたこともメモしておく。

3 構成を考える

言葉の力 レポートの構成を工夫する

○基本的には、次のような構成で書くとよい。
1 テーマ　テーマと、それを選んだ理由を示す。
2 調査方法　どんな方法で調べたかを示す。
3 調査結果　調べて分かった事実を中心に書く。
4 考察　自分の考えをまとめる。
5 参考資料　参考にした資料の一覧を示す。
○「調査結果」は、まとまりごとに分け、載《の》せる順序を考える。

・「調査結果」（事実）と「考察」（考えたこと）の区別を意識する。

4 レポートをまとめる

①テーマがよく伝わる題名を決める。

②本文を書く。

・構成に沿って見出しで区切る。
・「調査結果」にはまとまりごとに小見出しを付けるとよい。
・「テーマ」「調査結果」「考察」の対応関係を意識する。

教科書の例▼ レポートの完成例 ―― 教科書75・76ページ

・構成の順序に沿って、見出しで区切って書いている。
・「テーマ」では、体験や調べたことをもとにテーマを設定したこと、テーマに対する答えの［①　］を書いている。
・「調査結果」では、調べて分かったことを時間順に三つのまとまりに分け、［②　］をつけて書いている。
・引用箇所《かしょ》は「　」でくくり、出典を示している。
・図表を入れて視覚的に分かりやすくなるよう工夫している。
・「考察」では、最初の予想と調査結果が違ったこと、そこから考えたことを書いている。

①予想　②小見出し

5 読み合って感想を交換《こうかん》する

教科書の例▼ 感想交換の例 ―― 教科書74ページ

・内容について、興味深かったことや気づいたことを伝えている。
・書き方や構成の優《すぐ》れた点を伝えている。

文法の窓2

文の成分・連文節

教科書77、253～257ページ

◎学習内容の要点を押さえ、教科書の問題の答えを確かめよう。（□の中には当てはまる言葉を書こう。）

1　文の成分

文節を、文の中での役割から分類したものを、文の成分とよぶ。文の成分には次の五種類がある。

❶主語…「誰が」「何が」に当たる部分。

例 絵理《えり》が　笑う。（誰が）　花が　きれいだ。（何が）

❷述語…「何（誰）だ」「どんなだ」「どうする」「ある（いる・ない）」に当たる部分。

例 絵理が　班長だ。（何だ）　花が　きれいだ。（どんなだ）

絵理が　笑う。（どうする）　花が　ある。（ある）

❸修飾語《しゅうしょくご》…「何の・どんな」「いつ・どこで・何を・どのように・どのくらい」など、他の部分をより詳《くわ》しく説明する部分。

例 夜空の　星が　美しく　光る。（何の／どのように）

小さな　雀《すずめ》が　たくさん　いる。（どんな／どのくらい）

父は　深夜に　自室で　音楽を　聴《き》く。（いつ／どこで／何を）

❹接続語…前後の文や文節をつないで、いろいろな関係を示す部分。

例 疲《つか》れた。しかし、歩き続けた。（逆接）

疲れたので、休憩《きゅうけい》する。（理由）

❺独立語…他の部分と直接関わりのない部分。

例 ねえ、行こう。（呼びかけ）

宝物、それは　ギターだ。（提示）

2　連文節

□の文節がまとまって、一つの文の成分に相当する役割を持っているものを連文節という。連文節から成る文の成分は、「～部」という。

▼二つ以上

❶主部

❷述部

❸修飾部

例 妹の　絵理が（主部）　にこにこ　笑う。（述部）（誰が／どうする）

あの　花は（主部）　とても　きれいだ。（述部）（何が／どんなだ）

例 暗い　夜空の　星が　とても　美しく　光る。（何の／どのように）

父は　土曜日の　深夜に　好きな　音楽を　聴く。（いつ／何を）

❹接続部 例 ひどく　疲れたが、歩き続けた。

❺独立部 例 私の　宝物、それは　ギターだ。

3　文節どうしの関係

文の中での文節どうしの関係には、次のようなものがある。連文節と文節、連文節どうしの間にも、同じ関係が成り立つ。

❶主・述の関係…主語（主部）と述語（述部）の関係。文の骨組みの基本となる。

例 絵理が　笑う。　妹の　絵理が　にこにこ　笑う。

❷**修飾・被修飾の関係**…修飾語（修飾部）と、それによって修飾される文節（連文節）との関係。

例　夜空の　星が　美しく　光る。

暗い　夜空の　星が　とても　美しく　光る。

❸**接続の関係**…接続語（接続部）と、それを受ける文節（連文節）との関係。

例　疲れたが、　歩き続けた。　　ひどく　疲れたが、　歩き続けた。

❹**並立《へいりつ》の関係**…二つ以上の文節が対等に並んで、ひとまとまりの役割を持つ関係。

例　兄と　姉が　来た。　　小説も　詩集も　好きだ。

ポチは　小さくて　おとなしい。

❺**補助の関係**…下の文節がすぐ上の文節の意味を補って、ひとまとまりの役割を持つ関係。下の文節に来る語には、「いる・ある・みる・くる・いく・おく・あげる・しまう・ない・よい・ほしい」などがある。

例　パンを　食べて　いる。　　雨が　降って　くる。

▼教科書77ページの㋐の――は主・述の関係、㋑の……と㋒の〰〰は修飾・被修飾の関係を示す。㋑と㋒の違いは修飾語にある。㋑は「どうする」「ある（いる・ない）」「どんなだ」に当たる言葉（用言）を修飾する連用修飾語、㋒は物事や人に当たる言葉（体言）を修飾する連体修飾語である。

・真ん中と三つ目の図は次のようにつなぐことができる。

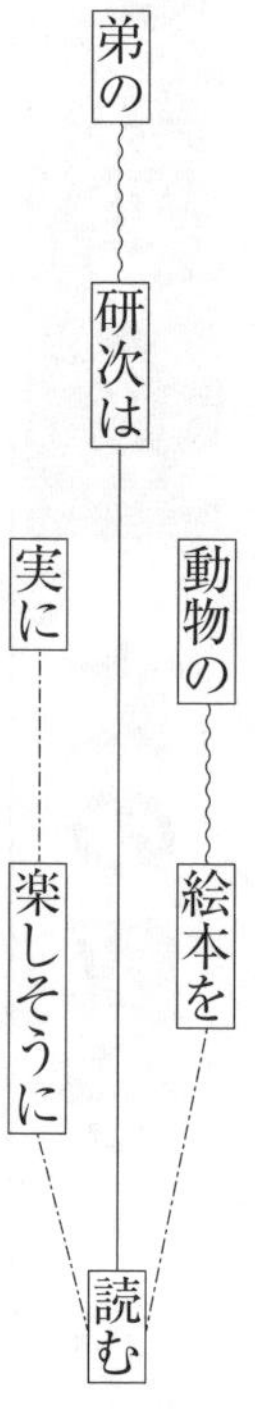

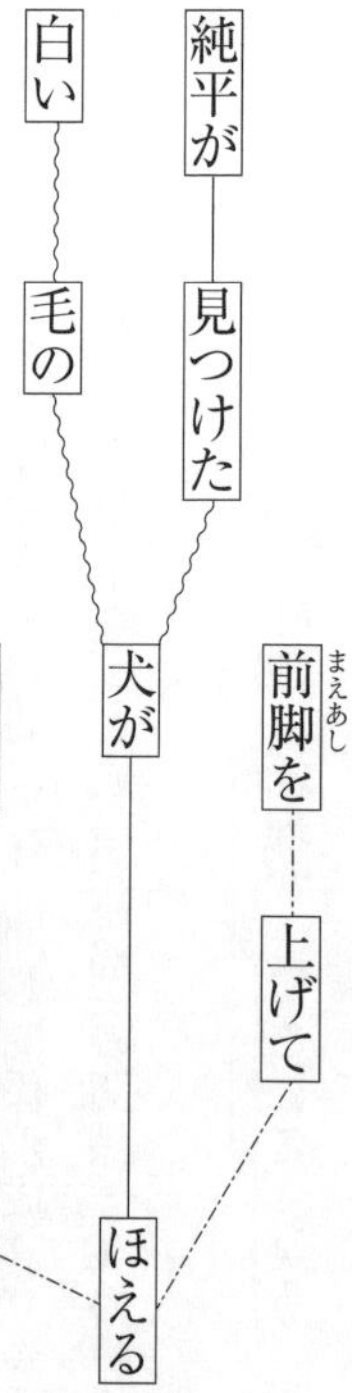

○考えよう ―― 教科書77ページ

次の文中の文節どうしには、上の㋐～㋒とは違う種類の関係でつながっているものがある。どの文節どうしだろうか。

解答　1「京子と」と「詩織は」　2「疲れたので」と「休んだ」　3「降って」と「いる」

解説　1は並立の関係、2は接続の関係、3は補助の関係。

○問題 ―― 教科書257ページ

1　下の傍線部の文節または連文節は、文の成分としては何に当たるだろうか。

解答　1接続語　2独立語　3述語　4修飾語　5述部　6修飾部

解説　一文節のものは「～語」、連文節のものは「～部」とよぶことに注意しよう。3「美しいなあ」は、意味のうえで「あの景色は」を受けており、「どんなだ」を表す述語に当たる。このように普通とは異なる語順の表現を倒置という。

2　下の傍線部の二つの文節は、それぞれどんな関係にあるだろうか。

解答　1修飾・被修飾の関係　2並立の関係　3主・述の関係　4補助の関係　5接続の関係　6修飾・被修飾の関係

解説　2「元気で明るい」は、ひとまとまりで「人だ」にかかる修飾部。「明るく元気な」と語順を入れかえても意味が同じ。

漢字道場 2

音読み・訓読み

教科書78～79ページ

読みの太字は送り仮名を示す。（　）は中学校では学習しなくてもよい読みを、｜線は特別な言葉に限って使われる読みを示す。例は用例を示し、例中の太字は教科書本文中の語句であることを示す。新出音訓の▼は、常用漢字表の「付表」の語を示す。□には漢字を、（　）には読みを書こう。

新出漢字・新出音訓

p.78 **桃** トウ　もも
もも。例 **桃**《もも》。白桃《はくとう》。桜桃《おうとう》。
10画　木　□

p.78 **泡** ホウ　あわ
液体が空気を包んでできたもの。例 **泡**《あわ》。泡《あわ》立《だ》てる。気泡《きほう》。発泡酒《はっぽうしゅ》。
8画　水　□

p.78 **兼** ケン　か**ねる**
かねる。かけもちする。例 **兼**《か》**ね備**《そな》**える**。兼備《けんび》。兼務《けんむ》。兼業《けんぎょう》。
10画　八　□

p.78 **箋（箋）** セン
①手紙や詩文を書く紙。例 **便箋**《びんせん》。用箋《ようせん》。②注釈《ちゅうしゃく》を記してはりつける紙。例 付箋《ふせん》。
14画　竹　□

p.79 **鈴** レイ　リン　すず
すず。例 **風鈴**《ふうりん》。呼《よ》び鈴《りん》。鈴虫《すずむし》。予鈴《よれい》。
13画　金　□

p.79 **溝** コウ　みぞ
水などを流すためのくぼみ。例 **側溝**《そっこう》。排水《はいすい》溝《こう》。
13画　水　□

p.79 **牙** ゲ（ガ）　きば
①きば。歯。例 **象牙**《ぞうげ》。歯牙《しが》。②天子、将軍の旗。本営。例 牙城《がじょう》。
5画　牙　□

「歯牙にもかけない」は、「問題にしない。相手にしない」という意味の慣用句です。

p.79 **幻** ゲン　まぼろし
実在しないのに見えたり聞こえたりするもの。例 **幻覚**《げんかく》。幻惑《げんわく》。幻想《げんそう》。夢幻《ゆめまぼろし》。
4画　幺　□

p.79 **芯** シン
中心にあるもの。例 **芯**《しん》。
7画　艹　□

「心」の字と同じような意味ですが、「鉛筆《えんぴつ》の芯」「ろうそくの芯」のような場合は、普通「芯」を使います。

p.79 **秀** シュウ　（ひいでる）
すぐれている。例 **優秀**《ゆうしゅう》。秀才《しゅうさい》。
7画　禾　□

p.79 **傑** ケツ
①すぐれている。例 **傑作**《けっさく》。傑出《けっしゅつ》。②すぐれた人物。例 英傑《えいけつ》。豪傑《ごうけつ》。
13画　人　□

「秀」と「傑」は、どちらも「すぐれている」という意味なんだね。

p.79 **礎** ソ　（いしずえ）
土台石。物事の根本。例 **基礎**《きそ》。礎石《そせき》。
18画　石　□

p.79 **拭** （ショク）　ふ**く**　ぬ**ぐう**
ぬぐう。ふきとる。例 **拭**《ぬぐ》**う**。**拭**《ふ》**き取**《と》**る**。払拭《ふっしょく》。
9画　手　□

p.79 **巾** キン
①布きれ。例 **雑巾**《ぞうきん》。布巾《ふきん》。②かぶりもの。例 頭巾《ずきん》。
3画　巾　□

p.79

汚　オ　（けがす）（けがれる）（けがらわしい）　よごす　よごれる　きたない　6画　水

①よごす。よごれる。例 **汚《よご》れ**。汚《お》染《せん》。汚《お》点《てん》。
②きたない。例 汚《お》水《すい》。③けがす。けがれる。
例 汚《お》職《しょく》。

「汚職」は、公《おおやけ》の仕事に就《つ》いている人が不正を行うことです。

■ **新出音訓**　（――線部の読みを書こう。）

①事実に基づく。p.78　（　　）
②万全の対策。p.78　（　　）
③会が発足する。p.78　（　　）
④強引な勧誘《かんゆう》。p.78　（　　）
⑤率直な意見。p.78　（　　）
⑥三百人が集う。p.79　（　　）
⑦聞きしに勝る名品。p.79　（　　）
⑧時間を割く。p.79　（　　）

答　①もと　②ばんぜん　③ほっそく　④ごういん　⑤そっちょく　⑥つど　⑦まさ　⑧さ

◉学習内容の要点を押さえ、教科書の問題の答えを確かめよう。

1　**漢字の音読み**…その漢字が伝わったときの中国語での発音に基づいた読み方。例 海…カイ　山…サン
・複数の音読みを持つ漢字　例 生…セイ・ショウ
・音読みだけの漢字　例 案…アン　械…カイ

2　**漢字の訓読み**…日本古来の言葉を、同じ意味を表す漢字に当てはめた読み方。例 海…うみ　山…やま
・複数の訓読みを持つ漢字　例 行…い(く)・ゆ(く)・おこな(う)
・訓読みだけの漢字　例 皿…さら　咲…さ(く)

3　**二字熟語の読み方**…「音＋音」または「訓＋訓」が普通だが、次のような例外もある。
・重箱《じゅうばこ》読み（音＋訓）　例 幕内《マクうち》（音＋訓）
・湯桶《ゆとう》読み（訓＋音）　例 手本《てホン》（訓＋音）

○問題――――――教科書78～79ページ

❶ 次の（　）の意味になる、音読みの漢字二字の熟語を作ろう。

解答　1白桃　2水泡　3必勝　4兼備

解説　「桃《もも》」の読みが「桃《トウ》」に変化するように、熟語にすると訓読みが音読みに変わる傾向《けいこう》が見られる。

❷ 次の傍線部の漢字の読み方を確かめよう。

解答　1べんり　ほうべん　びんせん　ゆうびん　2まんねん　おくまん　ばんぶつ　ばんぜん　3はつめい　しゅっぱつ　ほっそく　ほっき　4きょうじゃく　さいきょう　ごういん　ごうよく　5かくりつ　ひりつ　そっちょく　いんそつ

❸ 次の傍線部の、音読みが示されている漢字の意味を考え、その訓読みを推測しよう。

解答　1すず　2みぞ　3きば　4まぼろし

❹ 次の傍線部の漢字の読み方を確かめよう。

解答　1つど　あつ　2か　まさ　3わ　さ　4ぬぐ　ふ

解説　同じ漢字でも言葉によって読み方が変わる。送り仮名に注目すると、どの読みで読めばよいのかが分かりやすい。

▼読む

読書1

読書への招待
碑《いしぶみ》

制作・広島テレビ放送　構成・松山善三《まつやまぜんぞう》

教科書80～91ページ

ガイダンス

学習目標を押さえ、「碑」のおおよそを理解しよう。

○学習目標

●さまざまな本や資料で調べ、知識を広げたり考えを深めたりする。

●文章を読む前に

「碑」は、テレビのドキュメンタリー番組のシナリオとして書かれたものである。番組は、県立広島第二中学校の一年生三百二十一人と四人の先生が原子爆弾で全滅した過程を追跡調査して制作された。広島テレビ放送では、原爆に関するドキュメンタリー番組を毎年制作しており、「碑」もその一つである。二十五回忌《き》に当たる一九六九年（昭和四十四年）の秋に全国で放映された。ドキュメンタリーとは、虚構《きょこう》を加えない客観的な事実の記録である。その客観性によって、被爆の事実とともに、親を慕《した》う子の愛情や友人を思う気持ち、子を亡《な》くした親の悲しみとなげきが、より生々しく読者の心に届き、戦争の悲惨《ひさん》さ、平和の尊さをもうったえる。

教科書に示された原子爆弾が投下された時の地図（81ページ）や、広島平和記念公園略図（91ページ）を参考に、爆心地、生徒と先生が集合した本川《ほんかわ》土手の位置などを確かめよう。また、印象に残るエピソードはどれかを考えながら読み、戦争と平和について考えてみよう。

●あらすじ

昭和二十年八月六日、広島二中の一年生、三百二十一人と四人の先生は、建物疎開《そかい》のために動員され、本川土手に集合した。集合時刻の朝八時十分頃、点呼のために新大橋《しんおおはし》に並んでいたとき、敵機であるB29を目撃した。その頭上に原子爆弾が投下され、多くの者は爆発と同時に死亡した。本川に飛び込んで即死《そくし》をまぬかれた生徒たちの中には、心配で探しにきた父母と再会できた者もあった。

一夜明けて、父母とともに家に帰り着くことができた生徒にも死期がおとずれた。一年生の半数近くは行方不明となり、父母は子の遺体を探し出すことができなかった。十一日には、桜美一郎《さくらびいちろう》君が亡くなり、三百二十一人の一年生と四人の先生の全員が死亡した。

現在では、平和公園の本川土手に、全滅した広島二中の生徒の名前が刻まれた碑《ひ》が残っている。

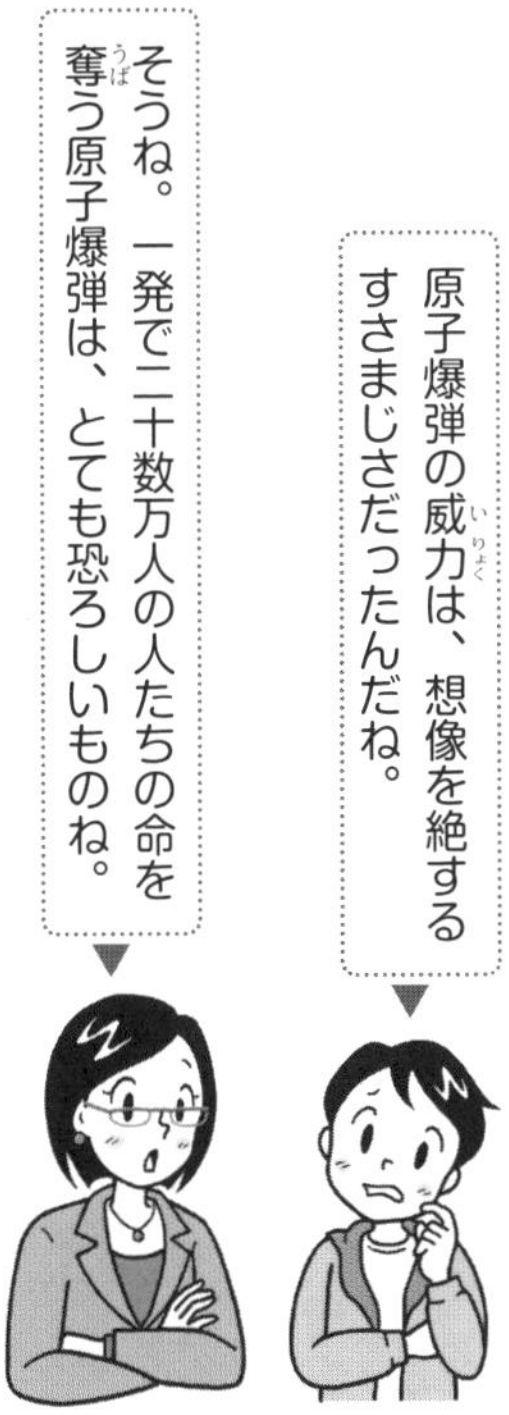
原子爆弾の威力《いりょく》は、想像を絶するすさまじさだったんだね。
そうね。一発で二十数万人の人たちの命を奪《うば》う原子爆弾は、とても恐ろしいものね。

●文章の構成

全体が、前書き、本文、後書きの三つの部分に大きく分かれているが、本書では、内容の大部分を占《し》める本文を、原爆が投下された八月六日の出来事と、八月七日以降の出来事の二つに分け、大きく次の四つの場面で捉えておく。

・第一場面（初め〜81・23）……昭和二十年八月六日、広島市被爆直前の様子。
・第二場面（82・1〜88・31）…八月六日、原爆投下後の出来事。
・第三場面（88・32〜90・33）…八月七日以降の出来事。
・第四場面（90・34〜終わり）…平和記念公園にある広島二中の慰霊《いれい》碑《ひ》の紹介《しょうかい》。

なお、教科書に「＊＊」の印があるところは主な内容の切れ目であり、更に細かく分けることができる。

第四場面の後書きは、原爆で犠牲《ぎせい》になった人々の存在を忘れないでほしいという作者の願いであり、同時に遺族の願いでもある。

●表現の特色

テレビ番組のシナリオが土台になったドキュメンタリーであるため、客観的な表現が中心となっており、作者の感情や意見などの主観的なことは、事実を述べた本文中では盛り込まれていない。

主に時間の経過に沿って出来事が述べられるという構成の中に、大田洋子《おおたようこ》の「屍《しかばね》の街」を引用したり、トルーマン大統領の発表を織り交ぜたりすることで、原爆にまつわる事実が悲惨であることを、より強く印象づけており、生徒一人一人の被爆後のエピソードが胸に突《つ》きささってくる。多くの生徒が登場するが、誰か一人に焦点《しょうてん》を当てて軽重を出すのではなく、同じ重みで扱われている。どの命も同じく尊いという作者の意図が感じられる。

●主題

戦争の悲惨さを知ることで再認識《さいにんしき》する平和の尊さ。

このシナリオは、すさまじい威力の原子爆弾によって実際に被爆し、悲惨な苦しみのうちに若い命を散らしていった広島二中の一年生の様子を生々しく再現している。命の際《きわ》にあっても父や母に再会したい一心で頑張《がんば》る子供の姿はもちろん、危険をかえりみずに我が子を探し求める父母の愛情や、精根を使い果たして生徒を守ろうとする先生の使命感もひしひしと伝わってくる。彼らの苦しみを日本人全体の痛みとして感じ取り、そして世界の人々に共通する痛みとして認識したときにはじめて、彼らの霊もなぐさめられるだろう。広島の悲劇は人類への警鐘《けいしょう》であり、この悲惨さ、残酷《ざんこく》さを直視することによって、私たちは生命の尊さ、平和の大切さを改めて痛感するのである。

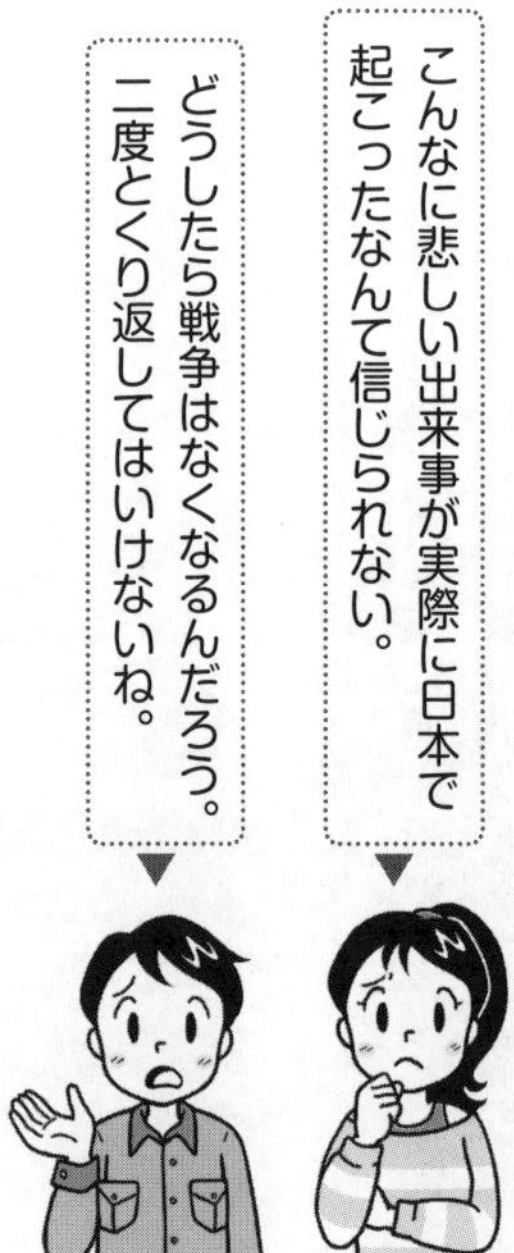
こんなに悲しい出来事が実際に日本で起こったなんて信じられない。
どうしたら戦争はなくなるんだろう。二度とくり返してはいけないね。

新出漢字・新出音訓

読みの太字は送り仮名を示す。（　）は中学校では学習しなくてもよい読みを、━線は特別な言葉に限って使われる読みを示す。例は用例を示し、例中の太字は教科書本文中の語句であることを示す。新出音訓の▼は、常用漢字表の「付表」の語を示す。□には漢字を、（　）には読みを書こう。

p.80
爆
バク
19画　火

火などによって大きな音とともに破裂《はれつ》する。例**爆撃機**《ばくげきき》。**原子爆弾**《げんしばくだん》。**爆風**《ばくふう》。**爆発**《ばくはつ》。**被爆**《ひばく》。

p.80
弾
ダン　ひ**く**　たま　はず**む**
12画　弓

①鉄砲《てっぽう》などのたま。例**原子爆弾**《げんしばくだん》。弾丸《だんがん》。被弾《ひだん》。②はずむ。例弾力《だんりょく》。③楽器などをひく。例連弾《れんだん》。④罪を指摘《してき》して厳しく責めたてる。例弾劾《だんがい》。糾弾《きゅうだん》。

p.80
柳
リュウ　やなぎ
9画　木

ヤナギの木。例**柳**《やなぎ》。柳糸《りゅうし》。川柳《せんりゅう》。

p.80
架
カ　か**ける**　か**かる**
9画　木

①かける。かけわたす。例**架**《か》**け替**《か》**える**。架橋《かきょう》。架線《かせん》。架設《かせつ》。②物をのせる台。たな。例**担架**《たんか》。書架《しょか》。十字架《じゅうじか》。

p.81
僚
リョウ
14画　人

①仲間。例**僚機**《りょうき》。**同僚**《どうりょう》。②役人。例官僚《かんりょう》。

p.81
偵
テイ
11画　人

様子をさぐる。うかがう。例**偵察飛行**《ていさつひこう》。探偵《たんてい》。密偵《みってい》。

p.82
瞬
シュン　（またた**く**）
18画　目

まばたき。まばたきほどの短い時間。例**瞬間**《しゅんかん》。**一瞬**《いっしゅん》。瞬時《しゅんじ》。

p.82
眠
ミン　ねむ**る**　ねむ**い**
10画　目

ねむる。例**眠**《ねむ》**る**。冬眠《とうみん》。安眠《あんみん》。永眠《えいみん》。睡眠《すいみん》。

p.82
震
シン　ふる**う**　ふる**える**
15画　雨

①ふるえる。ふるわす。例**震**《ふる》**わせる**。震動《しんどう》。武者震《むしゃぶる》い。身震《みぶる》い。②地震《じしん》。例震災《しんさい》。震度《しんど》。強震《きょうしん》。

p.82
雷
ライ　かみなり
13画　雨

かみなり。かみなりのようなもの。例**雷鳴**《らいめい》。雷雨《らいう》。地雷《じらい》。雷声《かみなりごえ》。

p.82
巨
キョ
5画　工

①たいへん大きい。例**巨大**《きょだい》。巨人《きょじん》。②非常に多い。例巨額《きょがく》。巨万《きょまん》。

p.83
逃
トウ　に**げる**　のが**す**　に**がす**　のが**れる**
9画　辶

つかまらないように遠くへ去る。例**逃**《に》**げ遅**《おく》**れる**。逃亡《とうぼう》。逃避《とうひ》。逃走《とうそう》。

p.83
煙
エン　けむ**る**　けむ**い**　けむり
13画　火

①けむり。例**土煙**《つちけむり》。煙突《えんとつ》。②たばこ。例禁煙《きんえん》。

p.83
埋
マイ　う**める**　う**もれる**　う**まる**
10画　土

①地中に入って見えなくなる。地中に入れる。例**埋**《う》**まる**。埋蔵《まいぞう》。②姿を消す。例埋没《まいぼつ》。③ほうむる。例埋葬《まいそう》。埋骨《まいこつ》。

p.83
掘
クツ　ほ**る**
11画　手

土をほる。地中からほりだす。例**掘**《ほ》**る**。掘削《くっさく》。発掘《はっくつ》。採掘《さいくつ》。

p.84
煎（煎）
セン　い**る**
13画　火

①焼く。火であぶる。例**煎餅**《せんべい》。②煮出《にだ》す。例煎茶《せんちゃ》。煎薬《せんやく》。

p.84
餅（餅）
ヘイ　もち
15画　食

もち。例煎餅《せんべい》。鏡餅《かがみもち》。大福餅《だいふくもち》。

p.84
励 レイ はげむ **はげます** 7画 力

①はげます。例**励《はげ》ます**。激励《げきれい》。②がんばる。つとめる。例励行《れいこう》。

p.84
渡 ト わたる **わたす** 12画 水

①通りすぎる。伝わる。例**渡《わた》る**。過渡期《かとき》。②川や海を越《こ》える。例渡《わた》り鳥《どり》。渡来《とらい》。③世の中を生きていく。例渡世《とせい》。④手わたす。例譲渡《じょうと》。

p.86
跡 セキ あと 13画 足

①行われたあと。例**焼《や》け跡《あと》**。遺跡《いせき》。形跡《けいせき》。②行《い》ったあと。例追跡《ついせき》。足跡《そくせき》。③あとめ。例名跡《みょうせき》。

p.86
途 ト 10画 辶

①みち。道路。例**途中《とちゅう》**。前途《ぜんと》。途上《とじょう》。帰途《きと》。②手段。方法。例方途《ほうと》。

p.88
尋 ジン **たずねる** 12画 寸

①たずねる。例**尋《たず》ねる**。尋問《じんもん》。②ふつう。例尋常《じんじょう》。

p.88
帽 ボウ 12画 巾

頭にかぶるもの。例**戦闘帽《せんとうぼう》**。**制帽《せいぼう》**。水泳帽《すいえいぼう》。脱帽《だつぼう》。

p.88
宛 **あてる** 8画 宀

名ざし。例**私宛《わたしあ》て**。宛名《あてな》。

p.88
封 フウ ホウ 9画 寸

①とじる。例**封書《ふうしょ》**。封筒《ふうとう》。開封《かいふう》。密封《みっぷう》。封《ふう》印《いん》。②領地を与《あた》える。例封建《ほうけん》。

p.88
舟 シュウ ふね ふな 6画 舟

①ふね。こぶね。例**舟《ふね》**。舟底《ふなぞこ》。呉越同舟《ごえつどうしゅう》。②水や湯を入れるおけ。例湯舟《ゆぶね》。

呉越同舟とは、敵同士が同じ舟に乗ることで、仲の悪い者同士が同じ場所に居合わせるという四字熟語です。

p.89
遡（遡） （ソ） **さかのぼる** 13画 辶

流れにさからってのぼる。例**遡《さかのぼ》る**。遡上《そじょう》。

p.89
攻 コウ **せめる** 7画 攴

①せめる。戦いをしかける。例**攻撃《こうげき》**。攻守《こうしゅ》。先攻《せんこう》。②おさめる。学ぶ。例専攻《せんこう》。

p.89
郊 コウ 9画 阝

町の外れ。例**郊外《こうがい》**。近郊《きんこう》。

p.90
枕 まくら 8画 木

①まくら。例**枕《まくら》もと**。氷枕《こおりまくら》。②下において支えにするもの。例枕木《まくらぎ》。

p.90
徹 テツ 15画 彳

とことんまでつらぬく。例**徹《てっ》する**。徹夜《てつや》。徹底《てってい》する。徹頭徹尾《てっとうてつび》。

p.90
碑 ヒ 14画 石

何かを記念するために石や木に字や絵をかいたもの。また、その文や絵。例**碑《ひ》**。**慰霊《いれい》碑《ひ》**。碑文《ひぶん》。石碑《せきひ》。碑銘《ひめい》。

同じ意味で「いしぶみ」とも読むよ。この教材のタイトルにもなっているね。

■**新出音訓**（――線部の読みを書こう。）

①土砂が川に流れ込む。p.83（　　）

②愛する我が子。p.85（　　）

③新しい本を欲しがる。p.86（　　）

④生の魚は早く傷む。p.88（　　）

⑤洗濯《せんたく》で布地を傷める。p.88（　　）

⑥無我夢中で走る。p.90（　　）

答 ①どしゃ ②わ ③ほ ④いた ⑤いた ⑥むが

語句・文の意味

語義が複数の場合、①に教科書本文中の語義を示してある。類は類義語、対は対義語、文は語句を用いた短文例を示す。
●印は、教科書の脚注に示されている語句である。

▼80ページ

碑《いしぶみ》 ある出来事や人物を記念するために、石に文章や詩などを刻んで建てたもの。石碑。ここでは、広島市の広島平和記念公園にある広島県立広島第二中学校生徒の原爆慰霊碑のこと。

広島二中《ひろしまにちゅう》 県立広島第二中学校。当時の中学校は男子のみの五年制で、義務教育ではなかった。女子の場合は高等女学校があった。

原子爆弾《げんしばくだん》 物質をかたちづくる原子がこわれるときに出る大きな熱と力を利用した爆弾。太平洋戦争末期の昭和二十年にアメリカで開発され、同年八月六日にその第一号が広島市に投下され、続いて八月九日には長崎《ながさき》市にも投下された。それまでの火薬式爆弾とは大きく違う新型爆弾で、破壊《はかい》力の大きさと放射能による汚染で、人類と地球を滅亡に導く恐れがある。「原爆」は略称《りゃくしょう》。

本川端《ほんかわばた》 本川のほとり。本川は太田《おおた》川ともよばれ、原爆投下後は水を求めて重傷者が群れ集った。

延《の》**べ三十万人**《さんじゅうまんにん》 同じ人が何回ふくまれていてもそれを一回ごとに一人と数えた人数を〝延べ人数〟という。ここでは、一週間の合計人数が延べ三十万人ということで、一日平均四万三千人。同じ人が二日あるいは三日出る場合もそれぞれ人数に数えている。

郡《ぐん》**部**《ぶ》 ここでは、広島県内の、広島市以外の郡のことを指す。一般的には、都市部に対して、その周辺の地域を指す。

▼81ページ

東詰《ひがしづ》**めから北**《きた》**へ** 橋の東のたもとから北へ向かって。本川は北から広島湾《わん》に注いでいる川で、新大橋は東西の方向に架けられていた。その橋の東の端から川の上流方向へ、という意味。

二列横隊《にれつおうたい》 正面に向かって横に二列で並ぶ方法。

翼《よく》**端**《たん》 飛行機の翼《つばさ》の先。

警《けい》**報**《ほう》 空襲警報のこと。敵機が進入してきたことを知らせ、警戒《けいかい》を呼びかけるためにサイレンが鳴らされた。このサイレンを「警報」とよんだ。

誰《だれ》**しも** 「誰も」を強調した表現。

たった一発《いっぱつ》**で二十数万**《にじゅうすうまん》**の人**《ひと》**の生命**《せいめい》**を奪**《うば》**う** 広島に投下された原爆による死者は、即死者が約十万人、重傷・重体者でその後まもなく亡くなった人や、何年か後に白血病（いわゆる原爆病）などで死亡した人が約十万人で、計二十数万人にのぼる。死者は現在も増え続けている。

▼82ページ

炸《さく》**裂**《れつ》 爆弾や砲弾などが爆発して、周囲に飛び散ること。

屍《しかばね》　死体のこと。
雷《らい》**鳴**《めい》　雷の鳴る音。
満《まん》**潮**《ちょう》　潮が満ちて水位が高くなること。本川（太田川）は海に近いので、満潮の際には川の水位も上がる。対干潮。
▼83ページ
爆《ばく》**風**《ふう》　爆発によって起こる激しい空気の流れ。原爆が炸裂したことで、瞬間的に大気が膨張《ぼうちょう》し、激しい爆風が起こった。
退《たい》**避**《ひ》　危険な場所から、より安全な場所へ移動すること。
爆発《ばくはつ》**と同時**《どうじ》**に、黒**《くろ》**く焼**《や》**けた人**《ひと》**が多**《おお》**かった**　原爆の三大脅威《きょうい》の一つ、熱線によるやけどを負った人々のこと。他の二つは、爆風と放射能である。
猛《もう》**火**《か》　激しく燃える火。
▼84ページ
形《ぎょう》**相**《そう》　顔つき。顔かたち。
刻々《こっこく》**に**　時を追って。一刻一刻。「刻」は時間の一きざみを指す。
初《はじ》**めのうちはそれがやけどとは分**《わ》**からなかった**　火がないのにやけどをするとは思えなかったのである。熱線は目に見えない。
異《い》**様**《よう》　普通とは違う様子。ただならぬ様子。

浅《あさ》**ましい**　みじめで情けない様子。
一様《いちよう》**に**　同じように。
干《かん》**潮**《ちょう》　潮がひいて水位が下がること。引き潮。対満潮。
一心《いっしん》**で**　ただそのことばかり思って。
▼85ページ
気遣《きづか》**う**　気にかける。心配する。
壊《かい》**滅**《めつ》　ひどくこわされて、すっかりなくなってしまうこと。
目《もく》**撃**《げき》　事件などを、その場にいて実際に目で見ること。
火《か》**勢**《せい》　火の勢い。
灼《しゃく》**熱**《ねつ》　焼けつくように熱いこと。ここでは、真夏の強い日差しに照りつけられて気温が非常に高いこと。
東《ひがし》**の空**《そら》**が白**《しら》**みかける**　夜が明け始める。「白む」は、白くなる、明るくなる、の意。
息《いき》**を引**《ひ》**き取**《と》**る**　死ぬ。
来《らい》**襲**《しゅう》　襲ってくること。
野外《やがい》**でだびに付**《ふ》**す**　火葬場《かそうば》などではなく、屋外で火葬にしたのである。
被《ひ》**爆**《ばく》　爆撃、特に原子爆弾や水素爆弾の被害を受けること。「放射能にさらされること」の意味では「被曝」と表記する。

▼86ページ
火《ひ》**の手**《て》**が上**《あ》**がる**　火が燃え上がる。火事が発生する。
うわごと　高熱などで正気を失ったときに口走る無意識の言葉。
作《さ》**業**《ぎょう》**のこと**　ここでは、原爆が落とされる前に生徒たちが行っていた建物疎開の作業に関すること。
精根《せいこん》**を使**《つか》**い果**《は》**たす**　やりとげようとする元気や力を、すっかり使いきってしまう。
同《どう》**僚**《りょう》　同じ職場で働いている仲間。ここでは、二中の先生を指す。
▼87ページ
友《とも》**の後**《あと》**を追**《お》**いました**　ここでは、先に死んだ友（西本《にしもと》君）の後を追うように死にました、ということ。
僕《ぼく》**は兵隊**《へいたい》**と変**《か》**わりないんだね**　僕は戦場で命を懸《か》けて戦っている兵隊と同じなんだね、という意味。
念《ねん》**を押**《お》**す**　確認を迫《せま》る。くり返し確かめる。
材木《ざいもく》**を運**《はこ》**んでいる夢**《ゆめ》　建物疎開の作業をしている夢。意識がもうろうとしていることを表す。
▼88ページ
●**〈海行**《うみゆ》**かば、水**《み》**づくかばね……〉**　海での戦い

に出ていけば、勇ましく戦って水中でしかばねとなり……、の意。当時、海軍で戦死者を葬《ほうむ》るときに歌われた儀式《ぎしき》の歌。一般にも広まった。

さなか　最中。まっただ中。

寄宿舎《きしゅくしゃ》　寝泊《ねと》まりや食事ができるようになった建物。当時、中学校などでは通学不可能な郡部の生徒のために、寄宿舎を備えているところが多かった。

宿直室《しゅくちょくしつ》　夜、警備のために寝泊まりする人の部屋。

安否《あんぴ》　無事かどうかということ。

帰省《きせい》　故郷に帰ること。類帰郷。

りりしい　きりっと引き締まって、いかにも勇ましい様子。

まぶたに焼《や》き付《つ》く　目を閉じると、その姿が浮《う》かんでくる。強く記憶《きおく》に残る。

封書《ふうしょ》　封をした手紙。

▼89ページ

胸《むね》の名札《なふだ》　胸の部分に、自分の名前や住所などを記入した布を縫《ぬ》い付けたもの。けがをしたり死亡したりしたときの確認のために付けていた。

この日《ひ》　八月七日のこと。原爆投下の翌日。

新型爆弾《しんがたばくだん》　原子爆弾をぼかしていった表現。国民にショックを与えないように、わざとあいまいな言い方をした。

アメリカのトルーマン大統領《だいとうりょう》は……発表《はっぴょう》した　トルーマン大統領の広島への原爆投下を知らせる世界向けラジオ放送は、日本時間で七日の未明。大本営の「新型爆弾」の発表は七日の午後三時三十分。この間の約十時間、日本では政府と軍部とで発表の方法を相談したが、結局、軍部に押し切られる形で、あいまいな発表になった。軍部は国民に戦う意欲がなくなることを恐れていた。

担架《たんか》　歩けない病人やけが人、また死んだ人を一人ずつ運ぶ道具。じょうぶな布の両端に竹の支えを入れ、その支えを前後から二人で持って運ぶ。

むせび泣《な》く　息をのどにつまらせるようにして泣く。

絶《た》え間《ま》ありませんでした　やむことなく、いつまでも続いていました。

救護所《きゅうごしょ》　戦災のために臨時につくられた、けが人や病人の手当をする施設《しせつ》。

死体収容所《したいしゅうようじょ》　戦争で亡くなった人の遺体を臨時に受け入れる施設。

あてどもなく　何の目当てもなく。

死期《しき》　死ぬとき。

▼90ページ

みとられて　見守られて。この場合の「みとる」は、病人の世話をして、その人の死に際を見守ること。

枕《まくら》もとに詰《つ》めかける　寝ている人のそば近くに寄り集まる。

なだめる　たかぶった気持ちがしずまるようにする。類とりなす。

何《なに》より　他のどんなことよりもよい。

夜《よ》を徹《てっ》して　ひと晩じゅう寝ないで。

りっぱに……　戦争中の教育では、男子は死を恐れず、国のために尽《つ》くせと言われていたので、「りっぱに死んだと言ってください。」と言いたかったのだろう。

後《あと》からでいいよ　母親には長生きしてほしいという気持ちの表れ。

無我夢中《むがむちゅう》　熱中して我を忘れること。

意味《いみ》の深《ふか》い言葉《ことば》　深い思いの込められた言葉。自らの死を冷静に受け止め、肉親が長生きすることを願った言葉なので、意味深く感じられた。しかも、それが十二、三歳の子供の言葉だったので、なおさらである。

読み解こう

場面ごとの内容を捉えよう。 [　] の中には当てはまる言葉を書こう。

第一場面 〔初め～81・23〕…昭和二十年八月六日、広島市被爆直前の様子。

■この場面を構成する要素

① 昭和二十年八月六日の朝の始まり。
② 生徒たちが集合した広島市中心部について。
③ 原爆投下直前の生徒たちの様子。

■時や場所、中心になる人物について整理する。

・時…昭和二十年①[　]、八時十分頃。朝から暑い夏の日。
・場所…広島市の中心、中島新町《なかじましんまち》の本川土手。
・人物…②[　]の一年生三百二十一人と、四人の先生。建物疎開の作業をするため、新大橋の東詰めに集合していた。

▼①八月六日 ②広島二中

■原子爆弾を積んだB29エノラ・ゲイ号が進入してきたときの様子を読み取る。

・エノラ・ゲイ号は、二機の僚機とともに市の中心部に向けて入ってきた。
・広島二中の生徒たちは、エノラ・ゲイ号と[　]から向き合う位置に集まっていた。

▼真正面

■エノラ・ゲイ号が広島上空に姿を現したときの人々の反応を読み取る。

・生徒たちは上空のB29を見つけ、口々に「敵機、敵機。」と叫び、四人の先生も空を見上げた。
・しかし警報は出ず、いつもの[　]だぐらいにしか思わなかった。

▼偵察飛行

テストに出る!

問 敵機が近づいていることを知っても、人々が特に警戒しなかったのはなぜか。

答 警報も出ず、たった三機だったから。

◆当時の人々にとって「空襲」とは、敵機が大編隊を組んでやってきて爆弾を雨のように降らせるものだった。たった一発で二十数万人の生命を奪う原子爆弾が完成しているとは知らなかったのである。

第二場面 〔82・1～88・31〕…八月六日、原爆投下後の出来事。

■この場面を構成する要素

① 原子爆弾が炸裂した瞬間。（大田洋子「屍の街」より）
② 爆発直後の生徒たちの様子。（山田哲治《やまだてつじ》君、下野義樹《しものよしき》君、酒井《さかい》春之《はるゆき》君、岡田彰久《おかだあきひさ》君の証言）
③ 川原に集まる重いやけどの人々。（「屍の街」より）

④ 土手にはい上がった下野義樹君。
⑤ 市外へ逃げる子供たち、子供を探しに猛火の市内へ入る父母たち。
⑥ お父さんと再会した森中武俊《もりなかたけとし》君、お母さんと再会した山田哲治君、それぞれの最期《さいご》。
⑦ 箕村《みのむら》先生の最期。
⑧ 谷口勲《たにぐちいさお》君とその友達の西本朝彦《あさひこ》君、下野義樹君、西村正照《にしむらまさてる》君、それぞれの最期。
⑨ 寄宿舎にたどり着いたものの、お母さんと再会する前に亡くなった、岸田守郎《きしだもりお》君。

■ **大田洋子「屍の街」から、原子爆弾が炸裂した瞬間の様子を捉える。**
・「いなずまに似た青い光に包まれたような夢を見た」(82・6)直後、雷鳴のような大音響を聞き、続いて家の屋根が激しい勢いで落ちかかってきた。

・ポイント これは、原爆が炸裂した瞬間の閃光《せんこう》と、猛烈な爆風と衝《しょう》撃波《げきは》によるものである。当時の人々が原爆のことを「ピカドン」とよんだのは、このためである。

■ **爆発直後に二中の生徒たちが見た惨状をまとめる。**
・数人の同級生が本川の中に爆風で吹き飛ばされた。
・爆発と同時に黒く焼けた人が多かった。
・れんがの塀《へい》が倒れ、逃げ遅れた人たちがその下敷《したじ》きになった。
・[　]までが燃え、それを手で掘ってはい出た生徒がいた。

▼砂

■ **やけどを負った人々の様子を、「屍の街」の記述から捉える。**
・どの人の[　]も変わり果て、鉄の天火で一様に煎餅を焼いたように、全く同じな焼け方をしていた。

▼形相

テストに出る！

問 **「初めのうちはそれがやけどとは分からなかった。」(84・6)とあるが、それはなぜか。**

答 爆発の際の熱線で焼けたものであり、火事が起こったわけではなかったから。

■ **下野義樹君の、土手にはい上がったときの気持ちを読み取る。**
・町がめちゃめちゃなのを見て自分はもうだめだと思ったが、[　]に会いたい一心で気を取り直して頑張った。

▼父や母

テストに出る！

問 **「そのとき、先生としっかり手を握って別れた。」(84・29)とあるが、このときの下野君はどのような気持ちだったと考えられるか。**

答 最後まで励まし続けてくれた先生に感謝するとともに、先生の分まで頑張って生き抜こうという気持ち。

■ **逃げる生徒たちと、市内へ向かう父母たちの心情を理解する。**
・生徒たちは先生の指示に従い、父母のいる我が家へ一刻も早く着こうと、市の外へ逃げた。
・父母たちは、市中で被爆した子供たちを気遣う気持ちから、猛火の［　　］へ入ってきた。

▼市内

・**ポイント** 親と子の肉親愛が、結果的にそれぞれの足を逆方向へ向かわせた。このことによるすれ違いもあったと思われる。

■**森中武俊君、山田哲治君が親と再会し、家に帰るまでの状況を捉える。**

・森中君…お父さんが、火勢の激しい市内をくぐり抜けて作業場所までやってきて、黒焦《くろこ》げになった我が子を発見。子供を背負い、①［　　］かかって自宅へ連れ帰った。

・山田君…道行く人に家への伝言を頼みつつ自分も歩き始めたが、五百メートル行ったところで倒れてしまった。一方、伝言を聞いたお母さんは、けがをした②［　　］を引きずって我が子のもとへたどり着き、翌日になってようやく家に連れ帰った。

・森中君は自宅に帰った③［　　］早く、山田君は九日午後に、それぞれ息を引き取った。

▼①一時間半　②痛む足　③翌朝

・**ポイント** 何としても我が子を助けたいという父母の強い思いが報《むく》われたのもつかの間、二人とも亡くなってしまった。

■**箕村先生の最期を捉える。**

・現地で解散を指示した後、歩ける生徒を二十数人連れて二中まで行ったが、校舎は焼けていた。先生自身は精根を使い果たして、近くの同僚の家に着いてすぐに亡くなった。

・**ポイント** 生徒たちをとにかく学校まで連れて帰ろうという強い使命感が、箕村先生の最後の力となっていたことがうかがえる。

■**谷口勲君と西本朝彦君の友情を感じさせるエピソードを読み取る。**

・谷口君は、お父さんが救助に来たとき、「西本朝彦君もいる。」と友達のことを［　　］しており、いっしょに連れて帰ると言われて安心した。

・翌朝に西本君が亡くなり、谷口君もその後を追うように、同じ日に亡くなった。

▼心配

■**下野義樹君、西村正照君、岸田守郎君の最期に見られる軍国少年の特徴を読み取る。**

・下野君…学校に休みの届けを出してくれと言い、「僕は［　　］と変わりないんだね」と念を押し、〈くろがねの力〉を歌ってくれとせがんだ。

・西村君…〈海行かば……〉とつぶやきながら息を引き取った。

・岸田君…三日間苦しみ、B29をやっつけろ、勝て勝て日本と叫び、最後に、お母さんと言いながら死んでいった。

・**ポイント** 十代前半の少年たちが、自らを命を懸けて戦う軍人と同等に思っていたのである。

▼兵隊

第三場面　〔88・32〜90・33〕…八月七日以降の出来事。

■この場面を構成する要素

①七日の朝になってお父さんと再会した浜内茂樹《はまうちしげき》君の最期。

②八月七日の政治的な動き。

③息を引き取った直後にお母さんに発見された、渋江茂樹《しぶえしげき》君。

④生徒の半数近くが行方不明という事実と、自宅で家族にみとられて亡くなった酒井春之君、山下明治《やましためいじ》君、桜美一郎君の最期。

⑤三百二十一人の生徒と四人の先生が全滅したという事実。

■七日の時点での、本川土手の生徒たちの様子を押さえる。

・まだ大勢の生徒がいたが、生きている者は僅《わず》かだった。

・七日の朝以後、この土手で生きているうちに肉親に会えたのは[　]だけだった。　▼二人

•ポイント　遺体で横たわっている者のほうがはるかに多く、僅かな生存者も肉親が到着《とうちゃく》する前にほとんど亡くなってしまったということ。

■「大本営は、この日になって初めて……世界に発表したのです。」(89・12〜89・15)とあるが、「この日」とはいつなのか、また、この二つの「発表」の違いを考える。

・この日…原爆投下翌日の八月七日。

・大本営は新型爆弾というあいまいな言い方をしたのに対し、アメリカのトルーマン大統領はこれが[　]であると明言した。　▼原子爆弾

•ポイント　時間的にはトルーマン大統領の発表のほうが早く、大本営はラジオで流されたその発表を聞いて、それが原子爆弾であることを知っていた。しかし、国民を動揺《どうよう》させまいとして「新型爆弾」という言葉を使ったのである。

■渋江茂樹君の遺体が発見されたときの状況を押さえる。

・お母さんが発見したとき、頰《ほお》を流れた[　]がまだ乾いていなかったことから、お母さんの着く寸前に息を引き取ったことが分かった。　▼涙

■我が子を失った父母たちの思いを想像する。

・川土手では、子供の遺体を発見した父母のむせび泣く声が絶えなかった。

・広島二中の三百二十一人のうち[　]近くは、遺体を見つけることができなかった。　▼半数

•ポイント　必死で現場に駆《か》けつけた父母が、我が子の変わり果てた姿を目にしたときの悲痛さは想像に余りある。一方、遺体が見つからなければ、家族はその死を確かめることすらできず、かといって生きている望みもほとんどなく、絶望的な心境だったであろう。

テストに出る！

問　**「死ぬのでしたら、夜を徹してでも、話を聞くのでしたのに。」(90・9)から、酒井春之君のお母さんのどのような気持ちがうかがえるか。**

答 話をしたがる我が子を寝かせようとなだめたのは、ゆっくり休息をとれば元気になると信じていたからだが、結果的に、話したいことを話しきらないまま死なせてしまったことになり、深く後悔している。

■山下明治君の最期の様子を押さえる。

・おじいさんに何と言うかと問われ、「りっぱに……。」と答えた。

・「いっしょに行く」というお母さんに、「[　　]でいいよ。」と答えた。　▼後から

●ポイント 国のためにりっぱに死んだと伝えてほしいという軍国少年らしい思いや、母には長生きしてほしいと願う優しさが表れている。十二、三歳の少年らしからぬ落ち着いた死に際は痛ましく、悲しみを深くする。

テストに出る!

問 **「広島二中の一年生、三百二十一人と四人の先生は、こうして一人残らず全滅しました。」(90・31)とあるが、それは原爆投下後、何日目のことか。**

答 六日目のこと。

◆八月十一日に亡くなった桜美一郎が最後の死亡者。原爆投下当日の八月六日を一日目として数えている。

第四場面 〔90・34〜終わり〕…平和記念公園にある広島二中の慰霊碑の紹介。

■「広島二中の碑」(90・35)に込められた思いを考える。

・原爆投下の瞬間に生徒たちが並んでいた[　　]に、広島二中の碑が建てられている。　▼本川土手

●ポイント 原爆の犠牲になって若い命を散らした子供たちの霊をなぐさめるとともに、原爆の恐ろしさや悲惨さを永遠に語り継ぎ、このような悲劇を二度とくり返してはならないという、後に残された人々の切実な願いが込められている。

課題　教科書91ページ

○「碑」を読んで、どんなことを感じたり考えたりしたか、話し合ってみよう。

解説 この文章は、被爆した中学生と先生、そしてその親族の証言を中心に構成されている。自分たちと同年代の生徒たちが一瞬にして全員命を奪われたという恐ろしさに加え、我が子の最期を語る父母の悲しみや無念さも伝わってきたことだろう。次のような観点に沿って、感じたり考えたりしたことを整理してみよう。

・原爆の威力や脅威、残酷さ
・特に印象に残ったエピソードや、子供たちの最期の言葉
・当時の人々の生活やものの考え方に、戦争が与えていた影響
・自分がその立場だったらどう感じるか

事実と考えを区別する

教科書96、230〜233ページ

学びの扉《とびら》

誰《だれ》かと対話や議論をするときや、文章を読むときは、事実と考えを区別することが大切である。

●事実と考え

・事実は、確かなこと。「……だ・である／です・ます」などの言い方をする。

・考えは、人によって［　　］かもしれないこと。「きっと……だろう／でしょう」「……と思う／思います」などの言い方をする。

▼違う

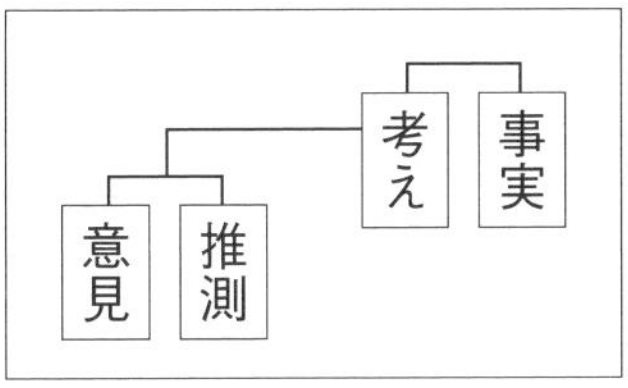

●推測と意見

・考えは、推測と意見とに区別できる。

・**推測**は、まだ確かめられていない事実について自分の考えを述べたもの。

→事実を確かめるために、さらに①［　　］必要がある。

・**意見**とは、ある事柄がよいかどうかについて自分の考えを述べたもの。

→単純にどちらが正しい（誤りだ）とはいえない。そのため、意見が分かれた場合は②［　　］必要がある。

▼①調べる　②話し合う

教科書の例▼ 自転車が多い理由を推測する会話 ― 教科書231ページ

・駅前に自転車をたくさん置いているのは通勤や通学の人なのか、買い物に来た人なのかで、考えが分かれている。

・どちらも推測を述べているので、実際に誰《だれ》が駅前に自転車を置いているのかを調べることで、事実を確かめることができる。

教科書の例▼ 自転車を置く場所について意見を述べた会話 ― 教科書231ページ

・自転車は駐輪場《ちゅうりんじょう》に置くべきか、駅前に置いてもいいかで、考えが分かれている。

・どちらも意見を述べており、事実を調べるだけで正しいか誤りかが分かるわけではない。両方に正しいところが含《ふく》まれている可能性があり、話し合いが必要である。

●事実と考えを区別する

・考えにすぎないことを事実のように受け取ってしまうと、何が確かなことなのか、何をもっと調べたり、話し合ったりしなければいけないのかが、分からなくなってしまう。

・文章を読むときにも、事実と区別の考えは大切である。筆者の考えは事実ではなく、あくまでも一つの意見だと受け止めよう。

筆者と自分とで考えが違うときは、筆者と話し合うことはなかなかできないけれど、話し合うような気持ちで読んでみましょう。

4 ▼読む 吟味《ぎんみ》・判断

私《わたし》のタンポポ研究

筆者・保谷《ほや》彰彦《あきひこ》

教科書97〜105ページ

ガイダンス

学習目標を押さえ、「私のタンポポ研究」のおおよその内容を理解しよう。

学習目標

●事実から筆者がどのように考えを導いているかを捉える。
●必要な情報を取り出して要約する。

言葉の力　事実と考えとの関係を捉える

○事実と考えを区別する。
・事実とは、確かなこと、例えば、実際に起こった出来事、信頼できるデータ、科学的に証明された事柄などである。
・考えとは、まだ確かでないこと(推測)や、人によって賛成・反対が分かれること(意見)である。
・文末表現が手がかりになることもある。
○どんな事実を根拠として考えを述べているかに着目する。

文章を読む前に

タンポポは日本人にとって、最も身近な花である。しかし、日本在来のタンポポはずいぶん前から減っており、私たちがよく目にするタンポポは、実はセイヨウタンポポまたは雑種タンポポである可能性が高い。セイヨウタンポポについては、在来タンポポよりも都市部での繁殖《はんしょく》に強い性質があったために都市部で増えたことが分かっていた。しかし、雑種タンポポはセイヨウタンポポと繁殖の仕組みが同じであるにもかかわらず、いつのまにかセイヨウタンポポと入れ替わるように増えていた。そのことに疑問を持った筆者は、実験を通してその理由を明らかにしていく。

実験の具体的な方法、実験から分かったこと、そこから推測できることなどについて、事実と筆者の考えを区別しながら、読み取っていこう。

あらまし

日本はタンポポが多様な国だが、日本在来のタンポポは減っている。代わりに都市部ではセイヨウタンポポが増えたと思われていたが、実際にはセイヨウタンポポによく似た雑種タンポポのほうが多いことが分かった。

そこで筆者は、セイヨウタンポポが減り雑種タンポポが増えた理由を探《さぐ》るために実験を行った。その結果、セイヨウタンポポは温度に関係なく発芽するのに対し、雑種タンポポは暑さを避けて発芽することが分かった。また芽生えについては、雑種タンポポのほうがセイヨウタンポポよりも暑さの中で生き残りやすいことが分かった。このような性質の違いが、都市部で雑種タンポポが増えた理由だと考えられる。

文章の構成

内容から、雑種タンポポが増えているのはなぜかという話題の提示、その謎を解くための実験、実験結果から分かったことというように、大きく三つの意味段落に分けられる。第二、三段落は、実験の内容によって更に二つの意味段落に分けることができる。

・第一段落（初め〜99・7）……話題の提示。
・第二段落（99・8〜101・12）…種子の発芽する温度を調べた実験。
・第三段落（101・13〜102・12）…芽生えの生き残りやすさを調べた実験。
・第四段落（102・13〜終わり）……結論とまとめ。

第一段落はこの文章で述べる話題を紹介《しょうかい》した部分であり、序論・本論・結論での序論の部分に当たる。第二、三段落は具体的な内容を述べているので本論に当たる。これらを踏《ふ》まえて第四段落に結論とまとめが述べられている。

第二、三段落は、実験の方法や結果などの事実と、そこから推測できる事柄や筆者の考えが書かれている。どの部分が事実で、どの部分が考えであるのかを見分ける必要がある。

説明文では事実と意見を区別しながら読むことが大切なんだね。

論展開の工夫

・筆者が行った実験について、目的・方法・結果・考察という過程が分かりやすく説明されている。
・実験結果を説明した後、その事実を根拠として筆者の考えが述べられている。結果をまとめた段落の後には、それぞれ「ここで、……について考えてみましょう。」(101・5)、「ここまでの二つの実験結果から、……について考えてみましょう。」(102・13)という一文があり、これ以降が筆者の考えを述べた部分であることが明確になっている。
・一つ目の実験を踏まえ、そこから推測したことを確かめるために二つ目の実験を行う、という流れが明確である。
・実験の結果を、グラフを用いて視覚的に分かりやすく示している。本文の説明とグラフを照らし合わせながら読むことで、より理解しやすいように工夫されている。

要旨

セイヨウタンポポは暑い夏に発芽するが、芽生えが高温に弱いため生き残りにくい。一方、雑種タンポポは暑い時期を避けて発芽するうえ、芽生えが高温に強いため夏でも生き残りやすい。このような性質の違いによって、日本の都市部ではセイヨウタンポポよりも雑種タンポポが増えたと考えられる。

序論は在来タンポポの減少の話題から始まっているが、中心となる疑問は「日本の都市部でセイヨウタンポポが減り、雑種タンポポが増えたのはなぜか」ということである。その疑問を解決するために、発芽のタイミングと芽生えの生き残りやすさに注目して二つの実験が行われる。そして、日本の都市部を襲う夏の猛暑との関係から結論が導き出されていく。論の展開をていねいに追いながら読み取っていこう。

新出漢字・新出音訓

読みの太字は送り仮名を示す。（ ）は中学校では学習しなくてもよい読みを、―線は特別な言葉に限って使われる読みを示す。例は用例を示し、例中の太字は教科書本文中の語句であることを示す。新出音訓の▼は、常用漢字表の「付表」の語を示す。□には漢字を、（ ）には読みを書こう。

駆　p.98　ク　か**ける**　か**る**　14画　馬　□
①追いはらう。例**駆逐**《くちく》。駆除《くじょ》。②馬などを走らせる。かける。例駆《か》ける。走駆《そうく》。先駆《せんく》。駆《か》り立《た》てる。

逐　p.98　チク　10画　辶　□
①追いはらう。例**駆逐**《くちく》。②一つ一つ。例逐一《ちくいち》。逐次《ちくじ》。逐語訳《ちくごやく》。

詳　p.98　ショウ　くわし**い**　13画　言　□
①細かい点まで行き届いている。くわしい。例**詳**《くわ》**しい**。詳細《しょうさい》。②細かい調査ができている。例未詳《みしょう》。

替　p.99　タイ　か**える**　か**わる**　12画　日　□
とりかえる。例**入**《い》**れ替**《か》**わる**。交替《こうたい》。両替《りょうがえ》。

謎（謎）　p.99　なぞ　16画　言　□
①実態が分からない、不思議なこと。例**謎**《なぞ》。②なぞなぞ。例謎掛《なぞか》け。

粒　p.99　リュウ　つぶ　11画　米　□
①小さいものを数える助数詞。例**何粒**《なんつぶ》。一粒《ひとつぶ》。②穀物のつぶ。つぶの形をしたもの。例米粒《こめつぶ》。雨粒《あめつぶ》。粒子《りゅうし》。

枯　p.100　コ　か**れる**　か**らす**　9画　木　□
①草木が生気をなくす。例**枯**《か》**れる**。枯《か》れ葉《は》。木枯《こが》らし。②水がかわく。例枯渇《こかつ》。③おとろえる。例栄枯盛衰《えいこせいすい》。

較　p.102　カク　13画　車　□
くらべる。例**比較**《ひかく》。較差《かくさ》。

避　p.102　ヒ　さ**ける**　16画　辶　□
①さける。よける。例**避**《さ》**ける**。避難《ひなん》。避暑《ひしょ》。回避《かいひ》。②にげかくれる。例退避《たいひ》。逃避《とうひ》。

誰　p.103　だれ　15画　言　□
名を知らない人や不定の人を指す。例**誰**《だれ》**も**。誰《だれ》。誰《だれ》か。

夕暮れを表す「たそがれ」という言葉は、「あれは誰?」を意味する「誰《た》そ彼《かれ》」という昔の言葉からできたんだよ。

◯広がる言葉

為　p.105　イ　9画　火　□
おこなう。なす。例**行為**《こうい》。作為《さくい》。為政者《いせいしゃ》。

柿　p.105　かき　9画　木　□
カキノキ科の落葉高木。例**柿**《かき》。渋柿《しぶがき》。

箸（箸）　p.105　はし　15画　竹　□
食物をはさむ棒。はし。例**箸**《はし》。菜箸《さいばし》。割《わ》り箸《ばし》。

閲　p.105　エツ　15画　門　□
調べる。点検する。例**閲覧**《えつらん》。校閲《こうえつ》。検閲《けんえつ》。

■新出音訓（――線部の読みを書こう。）

①速やかな行動。　p.101（　　　）
②注目に値する。　p.105（　　　）

答　①すみ　②あたい

語句・文の意味

語義が複数の場合、①に教科書本文中の語義を示してある。類は類義語、対は対義語、文は語句を用いた短文例を示す。
●印は、教科書の脚注に示されている語句である。

▼97ページ

里山《さとやま》 人の住む地域の近くにあり、人々の生活と関わりの深い山や森林。

観察《かんさつ》 物事・現象を自然の状態のまま、客観的に見ること。

多様《たよう》 種類の違ったものがいくつもいろいろとあること。

●**……から……に至《いた》るまで** その範囲《はんい》のものすべて。文急な雨で、頭の先からつま先に至るまでぬれてしまった。

●**在来《ざいらい》** これまでずっとあったこと。

●**そこかしこ** そっちやあっち。あちらこちら。文道のそこかしこにゴミが落ちている。

●**外来《がいらい》** 外部や外国から来ること。

▼98ページ

●**駆逐《くちく》** 追いはらうこと。

●**まことしやか** いかにも本当らしく感じさせるさま。文彼《かれ》が部活動をやめるという、まことしやかなうわさを耳にした。

●**繁殖《はんしょく》** 動植物が生まれてふえていくこと。

分布《ぶんぷ》 動植物が、種類によって異なる区域に生息すること。

●**奇妙《きみょう》** ふつうとは違っているさま。類不思議。奇異。

●**雑種《ざっしゅ》** 品種の異なる雌《めす》と雄《おす》の間に生まれた個体。

●**判明《はんめい》** 明らかになること。はっきり分かること。類明かす。立証。

▼99ページ

●**際立《きわだ》つ** ほかとの区別がはっきりしている。類目立つ。

●**同様《どうよう》** 同じようであること。文兄と同様に、弟も運動が得意だ。

発芽《はつが》 植物の種子などから芽が出ること。

●**タイミング** ちょうどよい時機や瞬間。

●**密接《みっせつ》** 切り離《はな》せないほど関係が深いこと。

●**具体的《ぐたいてき》** はっきりとした実体を備えているさま。個別の事物に即《そく》したさま。対抽象《ちゅうしょう》的。

●**……にわたる** ……の期間中、とぎれずに続く。文三年間にわたる工事がようやく終わった。

▼100ページ

●**パターン** 型。類型。

●**性質《せいしつ》** もともと持っている特徴。類特性。気質。

▼101ページ

●**速《すみ》やか** 時間をかけず、すぐに行うさま。動作がすばやいさま。類迅速《じんそく》。直ちに。

●**猛暑《もうしょ》** 激しい暑さ。類酷暑《こくしょ》。

●**これに対《たい》して** 「対する」は、物事を比較対照する意。類これに比べて。

●**真《ま》っただ中《なか》** 中央部分。まさに展開されているさなか。類まっ最中。

予想《よそう》 あらかじめそうだろうと想定しておくこと。また、その内容。

▼103ページ

●**さらす** 雨風や日光などの当たるままにしておく。

●**可能性《かのうせい》** 物事の実現できる見込み。文子供は多くの可能性を秘《ひ》めている。

●**恐《おそ》らく** そうなる可能性が高い推量を表す。類きっと。たぶん。

読み解こう

場面ごとの内容を捉えよう。□の中には当てはまる言葉を書こう。

第一段落　〔初め～99・7〕…話題の提示。

■**日本のタンポポの現状を押さえる。**

・日本はタンポポが多様な国。（二十種類ほどの在来タンポポ）

・百二十年以上前に、□の一つであるセイヨウタンポポが持ち込まれた。

・セイヨウタンポポは日本各地に広がっている。

▼外来タンポポ

■**セイヨウタンポポが増え、在来タンポポが減った理由を押さえる。**

・セイヨウタンポポが在来タンポポを①□しているのではないかといわれていた。→事実ではない。

・在来タンポポ…②□により本来の生育地を奪《うば》われた。

・セイヨウタンポポ…新たに開発された場所に入り込めた。

▼①駆逐　②土地開発

●**ポイント**　「まことしやかに」(98・2)は、事実ではないのにいかにも本当らしく感じさせるさまを表す言葉で、その説が事実ではないことが暗示されている。実際、その後の調査で事実ではなかったことが明らかになる。

■**セイヨウタンポポの特徴から、都市部へと分布を広げやすかった理由を捉える。**

・セイヨウタンポポの特徴…□せずに一個体だけで繁殖できる。

→都市部のコンクリートの隙間《すきま》などでも、一個体が入り込めば子孫を残すことができる。

▼受粉

●**ポイント**　一方の在来タンポポは、ほかの個体からの受粉によって種子が作られるため、一個体だけでは繁殖できない。そのため、新たな生育地、特に都市部で繁殖するにはセイヨウタンポポよりも不利だったのである。

■**雑種タンポポの特徴についてまとめる。**

・見た目はセイヨウタンポポとよく似ている。

・全国的な調査の結果、外見がセイヨウタンポポに似たタンポポのうち、約□パーセントが雑種タンポポだった。

・特に都市部では雑種タンポポの割合が際立《きわだ》って高い。

▼八十五

●**ポイント**　雑種タンポポは「見た目はセイヨウタンポポそっくり」(98・13)なので、初めはその存在に誰も気づかなかったのだと考えられる。そのため、「いつのまにか」(99・2)セイヨウタンポポと入れ替わるように増えていったのである。

■**都市部に雑種タンポポが多いことに、筆者が疑問を持った理由を捉える。**

・雑種タンポポもセイヨウタンポポも、［　］ができる仕組みは同じなので、同じように生き残ってもおかしくないはずだから。

▼種子

・ポイント　在来タンポポと比べると、セイヨウタンポポは一個体だけで種子を作れる点が都市部での繁殖に有利だった。雑種タンポポは種子を作る仕組みはセイヨウタンポポと同じなのに、なぜ分布に差ができたのか、ということに筆者は疑問を持ったのである。

テストに出る！

問　**この文章で筆者が解決しようとしている疑問は何か。**

答　都市部でセイヨウタンポポが減り、雑種タンポポが多く生き残ったのはなぜか。

◆「なぜ都市部には……」（99・4）の段落から、文章全体の問題提起を捉える。ここまで在来タンポポとセイヨウタンポポ、雑種タンポポの三種類が話題になっていたが、特にセイヨウタンポポと雑種タンポポの二種類の比較に着目していくことを確認しよう。

第二段落　〔99・8〜101・12〕…種子の発芽する温度を調べた実験。

■実験を行うにあたり、筆者が注目したこととその理由を押さえる。

【注目したこと】

・種子が発芽するタイミングと芽生えの生き残りやすさ。

【理由】

・生き残るのが最も難しいのが①［　］の時期だから。

・芽生えの生き残りには、種子が②［　］するタイミングが密接に関係しているから。

▼①芽生え　②発芽

■一つ目の実験の目的と方法を押さえる。

【目的】

・種子がどの［　］でどれくらい発芽するのかを調べる。

【方法】

・四度から、三度ずつ高くして三十四度まで、十一段階の温度を設定する。

・三種類のタンポポの種子について、それぞれの温度で毎日何粒が発芽したのかを、三週間にわたって調べる。

▼温度

・ポイント　実験に際し筆者が注目したことの一つ目、「種子が発芽するタイミング」（99・8）を調べるための実験である。

■一つ目の実験の結果を押さえる。

【カントウタンポポ】

・温度ごとに発芽率が異なる。

・七度から十九度の限られた温度のときによく発芽し、それより高い温度や低い温度では発芽しない。

【セイヨウタンポポ】

・温度に［　］発芽する。

【雑種タンポポ】

・カントウタンポポと同様に、高い温度や低い温度では発芽しない性質だった。

▼関係なく

・ポイント 「実験結果を……」(100・1)から続く四つの段落で、実験から分かったこと(=事実)を述べている。「……ことが分かります」(100・7)、「……いるのです」(100・11)など、断定する文末表現になっていることにも着目する。特に「謎」と関わりの深い、セイヨウタンポポと雑種タンポポの違いを捉えよう。

■実験の結果を受けて、追加で調べた内容を押さえる。

・カントウタンポポと雑種タンポポの発芽しなかった種子を十六度(=最も発芽率の高かった温度)に置いた。→速やかに発芽した。

・分かったこと…カントウタンポポや雑種タンポポの種子は、高温では発芽せず、［　　］になると速やかに発芽する性質がある。

▼適温

テストに出る!

問 **筆者が、高温で発芽しなかった種子を十六度に置いてみたのはなぜか。**

答 高温で発芽しなかった種子が生きているのか、暑さのために枯れてしまったのかを調べるため。

◆ 一つ目の実験で残った疑問を解決するために、追加の実験を行っている。

■一つ目の実験の結果から筆者が考えたことを押さえる。

・雑種タンポポは夏には発芽せず、涼《すず》しくなってから発芽する。

→① ［　　］やすいのではないか。

・セイヨウタンポポは夏でも発芽し、暑さの中を芽生えの状態で夏を過ごす。

→② ［　　］やすいのではないか。

▼①生き残り ②枯れ

・ポイント 「ここで、日本の都市部を……」(101・5)から続く三つの段落では、実験結果から導いた筆者の考えが述べられている。「……考えてみましょう」(101・6)、「……考えられます」(101・10)、「……ではないでしょうか」(101・12)などの文末表現にも着目しよう。この推測が事実かどうかを確かめるために、次の実験が行われる。

第三段落 〔101・13〜102・12〕…芽生えの生き残りやすさを調べた実験。

■二つ目の実験で何を調べるかを押さえる。

・芽生えの生き残りやすさ。

・特に、セイヨウタンポポの芽生えが［　　］で生き残れるのかに注目する。

▼高温

■二つ目の実験について、筆者が予想したことを押さえる。

・セイヨウタンポポの芽生えが暑さに弱いのなら、都市部で子孫を残すことは難しい。

・ポイント　一つ目の実験結果から筆者が考えた、「夏に発芽するセイヨウタンポポは枯れやすいのではないか」という推測とも関連している。そして、この筆者の予想が正しければ、「都市部でセイヨウタンポポが減り、雑種タンポポが多く生き残ったのはなぜか」という疑問の答えにつながることになる。

■二つ目の実験の方法と結果を押さえる。

【方法】

・三種類のタンポポの種子を、十六度で発芽させる。

・温度を六度から三十六度までの五段階に設定し、①［　　］を育てる。

・四週間後、生き残った個体数を調べる。

【結果】

・六度から二十四度…三種類とも生き残った。

・②［　　］度以上…雑種タンポポのほうが、セイヨウタンポポよりも生き残る割合が高くなった。

▼①芽生え　②三十一

テストに出る！

問　**二つ目の実験結果から、「芽生えの生き残りやすさ」についてどのようなことがいえるか。**

答　夏の暑さの中では、雑種タンポポのほうが、セイヨウタンポポよりも芽生えが生き残る可能性が高い。

◆筆者の予想が正しかったことが、二つ目の実験によって明らかになっている。

第四段落　〔102・13〜終わり〕…結論とまとめ。

■二つの実験結果から分かった、雑種タンポポとセイヨウタンポポの性質の違いをまとめる。

	雑種タンポポ	セイヨウタンポポ
種子が発芽する温度	高温では発芽しない 涼しくなると発芽する	高温でも発芽する
高温での芽生えの生き残りやすさ	生き残りやすい	生き残りにくい

・ポイント　「ここまでの二つの……」（102・13）から続く二つの段落で、二つの実験から分かったことと、そこから考えられることがまとめて述べられている。まずは二種類のタンポポの性質の違い（＝事実）を整理しておこう。

テストに出る！

問　**「ここまで見てきたような性質の違い」（103・5）の内容を簡潔に説明しなさい。**

答　雑種タンポポの種子は涼しくなってから発芽し、芽生えは暑さに強い。セイヨウタンポポの種子は高温でも発芽し、芽生えは暑さに弱い。

◆　表にまとめた二種類のタンポポの性質の違いを整理して、説明しよう。

■タンポポの性質の違いと、そこから考えられることを押さえる。

【雑種タンポポ】
・夏の暑さを避けて発芽する性質　・芽生えが高温に強い性質
↓枯れずに成長する。夏に発芽してしまっても、芽生えが①［　　］やすい。

【セイヨウタンポポ】
・暑くても発芽する性質　・芽生えが高温に弱い性質
↓夏に発芽した後、②［　　］しまうことが多い。

▼①生き残り　②枯れて

●ポイント　これらの性質の違いから、猛暑に襲われる夏の都市部では暑さにうまく対応できる雑種タンポポのほうが生き残りやすいといえる。これが、第一段落で確認《かくにん》した疑問の答えである。

■最終段落から筆者のメッセージを捉える。
・タンポポにはまだ多くの謎があり、私たちの足もとには多様なタンポポの世界が広がっている。

てびき―解答と解説

教科書の課題を解き、学習内容をしっかりと身につけよう。　教科書104ページ

◉事実から筆者がどのように考えたのかを捉えよう

①　筆者が謎を提示している段落まで(97・1〜99・7)を読んで、日本の都市部での三種類のタンポポの性質や状況を、次のような表にまとめよう。

解答

	在来タンポポ	セイヨウタンポポ	雑種タンポポ
種子の作られ方	受粉する	受粉せずに作られる	受粉せずに作られる
一個体での繁殖	できない	できる	できる
都市部での分布	少ない	多かったが今は減っている	多い

解説　表にまとめることで、種類ごとの特徴を視覚的に分かりやすく整理することができる。ここで整理した内容がこの後の本論の前提となっているので、正確に押さえておこう。

まず、在来タンポポとセイヨウタンポポについては、「カントウタンポポなどの……」(98・6)の段落から読み取れる。この二種類の性質の違いは、「セイヨウタンポポが在来タンポポを駆逐」(98・1)したのではないことの根拠となっている。つまり、一個体で繁殖できるセイヨウタンポポは都市部で分布を広げやすいのである。

次に、セイヨウタンポポと雑種タンポポについては、「なぜ都市部には雑種タンポポが……」(99・4)の段落に書かれている。この二種類は、「種子の作られ方」も「一個体での繁殖」の可否

も同じなのに、「都市部での分布」に違いが生じている。それはなぜなのか。この謎が文章全体における問題提起であり、これを解決することが本論での実験の目的である。

② 筆者が行った二つの実験について、次の内容をそれぞれ簡潔にまとめよう。

解答

(1)なぜ都市部ではセイヨウタンポポが減って、雑種タンポポが多くなったのか。

(2)・セイヨウタンポポの種子は、温度に関係なく発芽する。
・カントウタンポポ（在来タンポポ）や雑種タンポポの種子は、高温では発芽せず、適温になると速やかに発芽する。

(3)・雑種タンポポは夏には発芽せず、涼しくなってから発芽するので、生き残りやすいのではないか。
・セイヨウタンポポは夏の暑さの中で発芽するので、枯れやすいのではないか。

(4)セイヨウタンポポの芽生えが暑さに弱いのなら、都市部で子孫を残すことは難しい。

(5)三十一度以上の高温では、雑種タンポポのほうが、セイヨウタンポポよりも生き残る割合が高い。

解説 実験によって証明された「事実」と、その事実を根拠とした筆者の「考え」とをしっかり区別して捉えよう。

(1)は、①で確認した問題提起の部分が当てはまる。

(2)は、分かった事実をタンポポの種類ごとに整理すると分かりやすい。また、高温で発芽しなかった種子については追加の実験を行っているので、その結果もあわせてまとめる。

(3)は、(2)の事実をもとにした筆者の考えである。「……考えてみましょう」(101・6)、「……考えられます」(101・10)、「……ではないでしょうか」(101・12)などの文末表現にも着目する。

(4)の「予想」も、「考え」の一種である。あらかじめ予想を立てることで、この後行われる実験で具体的にどのような点に注目すればよいかが明確になる。

(5)では、「雑種タンポポのほうが、セイヨウタンポポよりも生き残る割合が高くなりました」(102・11)という表現に注目。この段階ではまだ「雑種タンポポは暑さに強い」とは断言していない。あくまで二種類の比較においては雑種タンポポのほうが割合が高い、という表現になっており、実験結果から読み取れる事実のみを正確に述べている。

筆者の「考え」はどんな事実を根拠にして述べられているか、確認しながら読んでみよう。

◉ 必要な情報を取り出して要約しよう

③ 「これで謎は一つ解けました。」(103・7)とある。その謎の答えを、次の二通りの仕方で要約してみよう。

解答

・百五十字程度で簡潔に要約する。
　雑種タンポポの種子は涼しくなってから発芽する性質があり、もし夏に発芽しても芽生えは暑さに強い。一方、セイヨウタンポポの種子は夏の暑さの中でも発芽するが、芽生えは暑さに弱いため、枯れてしまうことが多い。そのため、日本の都市部では雑種

タンポポのほうがセイヨウタンポポよりも生き残りやすいのである。(146字)

・文章の流れに沿って三百字程度で要約する。

まず種子が発芽する温度を比べると、セイヨウタンポポはどの温度でも発芽するのに対し、雑種タンポポは高温では発芽せず、適温になると発芽する性質がある。次に温度による芽生えの生き残りやすさの違いを比べると、三十一度以上では、雑種タンポポのほうがセイヨウタンポポよりも生き残る割合が高い。これらのことから、涼しくなってから発芽する雑種タンポポは枯れずに成長するチャンスが高く、もし夏に発芽しても芽生えが生き残る可能性は高い。一方、セイヨウタンポポは夏に発芽するが、芽生えは暑さに弱いため枯れてしまうことが多い。そのため、日本の都市部では雑種タンポポのほうがセイヨウタンポポよりも生き残りやすいのである。(297字)

解説 「謎」の内容は、①や②で確認したとおり、「なぜ都市部ではセイヨウタンポポが減って、雑種タンポポが多くなったのか」ということである。実験ではカントウタンポポ、セイヨウタンポポ、雑種タンポポの三種類を比較しているが、「謎」の答えをまとめるうえではセイヨウタンポポと雑種タンポポの二種類に注目すればよい。

要約にあたっては、教科書284ページを参考にして手順を確かめよう。一つ目の要約は字数が少ないため、結論部分のみに焦点《しょうてん》を当てる。結論は「ここまでの二つの実験結果から……」(102・13)からの三つの段落で述べられているので、その内容を中心にまとめるとよい。二つ目の要約は、セイヨウタンポポと雑種タンポポの性質の違いと、そこから考えられることを、二つの実験の流れに沿ってまとめる。二つ目の要約を先に作成し、そこからさらに内容を削って百五十字程度にまとめ直してもよいだろう。

○広がる言葉

ⓐ「私のタンポポ研究」で用いられている「調べる」(99・12)は、行為を表す言葉である。例を参考に、次の1〜3に関する行為を表す言葉を挙げてみよう。

解答 1熟読 速読 流し読み 読みこむ など
2力走 独走 小走り 駆け出す ジョギング など
3食事 飲食 食う むさぼる 口にする など

解説 同じ「読む」という行為でも、ざっと読むのか、じっくり読むのかなど、読み方によってもさまざまな言葉がある。動詞や熟語、外来語などから幅《はば》広く集めてみよう。

ⓑ次の( )に入る言葉として、ア・イのどちらのほうが適切だろうか。また、その言葉を選んだのはなぜだろうか。


解答 1ア…「ぱっと見ただけで分かる」という文の意味に合うから。

2イ…「難解な哲学《てつがく》書」を「理解」する読み方として合うから。

3ア…「寺社を巡《めぐ》」るような、のんびりした歩き方に合うから。

4ア…「小鳥」が「柿の実」を食べる動作に合うから。

5ア…「傾聴《けいちょう》に値する」で「きく価値がある」の意味になり、「文学賞受賞者の言葉」をきく行為と意味が合うから。

6イ…「懐石《かいせき》料理」で生かされる「素材」を修飾《しゅうしょく》する言葉として合うから。

解説　それぞれ、1は「見る」、2は「読む」など、同じ行為を表す言葉だが、意味や使い方が異なる。(　)の前後の言葉や文全体の意味を考え、合う言葉を考えよう。それぞれの言葉の意味は次のとおり。

1ア一見…ちょっと見ること。
イ凝視《ぎょうし》…目をこらしてじっと見ること。

2ア斜《なな》め読み…大筋をつかむためにざっと読むこと。
イ精読…細かいところまでていねいに読むこと。

3ア散策…気の向くままに歩くこと。
イ疾走《しっそう》…とても速く走ること。

4アついばむ…くちばしでつついて食べる。
イ頬張《ほおば》る…頬が膨《ふく》らむほど口いっぱいに食べ物を入れる。また、そのようにして食べる。

5ア傾聴…熱心にきくこと。
イ傍聴…会議や公判などを当事者以外の者がそばできくこと。

6ア抜粋…必要な部分だけを抜き出すこと。
イ厳選…厳しい基準で選ぶこと。

ⓒ 次の行為を表す言葉のリストから一つ選び、その言葉を使った短文を作ってみよう。

解説　それぞれの言葉の意味と例文は次のとおり。

・眺《なが》める…①視界に入るもの全体をみる。例窓から景色を眺める。
②じっと見つめる。例相手の顔をしげしげと眺める。
・箸が進む…おいしくて次々と食べる。例好きなおかずばかりで箸が進む。
・歩む…①歩く。例池のほとりをゆっくりと歩む。
②物事が進展する。例成功への道を歩み始める。
③月日を送る。例二人は別々の人生を歩んだ。
・走破…予定の行程を走りとおすこと。例初めてフルマラソンを走破した。
・閲覧…書物などを調べたり見たりすること。例図書室で過去の新聞を閲覧する。
・就寝…寝床《ねどこ》に入って寝ること。例毎晩十時に就寝する。
・物語る…①まとまった話をする。例戦争体験を物語る。
②ある事実が、ある意味を表す。例手の傷が、これまでの苦労を物語っている。
・耳を傾《かたむ》ける…注意して熱心にきく。例父の忠告に耳を傾ける。
・代読…本人に代わって読むこと。例市長の祝辞を代読する。
・熟睡《じゅくすい》…ぐっすり眠ること。例昨夜は熟睡できなかった。
・記す…①書きつける。記録する。例手帳に予定を記す。
②記憶《きおく》にとどめる。例恩師の教えを心に記す。
・手渡す…手から手へ、じかに渡す。例友人に手紙を手渡した。
・贈呈《ぞうてい》…人に物をさし上げること。例出演者に花束を贈呈する。
・チョイス…選ぶこと。また、選んだもの。例彼がチョイスする本はいつもおもしろい。
・口に出す…言葉にして話す。例正直な気持ちを口に出す。

いろいろな言葉の使い方を知っておくと、文章を読んだり書いたりするときに役に立つよ。

学びの扉《とびら》

根拠を挙げて考えを述べる

教科書106、234～237ページ

適切に根拠を挙げていない議論には、どんな問題があるだろうか。根拠を挙げることの必要性を考えてみよう。

●独断と水かけ論

・**独断**とは、根拠を説明しないで、ただ自分の考えを言うこと。

・**水かけ論**とは、互いに独断的な発言を繰《く》り返して、先に進まない議論のこと。

教科書の例▼ **推理ドラマ** ―― 教科書234ページ

・推理ドラマで探偵が犯人を言い当てるとき、いきなり「この人が犯人です。」とだけ言って、何の説明もなくドラマが終わってしまったら、誰も納得《なっとく》しない。

・推理の根拠として、証拠《しょうこ》を示したり、動機を説明したりする必要がある。

教科書の例▼ **「ドラえもん」の主人公は誰なのか、根拠を挙げて話し合う** ―― 教科書234・235ページ

・純平《じゅんぺい》さんは「タイトルが『ドラえもん』だから」、詩織《しおり》さんは「のび太の悩《なや》みや失敗が話の中心だから」という根拠を挙げて、自分の考えを話している。

↓相手の考えをよりよく理解できる。

・純平さんの発言を受けて、「タイトルは必ず主人公を表しているのだろうか。」と、考えを更に進めていくこともできる。

↓議論を深めることができる。

●根拠を述べる

・根拠とは、「どうしてそう考えるのか」ということ。

・根拠を挙げて考えを述べることで、考えに[　　]を持たせ、考えをもっとよく理解してもらえるようになる。　▼説得力

●見せかけの根拠

・根拠を挙げているように見えて、実は根拠になっていないことがある。＝見せかけの根拠

・「だから」や「なぜなら」でつなぐなど、根拠を挙げて考えを述べる形をしていても、根拠とされていることと考えとが無関係では、本当の根拠とはいえない。

教科書の例▼ **例1** ―― 教科書236ページ

・「だから」の前と後で同じことを繰り返しているだけで、根拠になっていない。

教科書の例▼ **例2** ―― 教科書237ページ

・「修学旅行は学校生活最大のイベントだ。」ということと、「寺院巡《めぐ》りがいい。」ということの関係が、更に説明してもらわなければ分からない。

これだけでは、「確かに寺院巡りがいいな。」と納得することはできないね。

ポイント　文章やニュース番組のコメントの根拠に着目することで主張がよく理解でき、自分の考えを深めることもできる。

▼書く　論証・説得

根拠を明確にして書こう

「写真」の意見文

教科書107〜111ページ

○学習目標

●説得力のある根拠を考え、根拠を明確に示して自分の意見を書く。

●根拠の明確さなどについて、読み手からの助言を踏《ふ》まえ、自分の意見文のよい点や改善点を見いだす。

1　問題を検討する

・教科書108ページの「問題」を読んで、どのようなことを検討すればよいか考える。

①検討する前に、まずは新聞記事の内容を丁寧《ていねい》に読み、内容を確認《かくにん》する。

↓東京・上野動物園で生まれたジャイアントパンダの赤ちゃんのシャンシャンが一般公開されたという記事である。公開時間や観覧者の抽選《ちゅうせん》、パンダの親子の様子などを伝えている。

②A・Bのそれぞれの写真に、どのような情報が含《ふく》まれているかを確かめる。

↓Aは、パンダの親子とそれを見る観覧者を捉えている。

Bは、母親にじゃれつく赤ちゃんパンダの様子を写している。

③写真の［　　］を考える。　▼役割

・どのような目的で写真を入れるのか。

・読者は記事と写真をどのように読むのか。↓記事の様子をより分かりやすく示すため。

↓目をひく写真を入れることで、読者に記事への興味を持たせるため。

2　長所・短所を書き出し、根拠を考える

○言葉の力　根拠を示す

●自分の意見を述べるときには、なぜそう考えるのかという根拠を明確に示すようにする。

●意見と根拠の関係が分かりやすいかどうかを意識する。

●根拠は、複数示したほうが説得力が増すことが多い。

①A・Bのそれぞれの写真の長所と短所を書き出してみる。

教科書の例▼　A・Bのそれぞれの長所と短所を書き出した例　――教科書109ページ

Aの写真の長所…シャンシャンが公開の場に登場している姿が写っている。これは、見出しの内容に合っている。／手前に観覧者の姿があることで、読者も観覧者になった気分で登場の様子を捉えることができる。

〔その他の例〕シャンシャン、母親のシンシン、そして観覧者という記事に登場する動物や人間がすべて含まれている。

Aの写真の短所…写っているシャンシャンの姿が小さすぎて、「愛らしいパンダの様子」が見えにくい。

〔その他の例〕記事の中心であるシャンシャンが画面の端にいるので、記事のテーマが伝わりにくい。

Bの写真の長所…シンシンと触《ふ》れ合うシャンシャンが写っており、記事に書かれた「じゃれつく姿」が伝わってくる。／パンダの姿が大きく写っていることで、読者の目をひきつけ、記事を読んでみようと思わせる。

〔その他の例〕上野動物園で見ることができる光景を大きく示すことで、読者に魅力《みりょく》を伝えることができる。

Bの写真の短所…シンシンとシャンシャンしか写っておらず、一般公開が始まったことが伝わらない。

写真によって印象が変わるということが分かったわ。

② 書き出した長所と短所を見比べて、自分の立場を決める。
→それぞれの長所と短所を踏《ふ》まえて、自分はどちらの写真がよいと思うか、立場を決めよう。

3 意見文を書く

・意見（自分の立場）と根拠を決め、次の構成で意見文を書く。
(1) 自分の意見を書く。
(2) そのように判断した①［　］を書く。
(3) 最後に簡単に②［　］を書く。
▼①根拠　②結論

教科書の例▼ 意見文の完成例①（Aを選んだ例） —— 教科書110ページ
・Aのほうがよいという意見を書いている。
・Aの長所である「シャンシャンが公開の場に登場したときの姿が写っており、見出しの内容と合っている」という点と、Bの短所である「一般公開が始まった状況が伝わりにくい」という点が根拠として述べられている。
・「Aを選ぶべき」という結論がはっきりと述べられている。

教科書の例▼ 意見文の完成例②（Bを選んだ例） —— 教科書110ページ
・Bのほうが優れているという意見を書いている。
・Bの長所である「シンシンにじゃれつくシャンシャンの姿が伝わってくる」という点と、同じくBの長所である「パンダの愛らしい姿が大きく写っていることで読者の目をひきつける」という点が根拠として述べられている。
・「Bの写真を選ぶ」という結論がはっきりと述べられている。

4 読み合って感想を交換《こうかん》する

言葉の力　読んで確かめ合う
● 分かりやすい文章構成で、根拠が明確に示されているか。
● 示されている根拠に説得力はあるか。
● 言葉遣いや句読点は適切か。誤字や脱字《だつじ》はないか。

・グループで読み合って感想を交換し、今後の表現に生かす。

○問題 —— 教科書111ページ

○ **次の新聞記事に、写真を一つ入れたい。A・Bのうち、どちらがよいだろうか。二百字程度で意見文を書いてみよう。**

解説 果実が柔《やわ》らかく傷みやすいいちごを、一粒ずつ収納する新型容器が開発されたという記事である。いちごの品質を損《そこ》ねずに運搬《うんぱん》できることや、贈《おく》り物に適した大粒の高級品向けに使われることが考えられるという情報を踏まえて、AとBの長所と短所を挙げてみよう。例えば、Aは五百円玉と比較することでいちごの大きさが伝わり、Bは容器が贈り物に適していることが伝わる。

▼話す・聞く　話す

中心を明確にして話そう
「似ている言葉」スピーチ

教科書112〜117ページ

学習目標

●話の中心を明確にし、事実と考えとの関係に注意して、構成を考える。
●聞き手の反応を見ながら、分かりやすい話し方を工夫する。

1 話題を決める

・体験を振り返ったり、教科書328ページ「言葉を広げよう」を参考にしたりして、グループで言葉を出し合う。
・自分が取り上げたい「似ている言葉」を決める。

2 言葉の意味や用例を調べる

教科書の例▾ 選んだ「似ている言葉」について調べる ―― 教科書113ページ

・国語辞典で調べた意味や用例を整理して書いている。
・二つの言葉の共通点と相違点について考えたことを書いている。

ポイント 用例は、共通点や相違点を考えるうえで重要な判断材料になるので、ていねいに集めておくとよい。

3 言葉を使う場面について話し合う

①選んだ言葉について、グループの中で順番に発表する。
②グループで、それらの言葉を使う場面について話し合う。

教科書の例▾ 発表を聞いて話し合う ―― 教科書114ページ

・京子さんは、同じ「涙が」という言葉に続ける使い方から、意味の違いを考えている。
・詩織さんは言葉から想像するイメージについて話している。
・純平さんは例文を通して意味の違いを考えている。

ポイント 話し合いを通して気づいたことはメモを取っておく。

4 スピーチの構成を考える

言葉の力　話の中心を明確にして、構成を考える

○材料を整理し、伝えたいこと(話の中心)を明確にする。
○聞き手に分かりやすく伝えるために、詳しい説明を加えたり、具体例を挙げたりする。
○それぞれの話のまとまりをどのように配列するかを考える。
○話のまとまりの初めに、内容を示す語句を用いたり(ラベリング)、「まず」「次に」や「一つ目は」などの順序や数を表す語句を用いたり(ナンバリング)する。

・集めた材料や話し合いで気づいたことをもとに、次のような柱立てで構成メモを作る。

(1)　言葉の意味(国語辞典で調べたこと)
(2)　共通点・相違点(使う場面などの具体例)
(3)　考え(分かったことや考えたこと)

教科書の例▾ 構成メモの例 ―― 教科書115ページ

・(2)は、共通点→相違点の順に説明している。
・(2)では相違点を箇条《かじょう》書きにしたうえで、それぞれ使う場面などの

[　　]もメモしている。

・(3)では(2)の内容をまとめるとともに、全体を通して考えたことを付け加えている。

▼具体例

構成がしっかりしていると、スピーチがうまくまとまるよ。

5 スピーチの練習と発表をする

言葉の力 **聞き手の反応を見ながら話す**

○聞き手の方を見ながら、はっきりした発音と聞きやすい声の大きさで、ゆっくりと話す。

○聞き手への問いかけを入れたり、話の区切りや強調したい言葉の前で間を取ったりするなど、話し方を工夫する。

○聞き手の表情を見ながら話し、話が十分に伝わっていないと感じたときは言い換《か》えたり、繰《く》り返し述べたりする。

①グループ内でスピーチの練習をする。

・話し手…聞き手の[　　]を見ながら、分かりやすい話し方を工夫する。

・聞き手…内容や話し方について助言をする。

▼反応

ポイント 一方的な発表にならないよう、聞き手が興味をもって聞いているか、内容が伝わっているかなど、聞き手の様子に注意しながら話すようにしよう。

②クラス全体でスピーチの発表をする。

③発表後、感想を交換《こうかん》する。

・話し方は適切だったか（発音、声の大きさ、速さ、目線など）

・構成は工夫されていたか

・話の中心が明確だったか

・説明や具体例などは分かりやすかったか

教科書の例▼ スピーチの例 ——教科書116・117ページ

・「私が選んだ言葉は……です。」…初めに話題を述べている。

・「皆さんも……ないでしょうか。」…聞き手への①[　　]を入れて興味をひいている。

・言葉の説明は次のような構成で説明している。

①国語辞典で調べた意味や用例

②共通点

③一つ目の相違点（量がいっぱいのときに使うかどうか）

④二つ目の相違点（量が多くまとまっているものに使うか、元のものから分かれた小さなものに使うか）

・「まず」「次に」や「一つ目の意味は」…②[　　]や数を表す語句を用いて、区切りが分かりやすくなるように工夫している。

・「共通点は」「相違点は」…話のまとまりの初めに内容を表す語句を用いることで、聞き手にこれから何を述べるのかを伝えている。

・「例えば」「……のように使います」…具体例を多く挙げている。

・最後の段落では二つの言葉について考えたことを述べ、全体の構成が順序立てたものにまとまっている。

▼①問いかけ　②順序

日本語探検 3

方言と共通語

教科書118〜119ページ

新出漢字・新出音訓

読みの太字は送り仮名を示す。（　）は中学校では学習しなくてもよい読みを、一線は特別な言葉に限って使われる読みを示す。例は用例を示し、例中の太字は教科書本文中の語句であることを示す。新出音訓の▼は、常用漢字表の「付表」の語を示す。□には漢字を、（　）には読みを書こう。

p.118 **催**　サイ　もよお**す**　13画　人　□

①行事などを計画して行う。例 **開催**《かいさい》。主催《しゅさい》。②うながす。せきたてる。例 催促《さいそく》。③そうなるようにしむける。例 催眠《さいみん》。催《もよお》し物《もの》。

p.119 **膨**　ボウ　ふくら**む**　ふく**れる**　16画　肉　□

ふくれる。ふくらむ。大きくなる。例 **膨**《ふく》**れっ面**《つら》。膨張《ぼうちょう》。膨大《ぼうだい》。

◉学習内容の要点を押さえよう。教科書の問題の答えを確かめよう。（□の中には当てはまる言葉を書こう。）

1　方言と共通語

・方言…意味や音声などにおいて、他の地域と異なる言葉。新聞や本などの書き言葉では、あまり使われない。

・共通語…メディアなどで使われる、①□の感じられない言葉。主に東京の言葉をもとにして作られてきた。

・共通語はよそ行きの言葉、方言はふだん着の言葉といえる。

・知らない人に対しては共通語を、家族や友達と話すときには方言を、といった使い分けがされることもある。

・現代では、方言が共通語の言い方に置き換《か》えられるという変化が進んでいる。しかし、方言でしか表せないニュアンスがあるものもあり、単純には置き換えられない。地域に②□言語文化として、方言の保存・継承に取り組んでいる地域もある。

▼①地域差　②根差した

2　いろいろな方言

①共通語と同じ形ではあるが、方言にしかない意味を持つ語

例「おきる」…満腹になる。（香川県・徳島県）

例「直す」…かたづける。（西日本地域）

②同じ言葉でも地域によって意味が異なる語

例「からい」

からしなどの、舌がひりひりする味＝東日本地域

みそ汁《しる》などの、塩からい味＝西日本地域

ポイント　西日本では、からしの味・塩の味ともに「からい」というのに対し、東日本ではからしの味は「からい」、塩の味は「しょっぱい」と使い分ける傾向《けいこう》がある。

③もともとは方言だった言葉が、共通語に入って使われるようになった語

例「めっちゃ」…「とても」の意味。もとは関西の方言。

例「しんどい」…「つかれている・つらい」の意味。もとは関

西の方言。

例「〜じゃん」…「〜じゃないか」のくだけた表現。相手に同意や確認《かくにん》を求める言い方。もとは中部の方言。

ポイント テレビなどのメディアの影響で、方言が共通語に取り入れられるようになった。

④共通語に置き換えにくい語

例「いずい」…「体にちょっとした違和感がある」の意味。北海道・東北地域の方言。

例「はぶてる」…「膨れっ面をする」の意味。中国・九州地域の方言。

ポイント これらは方言でしか表せないニュアンスがあり、それに代わる共通語を見つけにくい。このような語はどの方言にもある。

○問題 ―― 教科書119ページ

皆さんの地域には、どんな方言があるだろう。また、方言を守るためにどのような取り組みがされているだろうか。

解説 テレビのニュースでアナウンサーが話す言葉などを聞いて、自分と違っていると感じる言葉を探してみるとよい。言葉そのものは同じでアクセントだけが異なる場合もある。

また、例えば次の文を自分がふだん使う言葉ではどのように言うか、確かめてみよう。

①わたしは走れない。
②とても大きな家だ。
③すぐに帰りなさい。

それぞれ、①は「わたし」や「〜できない」と不可能を表す言い方、②は「とても」や「大きな」の言い方、③は「すぐに」や「〜しなさい」と命令する言い方を、それぞれ確かめよう。

「とても」の方言には、北海道だと「なまら」、山口県だと「ぶち」などがあるよ。

なお、共通語は主に東京の言葉をもとに作られてきた言葉だが、東京の中でも地域によって話す言葉は異なる場合があり、「東京の方言」といえるものも存在する。

方言を守る取り組みの例には、方言を使った本の出版や劇の上演などがある。自分の住んでいる地域で行われている取り組みを調べたり、有効だと思う取り組みを考えたりしてみよう。

テストに出る！

問 **方言と共通語について、それぞれの長所と短所を説明しなさい。**

答 **【方言】** 方言でしか言い表せないニュアンスを伝えることができるが、他の地域の人には意味が伝わらなかったり、意味を誤解されたりすることがある。

【共通語】 全国どこでも通用する良さがあるが、方言でしか表せないニュアンスは共通語には置き換えられない場合がある。

◆誰もが共通語を使えば分かりやすいという考え方もできるが、方言はその地域に生まれ育った人々にとって愛着のある言葉である。地域に根差した言語文化として、大切に守っていきたい。

漢字道場3

漢字の部首

教科書120～121ページ

新出漢字・新出音訓

読みの太字は送り仮名を示す。（　）は中学校では学習しなくてもよい読みを、｜線は特別な言葉に限って使われる読みを示す。例は用例を示し、例中の太字は教科書本文中の語句であることを示す。新出音訓の▼は、常用漢字表の「付表」の語を示す。□には漢字を、（　）には読みを書こう。

偏　p.120　ヘン　かた**よる**　11画　人　□
①漢字の左側の部分。例**偏**《へん》。②中心からそれて一方にかたよる。例偏食《へんしょく》。偏重《へんちょう》。

冠　p.120　カン　かんむり　9画　冖　□
①かんむり。例**冠**《かんむり》。冠位《かんい》。②かんむりをかぶる。元服《げんぷく》する。例弱冠《じゃっかん》。

苗　p.120　（ビョウ）　なえ｜なわ　8画　艹　□
定植する前の若い植物。稲や麦などの芽が出たばかりのもの。例苗木《なえぎ》。早苗《さなえ》。苗代《なわしろ》。

慕　p.120　ボ　した**う**　14画　心　□
したう。あこがれる。例慕情《ぼじょう》。思慕《しぼ》。敬慕《けいぼ》。

沼　p.121　（ショウ）　ぬま　8画　水　□
ぬま。陸地のくぼみに水をたたえた泥《どろ》深いところ。例**沼地**《ぬまち》。底《そこ》なし沼《ぬま》。泥沼《どろぬま》。

泰　p.121　タイ　10画　水　□
やすらかである。例**安泰**《あんたい》。泰然《たいぜん》。泰平《たいへい》。

抗　p.121　コウ　7画　手　□
①さからう。あらがう。例**抵抗**《ていこう》。②対等な立場で張り合う。例対抗《たいこう》。

雌　p.121　シ　め　めす　14画　隹　□
めす。例**雌雄**《しゆう》。雌牛《めうし》。雌花《めばな》。

寛　p.121　カン　13画　宀　□
ひろい。気持ちが大きい。例**寛容**《かんよう》。寛大《かんだい》。

抵　p.121　テイ　8画　手　□
①さからう。例**抵抗**《ていこう》。②ふれる。ぶつかる。例抵触《ていしょく》。③相当する。例抵当《ていとう》。

雄　p.121　ユウ　お　おす　12画　隹　□
①おす。例**雌雄**《しゆう》。雄《お》しべ。雄牛《おうし》。②勇ましくすぐれていること。例雄大《ゆうだい》。雄姿《ゆうし》。英雄《えいゆう》。

緯　p.121　イ　16画　糸　□
①横糸。例**経緯**《けいい》。②地球上の東西を示す線。例緯度《いど》。

疫　p.121　エキ｜（ヤク）　9画　疒　□
流行の病気。例**疫病**《えきびょう》。免疫《めんえき》。検疫《けんえき》。

猟　p.121　リョウ　11画　犬　□
野生の鳥やけものを捕らえる。例猟師《りょうし》。猟犬《りょうけん》。禁猟《きんりょう》。狩猟《しゅりょう》。

襟　p.121　（キン）　えり　18画　衣　□
衣服のえり。例襟首《えりくび》。襟元《えりもと》。襟《えり》巻《ま》き。

剛　p.121　ゴウ　10画　刀　□
強い。かたい。例質実剛健《しつじつごうけん》。金剛《こんごう》。剛球《ごうきゅう》。外柔内剛《がいじゅうないごう》。

◉学習内容の要点を押さえ、教科書の問題の答えを確かめよう。

1　部首とその意味

・部首は、漢字を組み立てている部分のうちで、漢字をグループに分ける基準となるものである。

・部首は、現れる場所によって、偏・旁《つくり》・冠・脚《あし》などとよばれる。

偏…にんべん（亻）・ひへん（火）・りっしんべん（忄）・いとへん（糸）

旁…ちから（力）・あくび（欠）・ふるとり（隹）・おおざと（阝）

冠…ひとやね（人）・うかんむり（宀）・くさかんむり（艹）・たけかんむり（⺮）

脚…さら（皿）・れっか（灬）・こころ（心）・したごころ（⺗）

繞《にょう》…しんにょう（辶）・そうにょう（走）・えんにょう（廴）

垂《たれ》…まだれ（广）・がんだれ（厂）・やまいだれ（疒）・しかばね（尸）

構《かまえ》…くにがまえ（囗）・もんがまえ（門）・きがまえ（气）・ぎょうがまえ（行）

その他…ちから（力）・ひ（火）・こころ（心）・いと（糸）

・部首の多くはきまった意味を持っている。

「門」（もんがまえ）＝「もん」を意味する。　例 開・閉

「耳」（みみ）＝「きくこと」を意味する。　例 聞・職

2　形の変化

・現れる場所に応じて形やよび名が変わる部首がある。

「水」→「泉」　部首＝水　よび名＝みず

「沼」　部首＝氵　よび名＝さんずい

「泰」　部首＝氺　よび名＝したみず

3　紛《まぎ》らわしい部首

・違う部首なのに、形がとても似たものや全く同じものがある。

「月」（つき）……元となる字は「月」　例 朝・朗・期・望

「月」（にくづき）…元となる字は「肉」　例 胸・肺・腕・胃

○問題　教科書121ページ

❶ 次の漢字のうちの同じ部首に属する二字を組み合わせて、熟語を作ろう。また、その部首名は何だろうか。

解答　経緯＝いとへん　疫病＝やまいだれ　抵抗＝てへん　雌雄＝ふるとり　寛容＝うかんむり　逃避＝しんにょう

解説　「隹」は、〈鳥〉に関するものを意味する。

❷ （　）の部首名をヒントにして、部首の元となる漢字が同じものどうしを結ぼう。

解答　猟（けものへん）＝獣（いぬ）　襟（ころもへん）＝装（ころも）　神（しめすへん）＝祭（しめす）　剛（りっとう）＝切（かたな）

解説　「ころもへん（衤）」は、「しめすへん（礻）」と形は似ているが、元となる字は「衣」と「示」であり、全く異なるものである。「衣」は衣服、「示」は神や宗教に関する意味を表すことに注意して、部首を混同しないようにしたい。

❸ 次は、形がよく似ている部首を持つ漢字の組である。それぞれの漢字の部首は何か、調べてみよう。

解答　1昔＝ひ（日）　書＝ひらび（曰）　2陸＝こざとへん（阝）　都＝おおざと（阝）

解説　1「曰」は「いわく」ともいい、口もとの形を表す字。

2「阝」は、左側にあって偏となるものは「こざとへん」、右側にあって旁となるものは「おおざと」という。

▼読む
詩

日本語のしらべ 月夜の浜辺

作者・中原中也《なかはらちゅうや》

教科書122～124ページ

学習目標を押さえ、「月夜の浜辺」のおおよその内容を理解しよう。

ガイダンス

●学習目標

●詩の中の言葉から情景や心情を捉え、リズムを感じ取りながら朗読する。

●詩の形式と構成

六連の口語自由詩。内容的には、大きく三つに分けられる。

・第一連（初め～122・2）…情景の描写《びょうしゃ》
「月夜の晩に、ボタンが一つ／波打際《なみうちぎわ》に、落ちてゐ《イ》た。」
・第二連（122・3～6）…ボタンを拾った「僕」の心境
「なぜだかそれを捨てるに忍《しの》びず」
——①

・第三連（122・7～8）…情景の描写（第一連のくり返し）
・第四連（122・9～123・4）…「僕」の心境（第二連のくり返しと発展）
「月に向《むか》つ《ッ》てそれは抛《ほう》れず／浪《なみ》に向つてそれは抛れず」
——②

・第五連（123・5～6）…ボタンに対する「僕」の思い
「指先に沁《し》み、心に沁みた。」
・第六連（123・7～終わり）…ボタンに対する「僕」の思い（第五連のくり返しと発展）
「どうしてそれが、捨てられようか？」
——③

●主題

月夜の浜辺に落ちていたボタンに対する愛着《あいちゃく》と共感。

月夜の晩の波打ち際にボタンが落ちているという不思議な情景。「僕」はそれを拾い上げ、何に役立つというものでもないが捨てることができない。ボタンは月にも浪にも帰ることはない。あるべき場所からはぐれたボタンのもの悲しさに、作者は自身を重ねている。

●表現の特色

・七音のリズム…七音の語句が多く使われ、リズムを作っている。
・反復（リフレイン）…第一連と第三連、第二連と第四連、第五連と第六連において、同じ表現をくり返すことで印象を強めている。また、全体を通して「月夜の晩に」がくり返されている。

詩人と作品 中原中也《なかはらちゅうや》 教科書124ページ

・一九〇七年山口県に生まれ、一九三七年三十歳で亡《な》くなる。
・十代初めは短歌を雑誌に投稿したり、友人とともに歌集を刊行したりしたが、十代後半には詩を本職にする方針を決めた。
・一九三四年第一詩集「山羊《やぎ》の歌」を刊行。第二詩集「在《あ》りし日の歌」は没後《ぼつご》半年を経て刊行された。二つの詩集と未発表の詩編を合わせて三百五十編ほどの詩を残している。

語句・文の意味

語義が複数の場合、①に教科書本文中の語義を示してある。類は類義語、対は対義語、文は語句を用いた短文例を示す。
●印は、教科書の脚注に示されている語句である。

▼122ページ

捨《す》てるに忍《しの》びず 捨てることができないで。「忍ぶ」は、がまんしてたえる、の意。

▼123ページ

抛《ほう》れず 「抛る」は「放る」と同じで、投げる、の意。

心《こころ》に沁《し》みる 「沁みる」は「染《し》みる」と同じ。拾ったボタンへの思いが、作者の心の中にまでしみわたったのである。

読み解こう

場面ごとの内容を捉えよう。[　　]の中には当てはまる言葉を書こう。

■**詩全体に用いられている表現技法とその効果を押さえる。**

・同じ表現をくり返す反復を使い、印象を強めている。

■**第一連に描《えが》かれた情景を読み取る。**

・月の明るい夜、浜辺に静かに波が打ち寄せ、ふと波打ち際に目をやると、[　　]が一つ落ちていた、という情景である。

▼ボタン

■**第二連と第四連から、作者のボタンに対する心情を捉える。**

・何の役にも立たないボタンに自分の心境や境遇《きょうぐう》を重ねている。第二連の「[　　]」や第四連「月に向《むか》つてそれは抛れず／浪《なみ》に向つてそれは抛れず」(123・2)に、「僕」の何とも言えず捨てがたい思いが表現されている。

▼捨てるに忍びず

テストに出る！

問 「拾つたボタンは／指先に沁み、心に沁みた。」(123・5)とはどういうことか。

答 ボタンの存在が自身と重なり、ボタンに対する共感が指先から広がって作者の心の中にまでしみてきたということ。

■**「どうしてそれが、捨てられようか？」(123・8)に込められた、作者の思いを捉える。**

・ボタンに自分を重ねて愛着を感じている作者にとって、そのボタンを捨てることは自分自身を捨てることにもなる。そんなことはできない、という強い気持ちが、反語的な表現に込められている。

課題　教科書123ページ

○ **詩の中の言葉から情景や心情を捉え、リズムを感じ取りながら朗読しよう。**

解説 月夜の晩に波打ち際で拾ったボタンに、自分を重ね合わせて愛着をおぼえる作者。「月夜」「波打際」などの言葉から、明るい月夜の、波の静かな浜辺の情景を思い浮《う》かべてみよう。また、「捨てるに忍びず」「それは抛《ほう》れず」などの言葉から、拾ったボタンへの思い入れが強まっていく作者の心情を想像してみよう。

5

▼古典

移り行《ゆ》く浦《うら》島《しま》太《た》郎《ろう》の物語

教科書126〜129ページ

ガイダンス

学習目標を押さえ、「移り行く浦島太郎の物語」のおおよその内容を理解しよう。

●学習目標

●古典にはさまざまな種類の作品があることを知る。

●文章を読む前に

私たちがよく知っている浦島太郎の物語は、実は明治時代以降に古典をもとに書かれた話である。教科書では、室町時代や奈良時代の浦島太郎の話が分かりやすい現代語訳で紹介《しょうかい》されているので、読み比べてみることでいつの時代にどのような内容で親しまれてきたのか、どのように変わってきたのかが分かる。

古典とは、時代の変化の中で受け継がれ、新たな作品を生み出す力にもなるものである。古典を読むときには、難しく考えず、想像力を働かせ、自由に楽しんでほしい。

新出漢字・新出音訓

読みの太字は送り仮名を示す。（　）は中学校では学習しなくてもよい読みを、━線は特別な言葉に限って使われる読みを示す。例は用例を示し、例中の太字は教科書本文中の語句であることを示す。新出音訓の▼は、常用漢字表の「付表」の語を示す。□には漢字を、（　）には読みを書こう。

p.126 **浦**　うら　10画　水 □
海や湖が陸地に入り込んだところ。入り江。
例 **浦《うら》島《しま》太《た》郎《ろう》**。津々浦々《つつ(づ)うらうら》。

p.126 **亀**　キ　かめ　11画　亀 □
かめ。例 **亀《かめ》**。海亀《うみがめ》。亀甲《きっこう》。

p.126 **鶴**　つる　21画　鳥 □
つる。例 **鶴《つる》**。千羽鶴《せんばづる》。

p.126 **寿**　ジュ　ことぶき　7画　寸 □
①命。年齢。例 **長寿《ちょうじゅ》**。寿命《じゅみょう》。②祝う。例 新《しん》年《ねん》の寿《ことぶき》。

p.127 **輝**　キ　かがやく　15画　車 □
きらきらと光を発する。例 **輝《かがや》く**。光輝《こうき》。

p.127 **仙**　セン　5画　人 □
①仙人。山に入り不老不死の術を修めた人。例 **仙人《せんにん》**。仙女《せんにょ》。仙界《せんかい》。②世俗を離《はな》れた人。優《すぐ》れた才能のある人。例 歌仙《かせん》。詩仙《しせん》。

p.128 **舞**　ブ　ま**う**　まい　15画　舛 □
まう。まい。例 **舞《ぶ》台《たい》**。舞踊《ぶよう》。二《に》の舞《まい》。

p.128 **換**　カン　か**える**　か**わる**　12画　手 □
取りかえる。入れかえる。交換《こうかん》。換気《かんき》。例 **書《か》き換《か》える**。

p.128

敷 （フ） しく 15画 文 □

平らに広げる。平らな土地《ち》。敷居《しきい》。風呂敷《ふろしき》。例下敷《したじ》き。敷《しき》

p.128

触 ショク ふれる さわる 13画 角 □

ふれる。さわる。肌触《はだざわ》り。例触《ふ》れる。接触《せっしょく》。触覚《しょっかく》。

■**新出音訓**（――線部の読みを書こう。）

① 竜宮城を訪《おとず》れる。 p.126 （　　）

② 室町時代の歴史。 p.126 （　　）

答 ①りゅうぐう ②むろまち

読み解こう

場面ごとの内容を捉えよう。□の中には当てはまる言葉を書こう。

■**浦島太郎の話の移り変わりを捉える。**

・今でも親しまれている浦島太郎の物語は、時代を経てさまざまに変化してきた。

①竜宮城と玉手箱が出てくる、今のような話（明治時代以降）

・いたずらな子供たちから亀を助けた。

・最後は□になる。

・よいことをしたはずなのに悪い結末。

▼おじいさん

②室町時代の物語（御伽草子《おとぎぞうし》）

・釣《つ》り上げた亀を逃がしてやる。

・一人の女性と竜宮城へ行く。

・陸に戻る前に美しい箱を渡される。

・最後は、鶴になって飛び上がり、更に□になる。

▼神様

③奈良時代の浦島太郎（丹後国風土記《たんごのくにふどき》）

・名前は浦島子《うらのしまこ》。

・場所は丹後の国。

・釣った亀がきれいな女性になった。

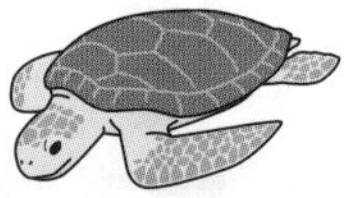

・女性といっしょに蓬莱山《ほうらいさん》という仙人の住む島へ行く。

・別れるときにもらった箱を開けると、肉体は天空に飛び去った。

・最後は、女性と□を詠《よ》み合い、二度と会えないことを悲しんだ。

▼和歌

④その他の物語

・江戸時代…浦島太郎の物語を下敷きにした物語が書かれた。

・小説家の太宰治《だざいおさむ》…浦島太郎の物語を題材にした作品を書いている。

・**ポイント** 現在の浦島太郎の物語は、明治時代の小説家が、古典の中に出てくる浦島太郎をもとに子供向けに書き換えたものだといわれている。

●**古典とは**

↓ずっと変わらない昔の話ではなく、□の変化の中で移り行くもの。

↓その時代時代の人々によって受け継がれ、新しい作品を生み出す力になるもの。

▼時代

5 ▼古典

伊曽保物語《いそほものがたり》

教科書130〜134ページ

学習目標を押さえ、「伊曽保物語」のおおよそを理解しよう。

ガイダンス

学習目標

- 歴史的仮名遣いに注意して音読し、古文の読み方に慣れる。
- 文章の構成などの特徴について考える。

文章を読む前に

古文学習の入門として、「イソップ物語」を翻訳した「伊曽保物語」から、「犬と肉《ししむら》のこと」と「鳩《はと》と蟻《あり》のこと」の二編を取り上げている。幼い頃に絵本や童話集で「イソップ物語」を読んだことのある人も少なくないだろう。教科書では現代語訳が付いているので、内容の読み取りはそれほど難しくないはずだ。古文と現代語訳とを読み比べながら、それぞれの話に込められた教訓を捉えよう。

■「伊曽保物語」とは　教科書130ページ

- 古代ギリシャの寓話《ぐうわ》集「イソップ物語」を翻訳したもの。
- 訳者は分かっていない。もともとは十六世紀末の話し言葉をもとにローマ字で書かれたもので、キリスト教の宣教師が日本語を学習するための教科書として使われていた。
- その後は漢字仮名交じりの本や絵入りの本が出版され、多くの人々に読まれるようになった。

古典コラム　古典の仮名遣い　教科書134ページ

古典には、現代と異なる書き表し方がある。これらは平安時代の発音に合わせた書き表し方で、歴史的仮名遣いという。

歴史的仮名遣いは次のように読む。

（例の↓の下は現代仮名遣いによる書き表し方である。）

❶ワ行の「わゐうゑを」は、「ワイウエオ」と発音する。

例　ゐ《イ》たり↓いたり　　こずゑ《エ》↓こずえ

❷語中・語尾《ごび》の八行の「はひふへほ」は、「ワイウエオ」と発音する。

例　には《ワ》かに↓にわかに　　食ひ《イ》切って↓食い切って

失ふ《ウ》↓失う

❸「かう」「しう」は、現代仮名遣いでは「こう」「しゅう」と書き表して、「コー」「シュー」と発音する。

例　かう《コー》むる（被る）↓こうむる

うつくしう《シュー》て↓うつくしゅうて

歴史的仮名遣いでは、「しようり（勝利）」「食ひ切つて」のように、拗音《ようおん》・促音《そくおん》を小さな仮名で書かないことにも注意しましょう。

新出漢字・新出音訓

読みの太字は送り仮名を示す。（ ）は中学校では学習しなくてもよい読みを、━線は特別な言葉に限って使われる読みを示す。例は用例を示し、例中の太字は教科書本文中の語句であることを示す。新出音訓の▼は、常用漢字表の「付表」の語を示す。□には漢字を、（ ）には読みを書こう。

p.130
翻 18画 羽 □
ホン
（ひるがえる）
（ひるがえす）
①他国の言葉に改める。例**翻訳**《ほんやく》。②ひっくり返す。例翻意《ほんい》。翻然《ほんぜん》。

p.132
浮 10画 水 □
フ
うく
うかれる
うかぶ
うかべる
うく。うかべる。例**浮**《う》**く**。浮《う》き輪《わ》。浮上《ふじょう》。浮遊《ふゆう》。

p.132
沈 7画 水 □
チン
しずむ
しずめる
①しずむ。しずめる。例**沈**《しず》**む**。沈下《ちんか》。②落ち着いている。例沈着《ちんちゃく》。沈静《ちんせい》。

■**新出音訓**（――線部の読みを書こう。）
①努力に報いる。→p.133 （　　）

答 ①むく

語句・文の意味

語義が複数の場合、①に教科書本文中の語義を示してある。類は類義語、対は対義語、文は語句を用いた短文例を示す。
●印は、教科書の脚注に示されている語句である。

▼130ページ
寓話集《ぐうわしゅう》 寓話を集めた書物。寓話とは、教訓または風刺《ふうし》をふくんだたとえ話で、主に擬人化《ぎじんか》された動物が活躍《かつやく》する。
イソップ物語《ものがたり》 イソップは、古代ギリシャの伝説的な寓話作家。紀元前六世紀頃の人物。
肉《ししむら》 肉のかたまり。「しし」は食用の獣肉、「むら」はひとかたまりのこと。
▼131ページ
影《かげ》 鏡や水などに映る姿。
大《おお》**きに見えければ** 大きく見えたので。
これを捨《す》**ててかれを取**《と》**らむ**《ン》 「これ」は、犬自身がくわえている肉。「かれ」は、水面に映る犬がくわえている肉。「取らむ」の「む」は、「～しよう」という意志を表す助動詞で、現代語の「う・よう」に当たる。
重欲心《じゅうよくしん》 物を欲しがる心の強いこと。欲が深いこと。
輩《ともがら》 仲間。連中。
事《こと》**に触**《ふ》**れて** 事あるごとに。何かにつけて。
▼132ページ
浮《う》**きぬ沈**《しず》**みぬ** 浮いたり沈んだり。「～ぬ～ぬ」は、動作・作用の並列《へいれつ》を表し、「～たり～たり」と訳される。
こずゑ《エ》 「木の末」の意で、木の枝の先。
▼133ページ
あはれ《ワ》**なる** 「あはれなり」は、しみじみと心動かされる思いを表す言葉。ここでは、「気の毒だ、かわいそうだ」の意で用いられている。
上《あ》**がりぬ** 上がった。「ぬ」は、「～た・～てしまった」の意を表す助動詞。
思《おも》**ふ**《ウ》**やう**《ヨウ》 思うことには。「やう」は、「思ふ」「言ふ」などを受けて、「～こと・～ことには」の意を表す。
そのものの色《いろ》 その出来事の事情。蟻がなぜ自分の足にかみついたかということ。
報《むく》**ひ**《イ》**をせばや** 恩を返したい。「ばや」は、自分の行動・動作を表す語に付けて、「～たい」という願望の意を表す助詞。

読み解こう

場面ごとの内容を捉えよう。

［　］の中には当てはまる言葉を書こう。

犬と肉のこと

教科書131ページ

●読み方・現代語訳

ある犬《いぬ》、肉《ししむら》をくは《ワ》へ《エ》て川《かわ》を渡《わた》る。真《ま》ん中《なか》ほどにて、その影水《かげみず》に
ある犬が、肉をくわえて川を渡る。真ん中辺りで、その姿が水に
映《うつ》りて大《おお》きに見《み》えければ、「我《わ》がくは《ワ》ふ《ウ》るところの肉《ししむら》より大《おお》き
映って大きく見えたので、「私がくわえている肉より大きい。」
なる。」と心得《こころえ》て、これを捨《す》ててかれを取《と》らむ《ン》とす。かるがゆ
と考えて、自分の肉を捨てて相手の肉を取ろうとする。そのために、
ゑ《エ》に、二《ふた》つながらこれを失《うしな》ふ《ウ》。
これらを二つとも失ってしまう。
そのごとく、重欲心《じゅうよくしん》の輩《ともがら》は、他《た》の財《たから》を羨《うらや》み、事《こと》に触《ふ》れて貪《むさぼ》る
そのように、欲の深い者たちは、他人の財産をうらやみ、何かにつけて欲しがる
ほどに、たちまち天罰《てんばつ》を被《こうむ》る。我《わ》が持《も》つところの財《たから》をも失《うしな》ふ《ウ》こ
ので、たちまち天罰を受ける。自分が持っている財産をも失うことがあるもの
とありけり。
だ。

■原文の中から、歴史的仮名遣いで書かれている言葉を抜き出して整理する。

①現在使われている仮名で読み方の違うもの
・くはへて→くわえて　・くはふる→くわうる
・取らむ→①［　］　・失ふ→②［　］

②現在使われていない仮名で表記したもの
・ゆゑ→ゆえ

▼①取らん　②失う

■川を渡る途中で犬が見たものを押さえる。

・肉をくわえている犬の姿。

●ポイント　教科書131ページのさし絵も参考にして、場面の様子を捉えよう。「その影」(131・2)の「その」は犬自身を指しているが、水面に映った犬の姿が自分自身であることに、犬は気づいていない。

テストに出る！

問　「これを捨ててかれを取らむ」(131・3)の①「これ」、②「かれ」はそれぞれ何を指しているか。

答　①これ…自分がくわえている肉。
②かれ…水面に映った犬がくわえている肉。

■犬が肉を失った理由を押さえる。

・水面に映る犬がくわえた肉のほうが、自分の肉より［　］と考え、自分の肉を捨てて相手の肉を取ろうと思ったから。

▼大きい

■**肉を失った犬に対する作者の批評を押さえる。**

・欲の深い者は、他人の財産をうらやんで何かにつけて欲しがるので、［　　］を受けて自分の財産まで失うことがある。

▼天罰

●ポイント

「重欲心の輩」(131・5)は犬を、「天罰」は、犬が肉をすべて失ったことを指している。犬は欲張って自分の肉より大きく見える相手の肉を欲しがったために、自分の肉を失ってしまったのである。

テストに出る！

問 ①「くはへて」、②「くはふる」、③「ゆゑ」を現代仮名遣いに直しなさい。

答 ①くわえて ②くわうる ③ゆえ

テストに出る！

問 「犬と肉のこと」の話は、どんな教訓をふくんでいるか。

答 欲張りすぎると損をするということ。

鳩と蟻のこと

教科書132～133ページ

●読み方・現代語訳

ある川《かわ》のほとりに、蟻遊《ありあそ》ぶことありけり。には《ワ》かに水《みず》かさ増《ま》

ある川のほとりで、蟻が遊んでいることがあった。急に水の量が増えてきて、

さりきて、かの蟻《あり》を誘《さそ》ひ《イ》流《なが》る。浮《う》きぬ沈《しず》みぬするところに、

その蟻をさらって流れる。浮いたり沈んだりしているところに、

鳩《はと》こずゑ《エ》よりこれを見《み》て、「あはれ《ワ》なるありさまかな。」と、こずゑ《エ》をちと食《く》ひ《イ》切《き》つ《ッ》て川《かわ》の中《なか》に落《お》としければ、蟻《あり》これに乗《の》つ《ッ》て水際《みずぎわ》

鳩が枝の先からこれを見て、「かわいそうな様子であることだなあ。」と、枝の先を少しかみ切って川の中に落としたところ、蟻はこれに乗って水際

渚《なぎさ》に上《あ》がりぬ。かかりけるところに、ある人《ひと》、竿《さお》の先《さき》に鳥《とり》もちを付《つ》けて、かの鳩《はと》をささむ《ン》とす。蟻心《ありごころ》に思《おも》ふ《ウ》やう《ヨウ》、「ただ今《いま》の

に上がった。このようなときに、ある人が、竿の先に鳥もちを付けて、その鳩を捕らえようとする。蟻が心に思うことには、「たった今の

恩《おん》を送《おく》らむ《ン》ものを。」と思《おも》ひ《イ》、かの人《ひと》の足《あし》にしつ《シッ》かと食《く》ひ《イ》つきければ、おびえあがつ《ガッ》て、竿《さお》をかしこに投《な》げ捨《す》てけり。そのもの色《いろ》や知《し》る。しかるに、鳩《はと》

恩に報いたいものだがなあ。」と思い、その人の足にしっかりとかみついたところ、ひどくおびえて、竿をあちらに投げ捨てた。(この人にはその出来事の(起こった)事情が分かっただろうか。(いや、分かるまい。)けれども、鳩は

これを悟《さと》りて、いづ《ズ》くともなく飛《と》び去《さ》りぬ。そのごとく、人《ひと》の恩《おん》を受《う》けたらむ《ン》者《もの》は、いかさまにもその報《むく》ひ《イ》をせばやと思《おも》ふ《ウ》志《こころざし》を持《も》つべし。

これを理解して、どこへということもなく飛び去ってしまった。そのように、人から恩を受けたような者は、どのようにしてでもその恩を返したいと思う気持ちを持つべきである。

■**蟻の様子や状況を押さえる。**

・川のほとりで遊んでいた。

・急に川の水量が増えて、流されてしまった。

・浮いたり沈んだりしている。(＝おぼれかけている)

■**蟻が助かった状況を押さえる。**

・おぼれる蟻を見た鳩が、［　　］に思い、枝の先をかみ切って川の中に落とした。

・蟻はその枝に乗って、水際《みずぎわ》に上がることができた。

▼かわいそう

■**「ある人」(133・上4)は何をしようとしているかを押さえる。**

・竿の先に鳥もちを付けて、鳩を捕らえようとしている。

■**「ある人」に対して、蟻がどんな気持ちから、どんな行動をとったのかを押さえる。**

・気持ち…助けてくれた鳩の恩に報いたい。

・行動…「ある人」の人の足にしっかりと［　　］。

▼かみついた

■**「ある人」はどうなったのかを押さえる。**

・ひどくおびえて、竿をあちらに投げ捨てた。

●ポイント　そのおかげで鳩は「ある人」に捕らえられずに済んだ。鳩が蟻を助け、次に蟻が鳩を助けて恩返ししたのである。

■**「そのものの色や知る」(133・上8)の内容を押さえる。**

・そのもの…その出来事。ここでは、蟻が人の足にかみついたこと。

・色…事情。ここでは、蟻の行動が、鳩の恩に報いるためのものだったという事情。

・～や知る…分かっただろうか。いや、分かるまい。

●ポイント　文の主語は省略されているが、「ある人」(鳩を捕らえようとした人)である。「この人には、自分の足に蟻がかみついたことが、蟻による鳩への恩返しだったことなど分かるはずがない。」という意味。

■**鳩はその後どうしたかを押さえる。**

・蟻が助けてくれたことに気づき、飛び去った。

●ポイント　「ある人」には事情は分からなかったが、鳩は理解したのである。

■**「人の恩を受けたらむ者」(133・上11)が、この話の中では誰に当たるかを押さえる。**

・鳩のおかげで命拾いした［　］。

▼蟻

テストに出る！

問　**①「食ひ切つて」、②「思ふやう」、③「いづく」を現代仮名遣いに直しなさい。**

答　①食い切って　②思うよう　③いずく

テストに出る！

問　**「鳩と蟻のこと」の話は、どんな教訓を伝えようとしているか。**

答　人から恩を受けたら、その恩を返すようにするべきだということ。

てびき—解答と解説

教科書の課題を解き、学習内容をしっかりと身につけよう。

教科書134ページ

◉歴史的仮名遣いに注意して音読しよう

① 繰《く》り返し音読して、古文の読み方に慣れよう。

解説 古文の表現に慣れるには、音読を繰り返すことが最も有効である。次のような点に注意して音読しよう。

・現代の表記と異なる歴史的仮名遣い（「くはへて」「思ふ」など）
・現代語とは異なる文末の言葉（「ありけり」「知りぬ」など）
・言葉の切れ目（「肉を／くはえて」「かるが／ゆゑに」など）

あらかじめ現代語訳を通読し、文章の内容を頭に入れてから音読してもよいだろう。もし音読していてつまずくところがあったら、教科書に印を付けておき、次回の音読に役立てよう。

音読を繰り返すうちに、古文独特のリズムや言い回しに自然と慣れてきますよ。

◉文章の構成などの特徴について考えよう

② 「蟻」は「鳩」からどのような恩を受けたのだろうか。また、どのように恩返しをしたのだろうか。具体的に説明してみよう。

解答 蟻が受けた恩…急に水かさが増して川に流されたとき、鳩が枝の先をかみ切って落としてくれたので、それに乗って水際に上がることができたこと。

蟻の恩返し…鳥もちを付けた竿で鳩を捕らえようとしている人の足にかみついたところ、人は竿を投げ捨て、鳩は逃げることができたこと。

解説 第一段落から、誰がどうしたのか、順を追って読み取っていこう。川のほとりにいた蟻は、急な増水で川に流されておぼれかけるが、鳩が落としてくれた枝のおかげで命拾いした。その恩を返したいという思いから、蟻は、鳩をねらっている人の足にしっかりとかみついて、鳩が逃げられるようにし、鳩の命を救ったのである。

③ 「犬と肉のこと」「鳩と蟻のこと」に共通する特徴について考えてみよう。

解答
①題名に登場人物を明示するが、出来事については触れていない。
②登場人物は、擬人化された動物である。
③第一段落で物語（出来事）を述べ、第二段落で物語から導かれる教訓を述べるという構成で文章をまとめている。
④欲張ってはいけない、恩は返そうとするべきであると、自分の行いを振り返らせる内容になっている。

解説 物語から導かれる教訓は、それをまとめる人物によって変わってくることがある。教科書の「鳩と蟻」は報恩の大切さを説くが、「情けは人のためならず」とまとめているものもある。「情けは人のためならず」とは、人に情けをかけておけば、めぐりめぐって自分によい報いがあるという意味のことわざである。

5 ▼古典

竹取物語

教科書135〜143ページ

ガイダンス

学習目標を押さえ、「竹取物語」のおおよそを理解しよう。

○学習目標

●現代語とは異なる言葉や表現に注意して音読し、古典の世界に触れる。

●古典の作品に描《えが》かれた人間の心のありようについて考える。

●文章を読む前に

日本最古の物語である「竹取物語」から、竹取の翁《おきな》が竹の中からかぐや姫を見つける発端の場面、かぐや姫が五人の貴公子や帝《みかど》から求婚《きゅうこん》される場面、月の世界から天人たちがかぐや姫を迎《むか》えに来る場面などを取り上げている。古文とその現代語訳、更に現代文を織り交ぜながら、物語全体の構成がよく分かるように解説されているので、楽しみながら読んでほしい。

「竹取物語」では発端の場面から空想の世界に引き込まれるが、これは物語が生まれた千年の昔の人々も同じだったに違いない。本文を読み、昔の人々の心に触れながら古典の世界に親しもう。

■「竹取物語」とは —— 教科書135ページ

・平安時代の九世紀末から十世紀初め頃に作られた日本最古の物語。

・作者は分かっていない。貴族が当時の伝説を組み合わせて作り出したと思われる。

・竹の中から生まれたかぐや姫が、さまざまな人との関わり合いの中で、この世に生きる人々の優しさや愚かさを学んでいく。

・「竹取物語」を読むことは、理屈では割り切れない心を持つ人間の切なさや美しさを味わい、人間とは何かを考えていくことである。

古典コラム 古典の言葉とその意味 教科書143ページ

現代語と意味が異なるもの

・「うつくしい」【現代語】きれいだ・りっぱだ

「うつくし」【古語】幼い子や小さなもののかわいらしい様子を表す。

・「かなしい」【現代語】悲しい

「かなし」【古語】相手のことを「いとしい」「心ひかれる」と思う気持ち。

ほかに「不思議に思う」の意を表す「あやしがる」(136・上6)、「気の毒だ」「かわいそうだ」という気持ちを表す「いとほし」(142・上2)などがある。

現代では使われなくなったもの

・「いと」【古語】とても ・「な……そ」【古語】……してはいけない

ほかに、「たいそう・とても」の意の「いみじく」(141・上7)なども、現代ではほとんど使われない語である。

新出漢字・新出音訓

読みの太字は送り仮名を示す。（　）は中学校では学習しなくてもよい読みを、—線は特別な言葉に限って使われる読みを示す。例は用例を示し、例中の太字は教科書本文中の語句であることを示す。新出音訓の▼は、常用漢字表の「付表」の語を示す。□には漢字を、（　）には読みを書こう。

p.135 **姫**　ひめ　10画　女　□
①女性を美化した呼び方。例 **かぐや姫《ひめ》**。②身分の高い人の娘。例 姫君《ひめぎみ》。姫宮《ひめみや》。

p.135 **愚**　グ　おろ**か**　13画　心　□
理解力がとぼしい。おろか。例 **愚《おろ》か**。愚問《ぐもん》。

p.135 **屈**　クツ　8画　尸　□
①つきる。きわめる。例 **理屈《りくつ》**。②かがむ。曲げる。くじける。例 屈折《くっせつ》。屈指《くっし》。不屈《ふくつ》。③強い。例 屈強《くっきょう》。退屈《たいくつ》。

p.136 **筒**　トウ　つつ　12画　竹　□
円く長くて、中がからになっているもの。例 **筒《つつ》**。竹筒《たけづつ》。筒抜《つつぬ》け。水筒《すいとう》。封筒《ふうとう》。

p.137 **彼**　ヒ　かれ　かの　8画　亻　□
①第三者。あの人。例 **彼《かれ》**。彼女《かのじょ》。②向こう側。例 彼岸《ひがん》。

p.137 **与**　ヨ　あた**える**　3画　一　□
①あたえる。さずける。例 **与《あた》える**。授与《じゅよ》。給与《きゅうよ》。投与《とうよ》。寄与《きよ》。②いっしょに。例 関与《かんよ》。

p.140 **拒**　キョ　こば**む**　8画　手　□
断る。しりぞける。例 **拒否《きょひ》**。拒絶《きょぜつ》。拒《こば》む。

p.140 **諦**　テイ　あきら**める**　16画　言　□
思いを断ち切る。悪い状態を受け入れる。例 **諦《あきら》める**。諦観《ていかん》。

p.141 **昇**　ショウ　のぼ**る**　8画　日　□
高く上がる。例 **昇天《しょうてん》**。昇《のぼ》る。上昇《じょうしょう》。昇降《しょうこう》。

p.141 **脱**　ダツ　ぬ**ぐ**　ぬ**げる**　11画　肉　□
①身につけていた物を取り去る。例 **脱《ぬ》ぐ**。脱衣《だつい》。脱帽《だつぼう》。②ぬける。ぬかす。例 離脱《りだつ》。脱出《だっしゅつ》。脱字《だつじ》。

p.142 **添**　テン　そ**える**　そ**う**　11画　水　□
付け加える。そえる。例 **添《そ》える**。添加《てんか》。

■**新出音訓**（——線部の読みを書こう。）

①優しい心。➡p.135（　　）
②黄金色の光。➡p.137（　　）
③春が訪れる。➡p.140（　　）
④天女《てんにょ》の羽衣。➡p.141（　　）
⑤文を送る。➡p.141（　　）

答　①やさ　②こがね　③おとず　④はごろも　⑤ふみ

語句・文の意味

語義が複数の場合、①に教科書本文中の語義を示してある。類は類義語、対は対義語、文は語句を用いた短文例を示す。
●印は、教科書の脚注に示されている語句である。

▼135ページ

平安時代《へいあんじだい》　京都に都を定めた七九四年から鎌《かま》倉《くら》幕府成立までの約四百年間。藤原《ふじわら》氏を中心とする宮廷《きゅうてい》貴族が栄えた時代。

▼136ページ

今《いま》は昔《むかし》　今はもう昔のことだが。古い説話や物語の書きだしで使う決まり文句。

竹取《たけとり》の翁《おきな》　「竹取」は、竹を取って、農家で使うざるやかごなどの道具を作る職人。

「翁」は、年取った男、老人。

ありけり　「けり」は、人から伝え聞いた過去のことを言うときに使う助動詞。物語や説話でよく使われる。

野山《のやま》にまじりて　野や山に分け入って。「まじる」は「分け入る」の意。

竹《たけ》を取《と》りつつ　竹を取っては。「つつ」は、動作の反復を表す。

よろづ《ズ》のこと　いろいろなこと。ここでは、さまざまな竹製品を作ること。

……となむ《ン》いひ《イ》ける　「なむ」は意味を強める働きをする助詞。

もと光《ひか》る竹《たけ》　「もと」は根元。

一《ひと》筋《すじ》　一本。「筋」は、竹のように細長いものを数えるときに使う。

あやしがりて　不思議に思って。「あやしがる」は、「不思議だ・神秘的だ」の意の形容詞「あやし」からできた動詞。

筒《つつ》の中光《なかひか》りたり　「筒」は、竹の節と節の間の空洞《くうどう》になっている部分。「たり」は、「〜た・〜ている」の意を表す助動詞。

いと　たいへん。とても。

うつくしう《シュウ》てゐ《イ》たり　かわいらしい様子で座っている。「うつくし」は「かわいらしい・愛らしい」の意。「ゐる」は「座る」の意。

おはす《ワ》るにて　いらっしゃることによって。「おはす」は「あり」の尊敬語。

子《こ》になりたまふ《ウ》べき人《ひと》なめり　「たまふ」は、動詞の下に付いて「〜なさる」の意を表す尊敬語。「なめり」は、「〜であるようだ・〜であるらしい」の意を表す。

▼137ページ

豊《ゆた》かになっていきました　翁が連れて帰った小さい子は、幸福をもたらす存在となった。貧しい夫婦が金持ちになるという、説話の一タイプでもある。

なよ竹《たけ》のかぐや姫《ひめ》　「なよ竹」は、細くてしなやかな若竹。「かぐや姫」は、「光り輝く姫」という意味。

五人《ごにん》の貴公子《きこうし》たち　それぞれ実在の人物をモデルにしたといわれている。

▼140ページ

月《つき》の都《みやこ》の者《もの》　人間世界の者ではなく、天上に住む天人であるということ。

前世《ぜんせ》の定《さだ》め　現世(今の世)に生まれる前の世で決められたこと。

理路整然《りろせいぜん》　話や考え方の筋道がきちんと通っている様子。

▼141ページ

しばし　しばらく。少しの間。

心異《こころこと》になるなり　心が(人間とは)異なってしまう。天人は、人間のような感情を持たない存在と考えられていた。

文《ふみ》　手紙。古語の「文」は、ほかに「書物・学問(漢学)」などの意を表す。

心《こころ》もとながりたまふ《ウ》　いらいらしていらっしゃる。「心もとながる」は、「じれったく思う」の意を表す。

なのたまひ《イ》そ　おっしゃらないでください。「な〜そ」は、その動作をやわらかく禁止する意を表す。「のたまふ」は、「言ふ《ウ》」の尊敬語。

いみじく　「いみじ」は、程度がはなはだしい様子を表す形容詞。良い意味・悪い意味の両方で使われる。

御文奉《おおんふみたてまつ》りたまふ《ウ》　「奉る」は、ここでは「さしあげる」の意。

▼142ページ

ふと　さっと。

思《おぼ》しつること　お思いになっていた気持ち。「思す」は「思う」の尊敬語。

うせぬ　なくなってしまった。「うす(失す)」は「なくなる」の意、「ぬ」は「〜てしまった」の意を表す助動詞。

具《ぐ》して　「具す」は「連れる・従える」の意。

読み解こう　場面ごとの内容を捉えよう。

第一場面〔136・上1〜上14〕…かぐや姫の誕生。

●読み方・現代語訳

今《いま》は昔《むかし》、竹取《たけとり》の翁《おきな》といふ《ウ》者《もの》ありけり。野山《のやま》にまじりて竹《たけ》を取《と》りつつ、よろづ《ズ》のことに使《つか》ひ《イ》けり。名《な》をば、さぬきのみやつことなむ《ン》いひ《イ》ける。

今はもう昔のことだが、竹取の翁という人がいた。野や山に分け入って竹を取っては、いろいろなことに使っていた。名前を、さぬきのみやつこといった。

その竹《たけ》の中《なか》に、もと光《ひか》る竹《たけ》なむ《ン》一筋《ひとすじ》ありける。あやしがりて、寄《よ》りて見《み》るに、筒《つつ》の中光《なかひか》りたり。それを見《み》れば、三寸《さんずん》ばかりなる人《ひと》、いとうつくしう《シュウ》てゐ《イ》たり。

（ある日のこと、）その竹の中に、根元の光る竹が一本あった。不思議に思って、近寄って見ると、筒の中が光っている。それを見ると、三寸ほどの人が、たいへんかわいらしい様子で座っている。

翁《おきな》言《い》ふ《ウ》やう《ヨウ》、「我《われ》、朝《あさ》ごと夕《ゆう》ごとに見《み》る竹《たけ》の中《なか》におはす《ワ》るにて知《し》りぬ。子《こ》になりたまふ《ウ》べき人《ひと》なめり。」とて、手《て》にうち入《い》れて、家《いえ》へ持《も》ちて来《き》ぬ。妻《め》の嫗《おうな》に預《あず》けて養《やしな》は《ワ》す。うつくしき

翁が言うことには、「私が、毎朝毎晩見る竹の中にいらっしゃるので分かった。（私の）子におなりになるはずのかたのようだ。」と言って、手（のひら）に入れて、家に持って帰った。妻の嫗に任せて育てさせる。かわいらしいこと、

□の中には当てはまる言葉を書こう。

こと、限りなし。いと幼ければ、籠に入れて養《やしな》ふ。

このうえない。たいへん幼いので、籠に入れて育てる。

■古文の中から、歴史的仮名遣いで書かれている言葉を抜き出して整理する。

①現在使っている仮名で読み方の違うもの
- いふ→いう
- 使ひけり→使いけり
- なむ→なん
- いひける→いいける
- うつくしうて→うつくしゅうて
- 言ふやう→① □
- おはする→おわする
- たまふ→たまう
- 養はす→養わす
- 養ふ→養う

②現在使っている仮名で読み方は同じだが表記の違うもの
- よろづ→② □
- 一筋《ひとすぢ》→ひとすじ

③現在使われていない仮名で表記したもの
- ゐたり→いたり

▼①言うよう　②よろず

■竹取の翁はどんな人物かを押さえる。

- 仕事＝野や山に分け入って竹を取り、さまざまな道具を作っていた。

・名前＝さぬきのみやつこ

■**翁が竹の中から見つけた女の子の様子を押さえる。**

・身長が三寸ほど（約［　　］）で、たいへんかわいらしい様子。

▼九センチメートル

テストに出る!

問 **「いとうつくしうてゐたり。」（136・上8）を、①現代仮名遣いに直しなさい。②分かりやすく現代語訳しなさい。**

答 ①いとうつくしゅうていたり。
②たいへんかわいらしい様子で座っている。

◆歴史的仮名遣いが「うつくしう」と「ゐたり」の二か所あることに注意する。

■**翁が竹の中にいた女の子をどうしたかを押さえる。**

・手のひらに入れて家に［　　］。

▼持って帰った

・妻の嫗《おうな》に任せて育てさせた。

第二場面 ［折込表（137・1〜17）］…かぐや姫の成長と、五人の貴公子への難題。

■**翁の暮らし向きが豊かになった理由を押さえる。**

・竹の中にいた女の子を育て始めてから、節の間に［　　］の入った竹をたびたび見つけるようになったから。

▼黄金

■**かぐや姫の成長の速さを押さえる。**

・たった三か月で美しく成長して一人前になった。

■**かぐや姫に求婚した五人の貴公子について、その名と要求された品物、解決のために取った方法、結果をまとめる。**

①石作《いしつく》りの皇子《みこ》＝仏の御石《みいし》の鉢《はち》

・天竺《てんじく》（インド）まで探しに行くとうそをついて、三年後に偽物《にせもの》を持参した。

・輝きがないことから見破られた。

②くらもちの皇子＝蓬莱《ほうらい》の玉の枝

・職人に作らせた玉の枝を届け、蓬莱山に行ったふりで架空の冒険話をした。

・職人が代金を請求《せいきゅう》に来て、うそがばれた。

③阿倍《あべ》のみうし＝火鼠《ひねずみ》の皮衣《かわぎぬ》

・唐土《もろこし》（中国）の商人に求められるがまま大金をはたいて火鼠の皮衣を買った。

・燃えないはずなのに火をつけると燃えてしまい、偽物と分かった。

④大伴《おおとも》のみゆき＝竜《たつ》の首の珠《たま》

・自ら舟で竜の首の珠を取りに出た。

・嵐《あらし》に遭《あ》って播磨《はりま》の国（兵庫県）に漂着《ひょうちゃく》し、かぐや姫を罵《ののし》った。

⑤石上《いそのかみ》のまろたり＝燕《つばくらめ》の子安貝《こやすがい》
・綱《つな》の付いた籠に乗って燕《つばめ》の巣に上った。
・子安貝をつかんだとたん転落し、つかんだのが燕の古いふんだと知り、そのまま寝込んで死んでしまった。

■**五人の貴公子のエピソードを通して描かれていることを捉える。**
・かぐや姫の要求はどれも難題だったが、貴公子たちは［　　］を働かせてうそをついたり、財力を用いたりと、さまざまな手段で解決を試みた。しかし五人とも失敗に終わってしまった。
→人間の愚かさやみにくさが表れている。

▼悪知恵《わるぢえ》

第三場面　**〔折込裏（140・1〜18）〕…帝からのお召《め》しと、八月十五日の夜のこと。**

■**帝とかぐや姫が交流を深めていった様子を押さえる。**
・帝はかぐや姫を宮中に［　　］とするが、かぐや姫が拒否する。
・帝は諦め、手紙のやりとりを通して交流を深めていく。

▼召そう

・**ポイント**　「宮中に召す」とは、帝の住まいである宮殿《きゅうでん》へ呼び寄せること。つまりかぐや姫と結婚しようとしたのである。

■**かぐや姫が月を見ては嘆《なげ》き悲しんでいた理由を押さえる。**
・自分は［　　］の者であり、八月十五日の晩に迎えが来て帰らなければならないので、翁と媼が別れを嘆くだろうと思うと悲しいから。

▼月の都

・**ポイント**　かぐや姫が人間世界の者ではなく、天上の世界に住む天人であったことが明らかになる。貴公子たちや帝の求婚をかたくなに断っていたのはこのためだったとも考えられる。

■**月からかぐや姫の迎えが来ると聞いて、帝がどうしたかを押さえる。**
・かぐや姫を引き止めるため、兵士を遣わして、翁の家を厳重に警護させた。

■**大空から降りてきた天人たちの不思議な力を捉えて整理する。**
①夜の十二時頃なのに、辺りが昼よりも［　　］なった。
②空から雲に乗って降りてきた。
③兵士たちから戦う気力をうばった。
④閉めきった戸が自然に開き、かぐや姫はするりと抜け出た。

▼明るく

第四場面　**〔141・1〜終わり〕…かぐや姫の昇天。**

■**かぐや姫を迎えに来た天人たちの行動を押さえる。**
・天《あま》の羽衣《はごろも》と不死の薬の入った箱を持っていた。
・かぐや姫に不死の薬を飲むように言った。
・かぐや姫は形見として薬を翁たちへ残そうとしたが、そうさせなかった。

・かぐや姫に天の［　　］を着せようとした。

▼羽衣

•読み方・現代語訳

そのときに、かぐや姫《ひめ》、「しばし待《ま》て。」と言《い》ふ《う》。「衣着《きぬき》せつる
そのときに、かぐや姫は、「しばらく待ちなさい。」と言う。「(天人が)羽衣を着
人《ひと》は、心異《こころこと》になるなりといふ《う》。もの一言《ひとこと》、言《い》ひ《い》おくべき
せた人は、心が(人間とは)異なってしまうといいます。一言、言っておかねばなら
ことありけり。」と言《い》ひ《い》て、文書《ふみか》く。天人《てんにん》、「遅《おそ》し。」と心《こころ》もと
ないことがありました。」と言って、手紙を書く。天人は、「遅い。」といらいらし
ながりたまふ《う》。
ていらっしゃる。
かぐや姫《ひめ》、「もの知《し》らぬこと、なのたまひ《い》そ。」とて、
かぐや姫は、「ものをわきまえないことを、おっしゃらないでください。」と言って、
いみじく静《しず》かに、朝廷《おおやけ》に御文奉《おんふみたてまつ》りたまふ《う》。あわてぬさまなり。
たいそうもの静かに、帝にお手紙をさしあげなさる。冷静な様子である。

■**「しばし待て。」(141・上1)とは、何のために、何を待ってほしいと言っているのかを押さえる。**

・何のため…帝に［　　］を書くため。
・何を…羽衣を着せること。

▼手紙

■**「衣着せつる人は、心異になるなり」(141・上2)とはどういうことかを押さえる。**

・天の羽衣を着ると、月の都(天上の世界)の人に戻ってしまい、［　　］としての感情が失われてしまうということ。

▼人間

•ポイント そのことを知っていたかぐや姫は、感情を失う前に帝へ別れの手紙を書き残したいと思ったのである。

■**天人が、かぐや姫の持つ人間としての心情を理解していない様子を捉える。**

・かぐや姫が、自分をしのぶ形見として不死の薬を残そうとするのを制した。
・かぐや姫が帝に宛てて別れの手紙を書いているときに、「遅し。」と言って［　　］していた。

▼いらいら

•ポイント このような天人の様子を、かぐや姫は「もの知らぬ」(ものをわきまえない)と感じている。

■**手紙を書いているときのかぐや姫の様子を押さえる。**

・たいそうもの静かで、［　　］な様子。

▼冷静

•ポイント いらだっている様子の天人とは対照的である。

テストに出る！

問 ①「心もとながりたまふ。」(141・上4)、②「なのたまひそ。」(141・上6)を現代仮名遣いに直しなさい。また、分かりやすく現代語訳しなさい。

答 ①心もとながりたまう(たもう)。／いらいらしていらっしゃる。
②なのたまいそ。／おっしゃらないでください。

■**かぐや姫から帝への手紙の内容を押さえる。**

・帝が自分を守ろうとしてくださったにもかかわらず昇天していくことの悲しみ。
・宮中へのお召しを断った理由。
・無礼な者と思われてしまったことへの心残り。
・帝への思いを託《たく》した和歌。

・ポイント 「もの一言、言ひおくべきこと」(141・上3)の具体的な内容が、ここで明らかになる。そして、前の場面で翁に渡そうとして天人に止められていた「不死の薬」を、ここで手紙といっしょに帝へ渡している。

・読み方・現代語訳

中将《ちゅうじょう》取《と》りつれば、ふと天《あま》の羽《は》衣《ごろも》うち着《き》せ奉《たてまつ》り
頭中将が(手紙と不死の薬を)受け取ったので、(天人は)さっと天の羽衣を(かぐや姫に)着
つれば、翁《おきな》を、いとほ《オ》し、かなしと思《おぼ》しつる
せてさしあげたところ、(かぐや姫の、)翁たちを、気の毒だ、ふびんだと思っていた気
こともうせぬ。この衣《きぬ》着《き》つる人は、物思《ものおも》ひ《イ》なくなりにけれ
持ちもなくなってしまった。この羽衣を着たかぐや姫は、物思いがなくなってしまったので、
ば、車《くるま》に乗《の》りて、百人《ひゃくにん》ばかり天人《てんにん》具《ぐ》して、昇《のぼ》りぬ。
(空を飛ぶ)車に乗って、百人ほどの天人を連れて、(天に)昇ってしまった。

■**かぐや姫の昇天の様子をまとめる。**

・天の羽衣を着たかぐや姫は、翁たちを気の毒だ、ふびんだと思う人間としての感情を失った。
・空を飛ぶ車に乗り、百人ほどの天人を従えて天に昇った。

テストに出る！

問 ①「うち着せ奉りつれば」(142・上1)、②「車に乗りて」(142・上4)の主語は、それぞれ誰か。

答 ①天人 ②かぐや姫

■**帝が不死の薬を焼かせた理由を捉える。**

・かぐや姫がいない今となっては、いくら長生きしてもしかたがない、と思ったから。

■**富士山の名のいわれを捉える。**

・帝は、天にいちばん近い山に大勢の兵士を登らせて、不死の薬を焼かせた。
・それからその山は、「［　　］山」(兵士がたくさん登った山)という意味で、富士山と名付けられた。

▼士に富む

てびき―解答と解説

教科書の課題を解き、学習内容をしっかりと身につけよう。

教科書143ページ

◉言葉や表現に注意して音読しよう

①歴史的仮名遣いや古典の言葉の意味、古典特有の文末表現に注意して、繰《く》り返し音読し、暗唱してみよう。

解説 次のような点に注意して音読しよう。

・歴史的仮名遣い…特に表記と発音が一致《いっち》しないもの。

例「いふ」→「いう」、「なむ」→「なん」など

・古典の言葉の意味…「古典コラム」(教科書143ページ)を読み、現代語と意味が異なる言葉や、現在では使われなくなった言葉があることを確認《かくにん》する。

・古典特有の文末表現…繰り返し音読することで慣れ親しもう。

例「ありけり」「ゐたり」など

・言葉の切れ目…平仮名が続く箇所《かしょ》では注意する。

例「いと／うつくしうて／ゐたり」など

なお、暗唱するには、文章内容の理解が欠かせない。古文と現代語訳を対照しながら読んで、文章の内容を捉えよう。そのうえで音読を繰り返せば、一つ一つの言葉が自然と頭に入って暗唱できることだろう。

◉作品に描《えが》かれた人間の心のありようについて考えよう

②「もの知らぬこと、なのたまひそ。」(141・上6)とあるが、かぐや姫は、天人にどんなことを伝えたかったのだろうか。自分の言葉で説明してみよう。

解答 自分が月の都(天上の世界)に帰ってしまったら、もう帝と手紙を取り交わすこともできなくなる。だから、最後に帝に宛てて永遠の別れを告げる手紙を書いているのに、「遅い。」と言ってせかすとは、人間の別れを惜しむ気持ちを理解しない、道理にはずれたことである。

解説 天上の世界に住む天人は、下界に暮らす人間のような感情を持たない存在と考えられていた。それを思えば、天人がかぐや姫の心情を理解しないのも無理はないといえる。

③この物語に見られる、千年以上たった今でも変わっていない人間の心のありようとは、どのようなものだろうか。話し合ってみよう。

解説 次の人物の行動や様子から心情を想像し、そこに描かれた心のありようについて考えてみよう。

・かぐや姫に求婚した五人の貴公子たち…うそをついて偽物でかぐや姫をだまそうとした者や、商人にだまされ、大金をはたいて偽物をつかまされた者がいた。

→人をだますことによって何かを手に入れようとする人間の心のみにくさ、愚かさ。

・昇天するかぐや姫と翁・媼…かぐや姫は、翁・媼と別れがたく思い、自分の去った後の二人の嘆きようを想像して悲しんでいる。翁・媼もかぐや姫と別れたくないと思い、月からの迎えに必死で抵抗した。かぐや姫昇天の後はひどく泣き悲しんでいた。

→子をいつくしんで育てた親の愛、親を大切に思う子の愛。

・地上に残された帝…かぐや姫にもらった不死の薬を、姫がいなければ無意味なものに感じ、焼いてしまった。

→大切な人を失った人の深い悲しみ。

5 ▼古典

矛盾《むじゅん》

教科書144～147ページ

ガイダンス

学習目標を押さえ、「矛盾」のおおよそを理解しよう。

学習目標

- 漢文特有のリズムを味わい、訓読に必要な決まりを知る。
- 故事成語について調べ、体験や出来事を文章にまとめる。

文章を読む前に

漢文学習の入門として、故事成語を紹介《しょうかい》している。「故事」とは、「古事」と同じで昔あった出来事のことである。まず本文を読んで、故事成語とはどういうものかを知ろう。そして、「矛盾」という成語を生んだ故事を、漢文の書き下し文で読んでみよう。現代語訳が付いているので内容はつかめるはずだ。「矛」と「盾」を組み合わせた「矛盾」が「つじつまが合わないこと」を意味するようになったのは、古代中国でのこんな出来事がきっかけだったのである。

「矛」と「盾」で、どうして「つじつまが合わないこと」という意味になるんだろう？
もとになったお話を読めば分かるわよ。

新出漢字・新出音訓

読みの太字は送り仮名を示す。（ ）は中学校では学習しなくてもよい読みを、—線は特別な言葉に限って使われる読みを示す。例は用例を示し、例中の太字は教科書本文中の語句であることを示す。新出音訓の▼は、常用漢字表の「付表」の語を示す。□には漢字を、（ ）には読みを書こう。

p.144 **矛** ム ほこ 5画 矛 □
両刃《りょうば》の剣に柄《え》をつけた武器。例 **矛盾**《むじゅん》。矛《ほこ》。

p.144 **盾** ジュン たて 9画 目 □
やりや矢などを防ぐ武器。例 **矛盾**《むじゅん》。盾《たて》。

p.144 **韓** カン 18画 韋 □
①中国にある姓《せい》。例 **韓非子**《かんぴし》。②朝鮮南部の土地。例 韓国《かんこく》。③中国にあった国名。

p.144 **離** リ はな**れる** はな**す** 18画 隹 □
①ばらばらにする。例 **切**《き》**り離**《はな》**す**。②へだたる。例 距離《きょり》。隔離《かくり》。③わかれる。例 離別《りべつ》。④そむく。敵対する。例 離反《りはん》。

p.144 **陣** ジン 10画 阝 □
軍隊の配備の仕方。例 **背水**《はいすい》**の陣**《じん》。陣地《じんち》。

p.144 **堅** ケン かた**い** 12画 土 □

こわれにくい。しっかりしている。例**堅**《かた》**い**。

堅実《けんじつ》。堅固《けんご》。

p.145　**突**　トツ　つく　8画　穴

①つく。ぶつかる。例**突**《つ》**き通**《とお》**す**。追突《ついとつ》。衝《しょう》突《とつ》。②飛び出している。例突出《とっしゅつ》。③急に。にわかに。例突然《とつぜん》。突発《とっぱつ》。

■**新出音訓**（――線部の読みを書こう。）

①優れた能力。p.145（　　）

②▼大和の国。p.145（　　）

答　①すぐ　②やまと

語句・文の意味

語義が複数の場合、①に教科書本文中の語義を示してある。類は類義語、対は対義語、文は語句を用いた短文例を示す。
●印は、教科書の脚注に示されている語句である。

▼144ページ

推《すい》**敲**《こう》　文章をよりよくしようと表現を練り直すこと。

五十歩百歩《ごじっぽひゃっぽ》　程度が違うだけで本質的には変わらないこと。

背水《はいすい》**の陣**《じん》　一歩も退かないという決死の覚悟《かくご》で物事に当たること。

蛇《だ》**足**《そく》　無用な付け足し。余計なもの。

それぞれのもとになった故事は、教科書146ページ、本書122ページの「古典コラム」で読もう。

楚《そ》**人**《ひと》　楚の国の人。国名の下の「人」は「ひと」と読む。

盾《たて》　敵の矢・やり・刀から身を守る武具。

矛《ほこ》　長い柄に両刃の剣を付けた武器。

鬻《ひさ》**ぐ**　売る。あきなう。

之《これ》　売ろうとしている盾を指す。

誉《ほ》**めて**　自慢《じまん》して。

曰《い》**はく**《ワ》　言う(こと)には。

能《よ》**く陥**《とお》**すもの莫**《な》**きなり**　突き通せるものはないのだ。「能」は、漢文で可能の意を表す字。ここでは、下に「莫き(莫し)」という打ち消しの語をともなって、不可能の意を表している。

▼145ページ

利《と》**きこと**　鋭いこと。「利き」は「鋭い」の意。

物《もの》**に於**《お》**いて陥**《とお》**さざる無**《な》**きなり**　どんなものでも突き通さないものはないのだ。二重否定で、「どんなものでも突き通す」の意。強い肯定《こうてい》を表す。

大和言葉《やまとことば》　日本固有の言語。和語。

しなやか　なめらかで優美なさま。ものやわらかなさま。

読み解こう

場面ごとの内容を捉えよう。

□の中には当てはまる言葉を書こう。

第一段落　〔144・1〜144・10〕…「**故事成語**」とは。

■**日本語が取り込んできた新しい言葉を押さえる。**

・英語に由来する言葉…「ファッション」「バリアフリー」など。

・漢字・漢語…今から千年以上前に中国から伝わってきた。
↓日本語に定着し、私たちの言語生活と切り離せなくなったものも多い。

●**ポイント**　はるか昔から日本語は、新しい言葉を柔軟《じゅうなん》に取り入れながら成長してきたのである。

■「故事成語」とはどういうものかを理解する。

・昔の［　　］の有名な話から生まれた短い言葉。

・日本人は「故事成語」を、生きていくうえでの戒《いまし》めや励ましとしたり、話や文章の中に引用したりしてきた。

▼中国

■「故事成語」の例として挙げられているものを整理して、その共通点を考える。

・例…「推敲」「五十歩百歩」「背水の陣」「蛇足」「矛盾」

・共通点…漢字一つ一つの意味から言葉の意味を推測するのが難しい点が共通する。それは、言葉の意味が故事に由来するからである。

第二段落〔144・上1〜145・上5〕…「矛盾」のもとになった話（故事）。

●読み方・現代語訳

楚人《そひと》に盾《たて》と矛《ほこ》とを鬻《ひさ》ぐ者《もの》有《あ》り。之《これ》を誉《ほ》めて曰《い》は《ワ》く、「吾《わ》が盾《たて》の堅《かた》きこと、能《よ》く陥《とお》すもの莫《な》きなり。」と。又《また》、其《そ》の矛《ほこ》を誉《ほ》めて曰《い》は《ワ》く、「吾《わ》が矛《ほこ》の利《と》きこと、物《もの》に於《お》いて陥《とお》さざる無《な》きなり。」と。或《ある》ひと曰《い》は《ワ》く、「子《し》の矛《ほこ》を以《も》っ《ッ》て、子《し》の盾《たて》を陥《とお》さば、何如《いかん》。」と。其《そ》の人《ひと》応《こた》ふ《ウ》ること能《あた》は《ワ》ざるなり。

楚の国の人に盾と矛とを売る者がいた。その盾を自慢して言うには、「私の盾の堅いこと（といったら）、突き通せるものはないのだ。」と。更に、その矛を自慢して言うには、「私の矛の鋭いこと（といったら）、どんなものでも突き通さないものはないのだ。」と。（すると、）ある人が言うには、「あなたの矛で、あなたの盾を突いたら、どうであるか。」と。その人は答えることができなかったのである。

■楚の国の人が、自分の売っている「盾」についてどのように自慢しているか、分かりやすく説明する。

・私の盾は、とても［　　］から、どんなに鋭いものでも、これを突き通すことはできない。

▼堅い

■楚の国の人が、自分の売っている「矛」についてどのように自慢しているか、分かりやすく説明する。

・私の矛は、とても［　　］から、これならばどんなに堅いものでも突き通すことができる。

▼鋭い

■ある人から「あなたの矛で、あなたの盾を突いたら、どうなるか」と問われて、楚の人が返答できなかった理由を考える。

・盾と矛について、自分の言っていることが論理的に両立しないことに気づいて、答えようがなかったから。

●ポイント　何も突き通さないもの（盾）と何でも突き通すもの（矛）とは同時に存在するはずがない。実際にその矛でその盾を突いたとして、矛が折れても、盾が突き破られても、どちらにせよ、自慢していた話の一方はうそだったということになってしまう。

テストに出る！

問　「曰はく」を現代仮名遣いに直しなさい。また、その意味を答えなさい。

答　曰わく／言う（こと）には

テストに出る！

問　「子」（145・上3）の読みと意味を答えなさい。

答　し／あなた

第三段落　〔145・1〜145・4〕…漢文と日本語。

■漢文が日本語を豊かにしたことを理解する。

・中国由来の漢文には格調高く引き締まったリズムがある。

・日本古来の大和言葉には、しなやかな美しさがある。

↓この二つが存在することで、日本語はより優れた言葉に高められてきたのである。

古典コラム　漢文の読み方

教科書147ページ

漢文を日本語のように読むために、送り仮名や句読点（漢字の右下）、返り点（漢字の左下）などを補って読むことを訓読といい、その文を訓読文という。訓読文を、読む順番に従って漢字仮名交じりで書き改めたものを書き下し文という。

例 有備無患（漢文）

↓有《バ》レ備《ヘ》無《シ》レ患《うれヒ》（訓読文）

↓備へ有れば患ひ無し（書き下し文）

例 誉之曰吾盾之堅莫能陥也（漢文）

↓誉《メテ》レ之《ヲ》曰《ハク》、「吾《ガ》盾之堅《キコト》、莫《キ》二能《ク》陥《スモノ》一也《ト》。」（訓読文）

↓之を誉めて曰はく、「吾が盾の堅きこと、能く陥すもの莫きなり。」と。（書き下し文）

●返り点

・レ点…下の一字から、すぐ上の一字に返って読むことを示す。

例 誉《メテ》レ之《ヲ》曰《ハク》、

2 1 3

・一・二点…二字以上、下から返って読むことを示す。

例「……莫《キ》二能《ク》陥《スモノ》一也《ト》。」

3 1 2 4

●訓読文を書き下し文にする際の注意点

・送り仮名は、歴史的仮名遣いのまま、片仮名を平仮名に改めて書く。

例 誉《メテ》レ之《ヲ》曰《ハク》、

↓之を誉めて曰はく、

・助詞（「〜の」など）や助動詞（「〜なり」など）に当たる漢字は平仮名に改めて書く。

例「吾《ガ》盾之堅《キコト》、莫《キ》二能《ク》陥《スモノ》一也《ト》。」

↓「吾が盾の堅きこと、能く陥すもの莫きなり。」と。

てびき―解答と解説

教科書の課題を解き、学習内容をしっかりと身につけよう。

教科書146ページ

◉漢文特有のリズムを味わい、漢文の特徴を知ろう

❶「矛盾」の文章を繰《く》り返し音読して、漢文特有の格調高く引き締まったリズムを味わおう。

解説 「曰はく、…と。」や「能く陥すもの莫きなり。」など、漢文特有の言い回しを意識しながら音読を繰り返そう。

❷次に示す「矛盾」の原文(ア)と書き下し文(イ)とを比べて、気づいたことを挙げてみよう。

ア 吾矛之利於物無不陥也

イ 吾が矛の利きこと、物に於いて陥さざる無きなり。

解答 ①アは句読点がないが、イはある。

②アは漢字だけ、イは漢字仮名交じりである。(イには送り仮名があり、平仮名に改められている漢字がある。)

③アとイでは漢字の順番が違う。

◉故事成語について調べ、文章をまとめよう

❸楚の国の人が「答えることができなかった」(145・下8)のはなぜか、分かりやすく説明しよう。

解答 自分の売る盾はどんなものでも突き通せないほど堅く、矛はどんなものでも突き通せるほど鋭いと自慢したが、そのような盾と矛とが同時に存在するはずはないから。

❹他の故事成語についても、その意味や由来を調べてみよう。そして、その故事成語が当てはまる体験や出来事を文章にまとめてみよう。

解説 いろいろな故事成語の意味と由来を調べ、自分の体験や知っている出来事に当てはまる故事成語を選んでまとめよう。

古典コラム 故事成語の例

教科書146ページ

教科書に示された「推敲」「五十歩百歩」のほかに、次のような故事成語も覚えておこう。

○背水の陣

意味 一歩も退かないという決死の覚悟で物事に当たること。

由来 漢の韓信《かんしん》が趙《ちょう》と戦ったとき、川を背にして陣取り、味方に決死の覚悟をさせ、大いに敵を破った。

例文 あと一敗したら予選を通過できなくなるので、次回は、背水の陣で試合にのぞむ。

○蛇足

意味 無用な付け足し。余計なもの。

由来 蛇《へび》の絵をかく競争で、早くかきあげた人が得意になって足までかきそえたために負けてしまった。

例文 この一文は蛇足だから削除しよう。

○画竜点睛《がりょうてんせい》

意味 物事をりっぱに完成させるための最後の仕上げ。

由来 絵の大家である張僧繇《ちょうそうよう》が寺の壁《かべ》に竜《りゅう》の絵をかいて、最後に瞳をかき加えたら、竜は勢いを得て天に昇った。

例文 ここで制作を終えたら、画竜点睛を欠くというものだ。

普通、「画竜点睛を欠く」の形で使います。「睛」を「晴」と書かないように注意しましょう。

▼書く　通信・手紙

案内や報告の文章を書こう

教科書148〜149ページ

学習目標

●伝える相手や目的に応じて、必要な情報を選び出してまとめる。

言葉の力　**掲載《けいさい》する情報を選択《せんたく》する**

●伝える相手や目的を意識して、必要な情報を絞《しぼ》っていく。

●文章の形式に応じ、季節の挨拶《あいさつ》など、文章を彩《いろど》る言葉を加える。

1　案内の文章を書く

・教科書148ページ上段の合唱祭の予定メモから、保護者に宛てた案内状にふさわしい情報を選び出し、季節の挨拶などを加えて案内状を完成させる。

教科書の例▼　**案内状の例**　――　教科書148ページ

・保護者に対する案内状という特性を考えて必要な情報を選ぶ。

↓案内状に必要な情報として、何が行われるのか、［　　］、場所、注意事項《じこう》などをもれなく選ぶ。

▼日時

・案内状に必要な言葉を加える。

↓保護者に対する案内状なので、案内状の書式に従って、宛先(保護者の皆様)、案内状の送付日、差出人(山田中学校)、季節の言葉を加える。

・文字の配置や書く順番を決める。

↓タイトル「運動会のお知らせ」は目立つようにする。挨拶の後に連絡《れんらく》事項を明記する。連絡事項は重要な順番に、日時・場所・種目とする。

なるほど。必要な情報のほかに、挨拶の言葉も必要なんだね。「ぜひ、〜ご来場ください」という言葉がなかったら、印象が変わってくるよね。

2　報告の文章を書く

・教科書149ページ上段の合唱祭の結果メモから、一年生の学年便りにふさわしい情報を選び出し、報告の記事を書く。

教科書の例▼　**学年便りの例**　――　教科書149ページ

・一年生の学年便りという特性を考えて情報を選ぶ。

↓読者である一年生の関心が高い、一年生の結果報告に絞る。

・読者の興味をひくような［　　］を考える。

▼見出し

↓「全力疾走《しっそう》、運動会」などの見出しがあることによって、読者の興味をひくことができる。

・字数に配慮《はいりょ》しながら記事を書く。

↓限られた紙面なので、必ず伝えるべきことを押さえつつ、当日の雰囲気《ふんいき》が分かるような文章にする。

合唱祭の記事の見出しは、「体育館に響くハーモニー」がいいかしら。

日本語探検４

語の意味と文脈・多義語

教科書150～151ページ

読みの太字は送り仮名を示す。（　）は中学校では学習しなくてもよい読みを、—線は特別な言葉に限って使われる読みを示す。例は用例を示し、例中の太字は教科書本文中の語句であることを示す。新出音訓の▼は、常用漢字表の「付表」の語を示す。□には漢字を、（　）には読みを書こう。

新出漢字・新出音訓

p.150　**釈**　シャク　11画　釆　□

①解き明かす。例**解釈**《かいしゃく》。注釈《ちゅうしゃく》。②言い訳する。例釈明《しゃくめい》。③ゆるす。はなつ。例釈放《しゃくほう》。保釈《ほしゃく》。

p.151　**疲**　ヒ　つか**れる**　10画　疒　□

ぐったりとする。つかれる。例**疲**《つか》**れる**。疲《ひ》労《ろう》。

■**新出音訓**（——線部の読みを書こう。）

①早速とりかかる。p.151（　　）

答　①さっそく

◉**学習内容の要点を押さえよう。（□の中には当てはまる言葉を書こう。）**

1　さまざまな意味に解釈できる語

・二つ以上の意味を載せている辞書がほとんどないのに、使い方によって、いくつかの異なる意味に解釈される語がある。

例「学校」　㋐　U字形の学校。
（学校の建物や敷地）
㋑　学校の代表として大会に出た。
（学校に所属している生徒または教職員）
㋒　せっかく学校が短かったのに。
（授業）

ポイント　絵や写真は、その全体を眺《なが》めることもあれば、ある部分を特に注意して見ることもあるが、それらは同じ一つのものである。

・「学校」は、「勉強する人・教える人・事務などの仕事をする人・授業・授業をする建物・敷地など、さまざまな要素が関わって作られる組織」を意味する。㋐～㋒の例文は、その全体の中の一部分に注目した言い方なのである。

・「学校」と同じタイプの語には、「会社」「銀行」などがあり、これらは「人が集まって、一定の場所で、一定の活動を行う組織」という共通点を持っている。

・このような複数の要素が組み合わさって一体化したものを表す語は、そのどの面に注目するかによって違った意味に解釈される。

2　文脈の働き

・ある語が使われるとき、その語の前後における語句の意味のつながりを、文脈という。

・「学校」のように、一つの意味を持つ語がさまざまに□さ

れるのは、文脈の働きがあるからである。 ▼解釈

例 ㋐U字形の学校。

＊「U字形」から、「建物・敷地」などと解釈される。

㋑学校の代表として大会に出た。

＊「代表」から、「生徒・教職員」などと解釈される。

㋒せっかく学校が短かかったのに。

＊「短かかった」からそれが時間を要するものと分かり、「授業」という解釈になる。

3 多義語

・何らかの意味上のつながりがある、［　　］の意味を持つ語を**多義語**という。 ▼複数

例 「写真をとる」→「撮《と》る」…撮影《さつえい》する

「キノコをとる」→「採る」…採集する

「時間をとる」→「取る」…確保する

「ペンをとる」→「執《と》る」…手に持って使う

4 多義語と文脈

・文脈の情報が増えるにつれ、多義語の意味ははっきりしてくる。

例 「たこをあげた。」

→誰かにあげたのか、揚《あ》げて料理したのか、低い位置から高い位置へと移動させたのか分からない。

例 「おいしいたこをあげて食べた。」

→文脈の情報が増え、「揚げる」だと想像できる。

テストに出る！

問 **多義語「あつい」を使い、文脈を補って文を作ってみよう。**

答 今日はとてもあつい。（暑い、気温が高い）／お茶があつい。（熱い、ものの温度が高い）／この辞書はあつい。（厚い、ものの幅《はば》が大きい）／彼は真面目で、友人からの信頼もあつい。（真心がこもっている。心が深い）

◆文脈によって意味が変わることを押さえよう。

テストに出る！

問 **多義語「とる」の文脈ごとの意味の違いを確かめよう。**

①山に行って、キノコをとった。

②詳しく観察するため、キノコを手にとった。

③見つからないようにこっそりとキノコをとった。

④秋の風物詩としてキノコの写真をとった。

⑤サラダの中から嫌《きら》いなキノコをとった。

⑥料理に合わせて多くの野菜の中からキノコをとった。

答 ①採集する／②（手に）持つ／③盗《ぬす》む／④写す／⑤取り除く／⑥選ぶ

◆文脈によって「キノコをとった。」の意味がさまざまに変わることを押さえよう。同じ意味の二字熟語を思い浮かべると違いが分かりやすい。採る＝採集、撮る＝撮影など。

文法の窓3

単語の分類

教科書152、258〜261ページ

◎学習内容の要点を押さえ、教科書の問題の答えを確かめよう。（□の中には当てはまる言葉を書こう。）

1 自立語と付属語

・文節の初めには必ず自立語があり、付属語はその下にある。一文節に自立語は一つだけだが、付属語はないこともあれば、複数ある場合もある。

❶自立語…それだけで一文節になれる単語。

❷付属語…それだけでは一文節になれない単語。

例 私｜は｜学校｜に｜行く。

山田さん｜も｜学校｜に｜は｜行っ｜た｜そうだ｜よ。

（｜は文節の切れ目、――は自立語、＝＝は付属語）

2 活用

・そこで文が切れるか続くか、また続く場合、どのような語が続くかによって、語の形が変化することを活用という。単語には活用するものとしないものとがある。

例 活用しない語（語の形が変わらない）　私　は　学校　に

活用する語（語の形が変わる）　行く。／行った。／行かない。

【活用する語の例】読む・美しい・静かだ・せる・た・そうだ

【活用しない語の例】私・犬・大きな・とても・しかし・ああ・いいえ・が・は

3 品詞

・単語を性質によって分類したものを品詞といい、次の十種類がある。そのうち、活用せず、主語になるものを①□といい、活用し、述語になるものを②□という。

▼①体言　②用言

❶名詞…活用のない自立語で、主語になることができる。物事の名前を表し、体言という。

例 犬が走る。　飛行機、飛んでるよ。　私は知っています。

・名詞は普通、主語になるとき、助詞を伴《ともな》う。また、主語のほかにも、述語・修飾《しゅうしょく》語・接続語・独立語になる。

例 弟は小学生だ。（述語）　庭の桜が咲《さ》いた。（修飾語）

雨だから、中止します。（接続語）

北海道、それは私の故郷だ。（独立語）

❷動詞…活用のある自立語で、述語になることができる。動作や変化や存在を表し、言い切りの形が五十音図のウ段の音で終わる。

例 友人に手紙を書く。（動作）

教室の中が静まる。（変化）

通りの角に郵便局がある。（存在）

補助動詞（形式動詞）…本来の意味が薄《うす》れ、上の動詞と補助の関係になって、それに意味を添える動詞。

例 部屋にいる。（存在を表す動詞）→ 部屋で寝ている。（補助動詞）

・ほかに「〜ていく」「〜てくる」「〜てみる」「〜てしまう」「〜てあげる」などがある。

❸**形容詞**…活用のある自立語で、述語になることができる。状態や性質を表し、言い切りの形が「い」で終わる。

例 今日はいちだんと寒い。（状態）
この薬は苦い。（性質）

補助形容詞（形式形容詞）…本来の意味が薄れ、上の用言と補助の関係になって、それに意味を添える形容詞。

例 窓がない。（状態を表す形容詞）→ この窓は大きくない。（補助形容詞）

・ほかに「〜てほしい」「〜てもよい」などがある。

❹**形容動詞**…活用のある自立語で、述語になることができる。状態や性質を表し、言い切りの形が「だ（です）」で終わる。

例 森の中は静かだ。（状態）　彼はとても勤勉だ。（性質）

＊動詞・形容詞・形容動詞をまとめて用言という。用言は、□のほかに、修飾語・接続語・独立語になる。

▼述語

例 歩くスピードが速い。（修飾語）
花が美しく咲いた。（修飾語）
快適だから気に入った。（接続語）
優勝する、それが目標だ。（独立語）

❺**連体詞**…活用のない自立語。他の部分をよりくわしく説明する修飾語になり、体言を修飾する語（連体修飾語）としてだけ用いられる。

例 大きな 古時計。　ある 人の話を聞く。
たいした 勇気だ。　ほんの お口汚しですが。

「大きい」は形容詞で、「大きな」は連体詞です。形容詞には「〜な」の形がないことに注意しましょう。

❻**副詞**…活用のない自立語。他の部分をよりくわしく説明する修飾語になり、主に用言を修飾する語（連用修飾語）として用いられる。

例 ゆっくり 歩く。　とても おもしろい。

❼**接続詞**…活用のない自立語で、文と文や、語句と語句などをつなぐ働きを持ち、接続語になる。

例 今日は晴れだ。しかし、明日は雨または雪だろう。
（しかし：文と文／または：語句と語句）
昨日は寝るのが遅かった。だから、とても眠い。
（だから：文と文）
運動会の競技の目玉は綱《つな》引きおよびリレーです。
（および：語句と語句）

❽**感動詞**…活用のない自立語で、独立語になる。驚き・感動などの気持ちを表したり、呼びかけ・応答などに用いたりする。

例 えっ、そうなの。（驚き）　ああ、みごとな景色だ。（感動）
おうい、誰かいますか。（呼びかけ）
はい、いいですよ。（応答）

❾**助動詞**…活用のある付属語で、主に用言や他の助動詞の後に付

いて、意味を添えたり、話し手・書き手の気持ちを表したりする。体言や助詞「の」に付くものもある。

例 庭の梅が咲いた。
もっと遊びたい。
この果物は皮まで食べられるそうだ。

⑩助詞…活用のない付属語で、自立語や助動詞、他の助詞の後に付いて、語句と語句の関係、細かい意味、話し手・書き手の気持ちなどを表す。

例 別の店にも行ったが、餅は品切れだったよ。
デザートにみかんを食べた。
野球の試合を見ていると、自分でもやりたくなる。
お父さんはお元気ですか。

○考えよう

教科書152ページ

次の文を、完成した「単語分類マシン」に入れて、単語を分類してみよう。

解答 (「単語分類マシン」の右から左へ)動詞＝「聴《き》い」
形容詞＝「美しい」「楽しく」　形容動詞＝「最高だっ」　名詞＝「音楽」　連体詞＝「いろんな」　副詞＝「とても」　接続詞＝「しかも」　感動詞＝「そう」　助動詞＝「た」「た」
助詞＝「を」「よ」「て」

解説 完成した「単語分類マシン」にしたがって、一つずつ単語を分類する。例えば「そう」を分類すると、図の上から順に①「それだけで文節を作れる」→②「語の形が変わらない」→③「主語にならない」→④「修飾語にならない」→⑤「独立語になる」と分類されて、「感動詞」と分かる。

○問題

教科書261ページ

1 **下の表の空欄《くうらん》に、当てはまるなら○を、当てはまらないなら×を付けよう。**

解答

	名詞	動詞	形容詞	形容動詞	連体詞	副詞	接続詞	感動詞
活用がある	×	○	○	○	×	×	×	×
主語になる	○	○	○	○	×	×	×	×
述語になる	○	○	○	○	×	×	×	×
修飾語になる	○	○	○	○	○	○	×	×
接続語になる	○	○	○	○	×	×	○	×

解説 体言(名詞)、用言(動詞・形容詞・形容動詞)は、付属語を伴うなどすれば、さまざまな文の成分(主語・述語・修飾語・接続語・独立語)になることができるので、右の表では、付属語を伴う場合も○を付けた。それぞれの文法的性質として重要なのは、体言がそれだけで主語になることができ、用言がそれだけで述語になることができるという点である。

2 **下の傍線部の単語の品詞名を答えよう。**

解答 ㋐動詞　㋑形容動詞　㋒助詞　㋓名詞　㋔助動詞
㋕形容詞　㋖名詞　㋗名詞　㋘動詞　㋙名詞　㋚助詞
㋛連体詞　㋜副詞　㋝助詞　㋞助動詞

解説 文節の初めにあるかどうか、活用するかしないか、どんな文の成分になるかなどに着目して品詞を考える。例えば、㋑「静かに」は、言い切りの形が「静かだ」となるから、形容動詞である。

6 ▼読む 文学二

少年の日の思い出

作者・ヘルマン・ヘッセ
訳・高橋健二《たかはしけんじ》

教科書154〜168ページ

学習目標を押さえ、「少年の日の思い出」のおおよそを理解しよう。

ガイダンス

○学習目標

●さまざまな場面での人物や情景の描写《びょうしゃ》に着目して、作品を読み深める。

●作品の構成の工夫や表現の効果について考える。

○言葉の力　伏線に着目する

●作品中にさりげなく描《えが》かれている事柄が、後で出てくる事柄と関連し合って、意味や効果を生み出すようなとき、前のほうに書いてある表現のことを「伏線」という。

●伏線に着目することで、作品の読みをより豊かなものにしていくことができる。

●文章を読む前に

多くの人が、幼い頃何らかのものを夢中で収集した経験を持っているだろう。やがて収集熱がこうじてくると、人の持っているものまで欲しくなってくる。幼年時代にはごく当たり前の感情である。ところが、主人公の少年はついに盗《ぬす》みを犯《おか》してしまい、その結果、大きな代償《だいしょう》を払《はら》うことになる。自らの心に、大人になっても消えることのない大きな傷を残した少年時代の苦い思い出とはどのようなものだったのか、「僕」の行動と気持ちを追いながら丁寧《ていねい》に読み味わってみよう。

●あらすじ

「私」が友人にチョウの標本を見せると、客は、チョウに関する彼の少年時代の思い出を語り始める。

「僕」（客）は、十歳の頃チョウ収集のとりこになった。「模範《もはん》少年」である隣の家のエーミールは、「僕」の捕らえた珍《めずら》しいチョウの標本に難癖《なんくせ》をつけた。以来、「僕」はエーミールにチョウを見せることはなかった。

その二年後、エーミールがクジャクヤママユをさなぎからかえしたと聞いた「僕」は、見たくてたまらなくなり、勝手に彼の部屋に入り込んで、ついにはその標本を盗んでしまう。すぐに良心に目覚めて返そうとしたが、ポケットの中のチョウは潰れてしまっていた。謝《あやま》る「僕」を、エーミールは軽蔑《けいべつ》するだけだった。「僕」は、自分のチョウの標本を全て押し潰《つぶ》してしまった。

●文章の構成

まず、形式上から、大人になった「私」と客が語り合っている〈現在〉の場面と、客が語った〈少年時代の回想〉とに分けることができる。更に、後半は「僕」の年齢《ねんれい》と出来事によって二つの場面に分けることができる。

・第一場面（初め～156・11）　書斎で語り合う「私」と客――思い出を語り始める客。
・第二場面（156・12～159・13）　十歳の頃の回想――「僕」のチョウ収集の始まりと隣の少年の批評。
・第三場面（159・14～164・3）　十二歳の頃の回想――「僕」がエーミールのチョウを盗んでしまう。
・第四場面（164・4～終わり）　エーミールへの謝罪のてんまつ。

第一場面は、大人である「私」と客が書斎《しょさい》で語り合う場面で、物語の導入となっている。客が語り手となり、「僕」（＝客）が主人公となる第二～四場面がこの物語の中心となっている。第二場面では、「僕」のチョウ収集への情熱やエーミールへの感情など、後の事件の背景となることが描かれている。第三場面では物語の山場となる事件が起こり、第四場面で印象に残る結末へと導かれる。

●表現の特色

第一場面では、会話や情景描写の中に、第二～四場面で回想される出来事を予感させるような表現が散りばめられている。これらの伏線が、過去と現在のつながりを自然な流れにしている。ひととおり読んだ後、改めてその伏線に気づかされるような仕掛《しか》けがほどこされており、表現の深さやたくみさが感じられる。

●登場人物

私…物語の導入となる第一場面の語り手。

僕…この物語の主人公。幼年時代、チョウ収集に夢中になる。第一場面では大人の「僕」が「客」「友人」として登場する。

エーミール…「僕」の幼年時代、隣の家に住んでいた子供。模範少年であり、少年らしい「僕」とは対照的に描かれている。

母…「僕」の母親。「僕」の罪に対して毅然《きぜん》とした態度を見せるが、「僕」の心中を気遣う優しさがにじみ出ている。

●主題

犯した罪は償《つぐな》うことができないという悟《さと》りと、少年時代への決別。

この作品には、少年時代への追憶《ついおく》や純粋な心の痛み、母親の深い愛情など多くの要素がふくまれている。よって、主題も読む側の視点でさまざまな解釈が考えられるが、中心的な要素は「僕」の盗み、その後のエーミールとのやりとりから受けた心の傷、最後に自分のチョウを自ら押し潰すときの心情などである。エーミールの軽蔑と拒絶によって許される機会を失ってしまった「僕」は、自分自身で罪を償うしかなくなり、大切にしていたチョウを自分の手で一つ一つ押し潰してしまう。少年らしい情熱をささげたチョウを葬《ほうむ》る行為は、少年時代への決別を象徴しているととることもできる。

エーミールが「僕」に怒りをぶつけたり代償を受け取ったりしていれば、また違う展開になった気もするね。

「僕」は、エーミールに償うことができなくなってしまったんだ。

新出漢字・新出音訓

読みの太字は送り仮名を示す。（　）は中学校では学習しなくてもよい読みを、━線は特別な言葉に限って使われる読みを示す。例は用例を示し、例中の太字は教科書本文中の語句であることを示す。新出音訓の▼は、常用漢字表の「付表」の語を示す。□には漢字を、（　）には読みを書こう。

p.154
斎　サイ　11画　斉
①部屋。例**書斎**《しょさい》。②心身を清めて神を祭ること。例斎場《さいじょう》。

「書斎」は、「父が書斎で本を読む。」などのように使われます。

p.154
縁　エン　ふち　15画　糸
①もののへり。ふち。例**縁取**《ふちど》**る**。額縁《がくぶち》。②かかわりあい。ゆかり。例縁日《えんにち》。縁起《えんぎ》。血縁《けつえん》。縁故《えんこ》。

p.154
擦　サッ　す**る**　す**れる**　17画　手
こする。さする。例**擦**《す》**る**。**擦**《す》**れ違**《ちが》**う**。摩擦《まさつ》。

p.154
透　トウ　す**く**　す**ける**　す**かす**　10画　辶
①すきとおる。例**不透明**《ふとうめい》。**透**《す》**き通**《とお》**る**。②とおりぬける。例浸透《しんとう》。

p.155
濃　ノウ　こ**い**　16画　水
①色や味、においなどの度合いが強い。例**濃**《こ》**い**。濃厚《のうこう》。濃淡《のうたん》。②密度が大きい。例濃霧《のうむ》。

p.155
眺　チョウ　なが**める**　11画　目
広く見わたす。例**眺**《なが》**める**。眺望《ちょうぼう》。眺《なが》め。

p.155
珍　チン　めずら**しい**　9画　玉
①めったにない。貴重である。例**珍**《めずら》**しい**。珍奇《ちんき》。珍味《ちんみ》。珍品《ちんぴん》。②普通と違っている。例珍事《ちんじ》。

p.155
妙　ミョウ　7画　女
①不思議。例**妙**《みょう》。②すばらしい。例妙案《みょうあん》。絶妙《ぜつみょう》。巧妙《こうみょう》。妙技《みょうぎ》。

p.155
蓋　ガイ　ふた　13画　艹
①物にかぶせて覆《おお》うもの。覆いかぶさるもの。ふた。例**蓋**《ふた》。頭蓋骨《ずがいこつ》。②確からしい。おそらく。例蓋然性《がいぜんせい》。

p.155
愉　ユ　12画　心
たのしい。たのしむ。例**不愉快**《ふゆかい》。愉悦《ゆえつ》。愉色《ゆしょく》。

p.156
微　ビ　13画　彳
①かすか。ほのか。例**微笑**《びしょう》。**微妙**《びみょう》。微量《びりょう》。②小さい。例微細《びさい》。③ひそかに。こっそりと。例微行《びこう》。④おとろえる。例衰微《すいび》。

p.156
載　サイ　の**せる**　の**る**　13画　車
①乗り物などにのせる。のせて運ぶ。例**載**《の》**せる**。**載**《の》**る**。積載《せきさい》。②本などにのせる。例新聞《しんぶん》に載《の》る。掲載《けいさい》。

p.156
甲　コウ　カン　5画　田
①音や声の調子が高い。例**甲高**《かんだか》**い**。②からのように固いもの。例甲羅《こうら》。甲板《かんぱん》。③一番目。例甲乙《こうおつ》。

「甲」は一番目、「乙」は二番目のこと。だから、互角の勝負を「甲乙つけがたい」というのね。

p.156
戯　ギ　（たわむ**れる**）　15画　戈
①おもしろくあそぶ。例**遊戯**《ゆうぎ》。球戯《きゅうぎ》。②しばい。演技。例戯曲《ぎきょく》。

p.157
貪　ドン　むさぼる　11画　貝
欲張る。必要以上に望む。例 **貪《むさぼ》る**。貪欲《どんよく》。

p.157
忍　ニン　しのぶ　しのばせる　7画　心
①人目をさける。例 **忍《しの》び寄《よ》る**。忍者《にんじゃ》。②がまんする。こらえる。例 **忍《しの》ぶ**。③むごい。例 残忍《ざんにん》。

p.157
匂　におう　4画　勹
におう。香りがする。例 **匂《にお》う**。

p.157
荒　コウ　あらい　あれる　あらす　9画　艹
①手入れをしないためあれはてる。例 **荒野《こうや》**。荒地《こうち》。荒れる。②すさむ。例 荒廃《こうはい》。③とりとめがない。例 荒唐無稽《こうとうむけい》。

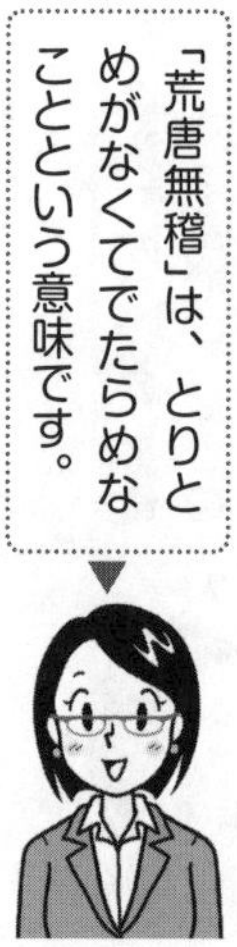
「荒唐無稽」は、とりとめがなくてでたらめなことという意味です。

p.157
網　モウ　あみ　14画　糸
①魚・鳥獣をとる道具。例 **網《あみ》**。魚網《ぎょもう》。②あみに似た形状・性質のもの。例 網膜《もうまく》。通信網《つうしんもう》。

p.158
斑　ハン　12画　文
違う色が混じっている。例 **斑点《はんてん》**。斑紋《はんもん》。死斑《しはん》。

p.158
緊　キン　15画　糸
①引きしまっている。例 **緊張《きんちょう》**。緊密《きんみつ》。緊縮《きんしゅく》。②物事がさしせまる。例 緊急事態《きんきゅうじたい》。緊迫《きんぱく》。

p.158
歓　カン　15画　欠
よろこぶ。例 **歓喜《かんき》**。歓迎《かんげい》。歓声《かんせい》。

p.158
潰　カイ　つぶす　つぶれる　15画　水
①つぶれる。つぶす。例 **潰《つぶ》れる**。**潰《つぶ》す**。②やぶれる。くずれる。例 潰走《かいそう》。潰瘍《かいよう》。

p.158
栓　セン　10画　木
①穴をふさぐもの。例 **栓《せん》**。血栓《けっせん》。消火栓《しょうかせん》。②水道管などの開閉装置。例 給水栓《きゅうすいせん》。

p.158
慢　マン　14画　心
①おごりたかぶる。ほこる。例 **自慢《じまん》**。高慢《こうまん》。②おこたる。なまける。例 怠慢《たいまん》。③ゆるやか。長びく。例 慢性《まんせい》。

p.158
獲　カク　える　16画　犬
(動物などを)つかまえる。手に入れる。例 **獲物《えもの》**。獲得《かくとく》。捕獲《ほかく》。漁獲《ぎょかく》。

p.159
妬　ト　ねたむ　8画　女
憎らしい感情を持つ。やきもちをやく。例 **妬《ねた》む**。妬心《としん》。嫉妬《しっと》。

p.160
挿　ソウ　さす　10画　手
物の間に入れる。例 **挿絵《さしえ》**。挿入《そうにゅう》。挿《さ》し木《き》。

p.160
幾　キ　いく　12画　幺
いくつ。不定数を問う。例 **幾度《いくど》**。幾年《いくねん》。

p.160
畳　ジョウ　たたむ　たたみ　12画　田
①つみかさねる。例 **畳《たた》む**。重畳《ちょうじょう》。②たたみ。例 畳《たたみ》。

p.160
呈　テイ　7画　口
①しめす。はっきりとあらわす。例 **呈《てい》する**。露呈《ろてい》。②さしあげる。例 進呈《しんてい》。贈呈《ぞうてい》。

p.160
越　エツ　こす　こえる　12画　走
①程度や境界、限界をこす。こえる。例 **越《こ》える**。越境《えっきょう》。優越《ゆうえつ》。②中国古代の国名。例 呉越同舟《ごえつどうしゅう》。

p.161
雅　ガ　13画　隹
①みやびやか。例**優雅**《ゆうが》。風雅《ふうが》。②広い。例雅量《がりょう》。

「雅量」は、広くて懐《ふところ》の深い性格や心持ちのことです。

p.161
誘　ユウ　さそ**う**　14画　言
①さそい出す。例**誘惑**《ゆうわく》。②何かをするようにすすめる。例誘《さそ》う。勧誘《かんゆう》。③ある結果をひき起こす。例誘発《ゆうはつ》。誘因《ゆういん》。

p.161
惑　ワク　まど**う**　12画　心
まよう。例**誘惑**《ゆうわく》。迷惑《めいわく》。思《おも》い惑《まど》う。

p.161
盗　トウ　ぬす**む**　11画　皿
他人のものをとる。ぬすむ。また、その人。例**盗み**《ぬす》。盗作《とうさく》。強盗《ごうとう》。

p.162
悟　ゴ　さと**る**　10画　心
物事のよしあしをはっきり判断する。理解する。気づく。例**悟る**《さと》。覚悟《かくご》。

p.162
繕　ゼン　つくろ**う**　18画　糸
修理する。不都合になったところをなおす。例**繕う**《つくろ》。修繕《しゅうぜん》。

p.164
既　キ　すで**に**　10画　无
①すでに。例**既に**《すで》。既製品《きせいひん》。既定《きてい》。②すっかりなくなる。例皆既日食《かいきにっしょく》。

p.164
罰　バツ　バチ　14画　罒
つみ。とが。悪い行いに対するこらしめ。例**罰**《ばつ》。罰金《ばっきん》。処罰《しょばつ》。罰《ばち》が当《あ》たる。

p.165
丹　タン　4画　丶
①まざりものがない。純粋《じゅんすい》である。例**丹念**《たんねん》。丹精《たんせい》。②赤い色。例丹頂鶴《たんちょうづる》。

p.165
依　イ（エ）　8画　人
①もとのままである。例**依然**《いぜん》。②たよりにする。例依存《いそん》。依頼《いらい》。③よりどころとする。例依拠《いきょ》。

p.165
喉　コウ　のど　12画　口
①のど。例**喉笛**《のどぶえ》。喉頭《こうとう》。②だいじなところ。例喉衿《こうきん》。

p.166
償　ショウ　つぐな**う**　17画　人
①相手に与えた損害に対してかわりの金品を差し出す。つぐなう。例**償い**《つぐな》。補償《ほしょう》。弁償《べんしょう》。償還《しょうかん》。②報いる。例報償《ほうしょう》。

広がる言葉

p.168
募　ボ　つの**る**　12画　力
①次第に激しくなる。例**不安が募る**《ふあん》《つの》。②呼びかけて集める。例募集《ぼしゅう》。作品《さくひん》を募《つの》る。

p.168
葛（葛）　カツ　（くず）　12画　艹
クズ（マメ科のつる草）。例**葛藤**《かっとう》。葛根湯《かっこんとう》。

p.168
藤　トウ　ふじ　18画　艹
フジ（マメ科の落葉低木）。例**葛藤**《かっとう》。藤色《ふじいろ》。藤《ふじ》の花《はな》。

p.168
憾　カン　16画　心
うらめしく思う。残念に思う。例**遺憾**《いかん》。

p.168
嫉　シツ　13画　女
うらやましく思って憎む。ねたむ。例**嫉妬**《しっと》。

p.168
慄　リツ　13画　心

おそれてすくむ。おののく。例**戦慄**《せんりつ》。慄然《りつぜん》。

p.168 **愁** シュウ (うれえる) (うれい) 13画 心 □

物さびしく心が沈む。例**郷愁**《きょうしゅう》。旅愁《りょしゅう》。哀愁《あいしゅう》。

p.168 **凍** トウ こおる こごえる 10画 冫 □

①こおる。例背筋《せすじ》が**凍**《こお》る。冷凍《れいとう》。凍結《とうけつ》。②寒くて体の感覚がなくなる。例凍《こご》える。

p.168 **憧** ショウ あこがれる 15画 心 □

そうなりたい、手に入れたいと思う。あこがれる。例**憧憬**《しょうけい》。憧《あこが》れる。

p.168 **憬** ケイ 15画 心 □

さとる。あこがれる。例**憧憬**《しょうけい》。

■**新出音訓** (——線部の読みを書こう。)

①他人に心を閉ざす。p.154 (　　)

②彼は私を見て微笑した。p.156 (　　)

③▼息子を大切に育てる。p.158 (　　)

④貧弱な造りの家。p.159 (　　)

⑤重大な罪を犯す。p.161 (　　)

⑥過去の一切を水に流す。p.164 (　　)

答 ①と ②びしょう ③むすこ ④ひんじゃく ⑤おか ⑥いっさい

語句・文の意味

語義が複数の場合、①に教科書本文中の語義を示してある。類は類義語、対は対義語、文は語句を用いた短文例を示す。
●印は、教科書の脚注に示されている語句である。

▼154ページ

●**書斎**《しょさい》 個人の住宅で、読書や書き物などをするための部屋。

窓《まど》**の外**《そと》**には、色**《いろ》**あせた湖**《みずうみ》**が……かなたまで広**《ひろ》**がっていた** 窓枠《まどわく》を通して湖面があたかも額縁の中の絵のように見えたという印象的な描き方をしている。「色あせる」は、時間がたって色がさめること。ここは、日が暮れて美しい色彩《しきさい》を失った、というような意味。

●**お目**《め》**にかける** 「見せる」のへり下った言い方。類お見せする。ご覧に入れる。

たちまち外《そと》**の景色**《けしき》**は……夜色**《やしょく》**に閉**《と》**ざされてしまった** 「たちまち」は、非常に短い時間のうちに行われる様子。室内がランプの光によって明るくなったため、外の景色が見えなくなり、窓は夜のほの暗さに変わったということ。

▼155ページ

●**きらびやか** 輝くほど派手で美しい様子。

●**妙**《みょう》 原因や理屈《りくつ》などが分からず、おかしい様子。類不思議。不可解。

そそる 揺《ゆ》り動かす。ある感情や行動を起こさせる。さそう。催《もよお》させる。

●**熱情**《ねつじょう》 激しく燃え上がるような感情。

▼156ページ

無論《むろん》 言うまでもなく。とやかく言う必要のないほど物事の理の明らかな様子。類もちろん。

闇一面《やみいちめん》**に** 暗闇の中一帯に。

●**とりこになる** (比喩的に用いて)あるものに熱中したり心を奪《うば》われたりして、そこから抜け出せない状態になる。

●**すっぽかす** 自分が義務としてしなければならない仕事などを、手をつけずにそのままにしておく。文友達との約束をすっぽかす。

▼157ページ

強《つよ》**く匂**《にお》**う乾**《かわ》**いた荒野**《こうや》**の……待**《ま》**ち伏**《ぶ》**せていたも**

のだ 「焼けつくような」は強い日差し、その「昼下がり」(午後)、「涼《すず》しい朝」、一日の終わりを告げる「夕方」と、日中の時間を三つに分けて描き、一日中外でチョウを追う少年の姿を印象づけている。

●**神秘《しんぴ》** 知識や理屈では分からないような、不思議なこと。

▼158ページ

●**せめて** 十分ではないが、それだけでも。最低限の願望を表す。類少なくとも。

●**非《ひ》の打《う》ちどころがない** 優れていて、非難すべき欠点がない。完全無欠である。「非」は「欠点」の意。文彼の描いた絵は、非の打ちどころがない出来ばえだった。

▼159ページ

悪徳《あくとく》 道徳にそむいた悪い行いや心。ここでは、完全無欠ゆえに人間味にとぼしく、親しみが持てないばかりか、「僕」に不快感さえ覚えさせた「隣の子供」の人柄を言ったもの。

嘆賞《たんしょう》 深く感心してほめたたえること。

値踏《ねぶ》み 見積もって、だいたいの価値をつけること。

難癖《なんくせ》をつける ことさら欠点を取り上げて非難すること。

●**こっぴどい** 「ひどい」を強めて言う語。手厳しい。非常にひどい。類ひどい。情け容赦《ようしゃ》がない。

かえす 卵をひなや子にする。ここでは、さなぎを成虫にしたということ。

▼160ページ

●**熱烈《ねつれつ》** 激しく感情が高ぶる様子。類猛烈。

●**攻撃《こうげき》** 積極的に敵を攻めうつこと。対守備。防御《ぼうぎょ》。防衛。

●**呈《てい》する** 様子を示す。「外観を呈する」は、外見を示す、の意。

●**恐《おそ》れをなす** 恐ろしく思う。怖《こわ》がる。文大きな蛇《へび》に恐れをなして逃げた。

▼161ページ

果《は》たして 思っていたように。予想、予告したことなどが実際にそのとおりである様子。

●**優雅《ゆうが》** しとやかで、上品なこと。類優美。

あいにく 何かしようとしたときに、たまたまそれができない状態で間《ま》が悪い様子。

四《よっ》つの大《おお》きな……僕《ぼく》を見《み》つめた 本来ならば「僕」が斑点を見つめたはずだが、「斑点」を主語にすることによって、どれほどチョウの斑点が強い魅力《みりょく》を持っていたかを強調している。

逆《さか》らいがたい 抵抗することのできない。

●**さしずめ** 現在の状態では。当面。類さしあたって。とりあえず。

良心《りょうしん》 自分の行いについて道徳的な判断をして、悪い行いをせず、よい行いをしようとする心の働き。

▼162ページ

下劣《げれつ》 性質・態度などが下品で不道徳なこと。

本能的《ほんのうてき》 生まれつきの性質によっている様子。経験や学習で身につけたものではないこと。

●**大《だい》それた** 人間としての道義にはずれた。常識からはずれた。類とんでもない。

●**おびえる** 怖がってびくびくする。類びくつく。怖がる。

●**極度《きょくど》** ある状態がそれ以上進めないほど、はなはだしい程度であること。

僕《ぼく》はもうどんな不幸《ふこう》が起《お》こったかということを知《し》った まず不幸が起こったと述べ、読者の関心を強くひきつけておいてから、具体的にどんなことが起こったのかを細部にわたって述べていく、巧《たく》みな描き方である。

●**思《おも》いもよらない**　考えつくこともできない。
文彼が私に会いに来るとは、思いもよらなかった。

▼164ページ

●**……僕《ぼく》は見《み》た。……見《み》た**　美しいものを破損したことに強い衝撃《しょうげき》を受け、その冷酷《れいこく》な現実を目の前に突きつけられたことを表す。

●**忍《しの》ぶ**　がまんする。類耐《た》える。辛抱《しんぼう》する。

●**全《ぜん》然《ぜん》**　全く。類まるっきり。

●**かれこれ**　そうこうしているうちに。やがて。

▼165ページ

●**台《だい》なし**　全く役に立たない様子。類駄目《だめ》。めちゃくちゃ。

●**丹《たん》念《ねん》**　心を込めて念入りにする様子。細部まで注意深く丁寧にする様子。類丁寧。念入り。

●**依《い》然《ぜん》**　少しも変わらずもとのままである様子。

●**すんでのところで**　もう少しのところで。
文すんでのところで倒れるところだった。

▼166ページ

●**悪《あっ》漢《かん》**　男の悪者。ならず者。

●**おきて**　公《おおやけ》の取り決め。法律。類ルール。きまり。

盾《たて》　(比喩的に用いて)自分の立場を守るための手段。

●**根《ね》掘《ほ》り葉《は》掘《ほ》り**　何から何まで。しつこく。
文家族のことを根掘り葉掘り聞かれる。

読み解こう

場面ごとの内容を捉えよう。□の中には当てはまる言葉を書こう。

第一場面　［初め〜156・11］…書斎で語り合う「私」と客
——思い出を語り始める客。

■**「私」と客がどんなことについて話し、話題はどんなことであったかを押さえる。**

・子供や幼い日の□について話し合っていた。

・話題はチョウの収集のことだった。

▼思い出

■**「私」がチョウの収集を見せたときの、客の行動を押さえる。**

・「私」が「お目にかけようか。」と言うと、「①□」と言った。

・一つのチョウを用心深く取り出し、羽の裏側を見た。

・「僕は小さい少年の頃熱情的な収集家だったものだ。」と語った。

・しかし、すぐに収集箱の蓋を②□しまった。

▼①見せてほしい　②閉じて

・ポイント　客は、チョウに興味がありそうな行動を取りながらも、すぐに見るのをやめてしまったのである。その矛盾した行動の理由が、この後に明かされていく。

テストに出る!

問　**客が「私」のチョウの収集を見て、「もう、けっこう。」(155・15)と言ったのはなぜか。説明しなさい。**

答　客には、少年時代にチョウ収集に関するつらい思い出があり、その思い出がチョウを見てよみがえってきたから。

■「悪く思わないでくれたまえ。」（156・3）とは、どんなことについて言った言葉かを押さえる。

・せっかく見せてもらった収集箱を［　　］こと。

▼よく見なかった

■「自分でその思い出を汚《けが》してしまった。」（156・4）という表現から、この後どのような話が展開するかを想像する。

・客の少年時代の、チョウにまつわるよくない出来事。

●ポイント　「その思い出が不愉快ででもあるかのように」（155・17）、「話すのも恥《は》ずかしいことだが」（156・5）などの表現にも着目しよう。

■客が思い出を語り始めたときの、客や部屋の様子を捉える。

・客がランプに緑色のかさを載せると、「私」や客の顔は快い薄暗《うすくら》がりの中に沈んだ。

・客が開いた窓の縁に腰かけると、客の姿は、外の［　　］からほとんど見分けがつかなかった。

▼闇

●ポイント　客にとって、これから話そうとする内容は「話すのも恥ずかしい」思い出であり、明るい場所で語るのがためらわれたのだろうと想像できる。

第二場面　〔156・12～159・13〕…十歳の頃の回想

──「僕」のチョウ収集の始まりと隣の少年の批評。

■場面が大きく変わったことを捉える。

・「僕」＝第一場面における「［　　］」が、少年時代を回想している。

▼客

■「僕」のチョウ収集に対する熱情がどれほどのものであったかを押さえる。

・十歳ぐらいの夏にはチョウ集めのとりこになっていた。

・ほかのことを［　　］しまうほど心を打ち込んだ。

・チョウを採りに出かけると時間がたつのも忘れ、休暇《きゅうか》中は朝から晩まで駆け歩いていた。

▼すっぽかして

■「あの何とも言えぬ、貪るような、うっとりした感じ」（157・7）とは、どのような感じかを捉える。

・ほかのことを考えることなく、ただ一つのことに夢中になっている感じ。

●ポイント　言葉ではうまく表せないほどの心地《ここち》よさにひたっている感じを表現している。

■コムラサキを「隣の子供にだけは見せよう」（158・16）と思った「僕」の気持ちを捉える。

・普段は、自分の設備が幼稚《ようち》なので、収集を仲間に自慢することはできなかった。

・そのため、すばらしい獲物があっても①[　　]にしていた。

・しかし、珍しいコムラサキを捕らえたことで②[　　]な気持ちになり、隣の子供にだけは見せたいと思った。

▼①ないしょ ②得意

■「隣の子供」の描かれ方を整理し、「僕」が「隣の子供」にどのような気持ちを抱《いだ》いていたかを捉える。

「隣の子供」の描かれ方

・非の打ちどころがないという①[　　]を持っていた。

・それは子供としては二倍も②[　　]性質だった。

・収集は貧弱だったが、小ぎれいで手入れが正確だった。

・傷んだり壊《こわ》れたりした羽をにかわで継ぎ合わすという、難しく珍しい技術を持っていた。

・あらゆる点で③[　　]だった。

「僕」の「隣の子供」への気持ち

・少年を妬み、嘆賞《たんしょう》しながら④[　　]いた。

▼①悪徳 ②気味悪い ③模範少年 ④憎んで

● ポイント　「非の打ちどころがない」「模範少年」などは長所ともなり得る特徴だが、そのことを「僕」は「悪徳」「気味悪い」といった否定的な言葉で評価している。模範的な性格や優れた技術は認めつつ、それに嫉妬し憎むという、相反する気持ちを抱いていたのである。

テストに出る！

問 **「僕」と「隣の子供」はどのような点で対照的であるか。説明しなさい。**

答 「僕」が、チョウに夢中になるとほかのことを忘れてしまうような子供らしい熱情を持っているのに対して、「隣の子供」は非の打ちどころがなく、何事にも正確な模範少年で、子供らしくないという点。

■コムラサキを見せたときの、「隣の子供」の反応を押さえる。

・専門家らしく鑑定《かんてい》して珍しいことを認め、値踏みした。

・それから[　　]をつけ始め、いろいろと欠陥《けっかん》を指摘《してき》してこっぴどく批評した。

▼難癖

テストに出る！

問 **「僕」が、二度と「隣の子供」に獲物を見せなかったのはなぜか。説明しなさい。**

答 「隣の子供」に厳しく批評されたことで、珍しい獲物を捕らえたことへの喜びが大きく傷つけられたから。

◆ 普段は仲間にチョウを見せることがない「僕」が、わざわざ「隣の子供」にだけ見せたのは、コムラサキを捕らえたことの興奮と喜びのためである。それを「こっぴどく批評」されたのだから、よけいに深く傷ついたことが想像できる。

第三場面 〔159・14〜164・3〕…十二歳の頃の回想
――「僕」がエーミールのチョウを盗んでしまう。

■「今日、僕の知人の一人が……僕は興奮しないだろう。」（159・16）とは、「僕」のどのような気持ちを表しているかを捉える。

・ほとんどあり得ないことが起こったとしても、それとは比べものにならないほど、エーミールがクジャクヤママユを手に入れたことは重大な出来事だと思っている。

■エーミールの部屋に着いた後、「僕」のチョウに対する欲望がどのように変化していったのかを捉える。

・部屋に着いたとき…せめて例のチョウを①［　　］。

・展翅板《てんしばん》に載ったチョウを見たとき…紙きれを取りのけて、あの有名な斑点を見たい。

・斑点を見たとき…この宝を②［　　］。

▼①見たい　②手に入れたい

●ポイント　珍しいチョウを一目見たい、という気持ちから、欲望が徐々《じょじょ》に膨らんでいったのである。

■「僕」が誘惑に負けて盗みを犯してしまった瞬間の、表現の特徴を捉える。

・斑点の魅力を、「四つの大きな不思議な斑点が、……僕を［　　］。」と表現している。

▼見つめた

●ポイント　「僕」が斑点を「見た」のではなく、主語が「斑点」になっていることに着目。「僕」の衝撃と感動が伝わる表現である。

■盗みを犯した直後から、良心に目覚めるまでの「僕」の気持ちの変化を捉える。

・盗みを犯した直後は、大きな［　　］だけを感じていた。

・階段の下から誰かが上がってくる音が聞こえた瞬間に、良心が目覚めた。

▼満足感

●ポイント　チョウを持ち出したときは、珍しく美しいクジャクヤママユを手に入れたことの喜びが大きく、他人のものを盗んだという行いの善悪などは、何も感じていなかったことが分かる。その後、他人の存在に気づいて我に返り、初めて罪を犯した自覚が生まれたのである。

テストに出る！

問　①「胸をどきどきさせながら」（161・9）と、②「胸をどきどきさせ（162・5）で、「僕」の気持ちはどのように違うのか。説明しなさい。

答　①…クジャクヤママユの斑点を見ることへの期待に緊張している気持ち。
②…自分が盗みをした下劣《げれつ》なやつだと悟ると同時に、誰かに見つかりはしないかという不安に襲われておびえている気持ち。

■「不幸」（162・12）とはどんなことかを押さえる。

・クジャクヤママユが、繕うことなど思いもよらないほどばらばらになり、［　　］しまっていたこと。

▼潰れて

・ポイント まず「不幸が起こった」と述べ、後からその詳細を述べることで、「僕」の感情に沿った臨場感のある表現になっている。

第四場面 〔164・4〜終わり〕…エーミールへの謝罪のてんまつ。

■「僕」の告白に対する、母の対応を押さえる。

・母は驚き悲しんだが、「僕」にとってはこの告白が、どんな罰よりもつらいことだと感じたらしかった。

・エーミールに全てを話して謝罪し、埋め合わせを申し出て［　　］ように頼まなければならないと言った。

▼許してもらう

・ポイント 母は、毅然とした厳しい態度をとったが、強く叱《しか》ったり罰を与えたりはしなかった。それは勇気を出して母に告白した「僕」の心情を察したからであり、母の思いやりが読み取れる。

テストに出る！

問 **「彼が僕の言うことを……全然信じようともしないだろう」(164・14)と感じたのは、「僕」がエーミールのことをどういう少年だと思っていたからか。説明しなさい。**

答 エーミールは正義を体現したような模範少年であり、自分とは全く性質の異なる少年だと思っていたから。

■「僕」の謝罪に対する、エーミールの反応を捉える。

・激したり怒鳴りつけたりなどはしなかった。

・冷淡に構え、「僕」を［　　］的に見つめた。

▼軽蔑

・ポイント 「僕」の埋め合わせの申し出にも応じず、完全に「僕」のことを拒絶している。

テストに出る！

問 **「その瞬間、僕はすんでのところであいつの喉笛に飛びかかるところだった。」(165・17)とあるが、このような気持ちになった理由を説明しなさい。**

答 大切にしている標本をけなすようなことを言われたうえ、チョウをいいかげんに扱う人間だと断定されたから。

◆ 直前の「僕は君の集めた……見ることができたさ。」(165・14)というエーミールの言葉は、チョウを熱烈に愛していた「僕」にとっては、胸に突きさすような言葉だったと考えられる。

■「僕」にとって後年まで忘れがたい教訓となったことを捉える。

・一度起きたことは、もう［　　］のできないものだということ。

▼償い

・ポイント エーミールが「僕」に怒りをぶつけたり代償を受け取ったりしていれば、償いの形が取れたかもしれない。しかし、エーミールから冷たい拒絶と軽蔑を受け、償いはできないと悟ったのである。

■家に戻った「僕」を、母がどのような態度で迎《むか》えたかを押さえる。

・謝罪の様子を深く聞くことなく、［　　］においてくれた。

▼構わず

・ポイント　「僕」の様子を見て、母は「僕」が心に深い傷を負ったことを察したのかもしれない。「僕」を追い詰めない態度に、母の優しさが表れている。

■エーミールへの謝罪を受け入れてもらえなかった「僕」が、どんな行動をとったかを押さえる。

・闇の中で自分のチョウの収集箱を開き、チョウを一つ一つ、指で粉々に［　　　］しまった。　▼押し潰して

・ポイント　宝物のようなチョウの収集を、自らの手で押し潰したのである。「一つ一つ」というところから、「僕」の思い詰めた様子が伝わってくる。また、「闇の中で」という描写は、第一場面で客が思い出を語り始めたときの「闇」とつながる表現である。

てびき―解答と解説

教科書の課題を解き、学習内容をしっかりと身につけよう。　教科書167ページ

◉人物の思いを想像しよう

① 冒頭《ぼうとう》の場面（154・1〜156・11）から、少年時代の体験を振り返る「客」の思いを捉えよう。

解答　自分のことを恥じる、つらく苦い思い。

解説　次のような「客」の言葉や行動・態度から考えよう。

・「客」は、「私」のチョウの標本を丁寧に扱い、自分のことを「熱情的な（チョウの）収集家だった」と言いながらも、収集箱の蓋をすぐに閉じてしまった。

→「客」はチョウに興味がないから蓋を閉じたのではなく、チョウを見るのもつらいような思い出を抱《かか》えているのだと想像できる。

・「自分でその思い出を汚してしまった」（156・4）、「話すのも恥ずかしい」（156・5）

→そのつらい思い出の責任が「客」自身にあり、「客」がそれを恥じていることが分かる。

② 「僕」のチョウ集めの場面（156・12〜159・13）から、「僕」がどんな少年だったのかを捉えよう。また、「僕」の視点から見たエーミールはどんな少年だったのだろうか。

解答

［僕］・一つのことに夢中になるとほかのことには目が向かなくなるような、いちずで無邪気《むじゃき》な少年。
・チョウの細部から美しさを感じ取る感受性の豊かさを持つ。
・自分の設備を恥じる自尊心を持つ。

［「僕」から見たエーミール］・嫌味《いやみ》に思えるほど非の打ちどころがなく、きちょうめん。
・チョウの収集に高い技術を持った、子供らしさのない模範少年。

解説　チョウに打ち込む「僕」は、ほかのことはすっかりすっぽかしたり、周りの人を心配させたり、食事もとらずに一日中駆け歩いたりと、子供らしいいちずさが読み取れる。また、チョウに向き合う様子からは、チョウに対する強い愛情が感じられる。また、評判になるほどの獲物を手にしても、それを誰かに見せるよりも、設備に対する恥ずかしさが先にたつ自尊心もうかがえる。

一方、エーミールは非の打ちどころがない模範少年であり、チョウの収集の「小ぎれい」「正確」な様子から、きちょうめんな

性格が見て取れる。感情の動くとおりに行動する「僕」から見れば、劣等感《れっとうかん》を覚えるほど大人びた姿が想像できる。

③ クジャクヤママユを見に行って、盗み、壊してしまうまでの場面(159・14～164・3)から、クジャクヤママユをめぐる「僕」の気持ちの変化を捉えよう。

解答 ・クジャクヤママユのうわさを聞いて興奮し、見たいと思う期待感でいっぱいになる。
・チョウを実際に目にして、もっと見たい欲求がこみ上げる。
・斑点を見てすっかり魅了《みりょう》され、自分のものにしたいという抑《おさ》えきれない欲望を感じる。
・チョウを盗み、手に入れたことに大きな満足感を覚える。
・良心に目覚め、自分の行いを恥じるとともに、見つかりはしないかという不安とおびえを感じる。
・美しいチョウ(クジャクヤママユ)が潰れたことで、取り返しのつかないことをしたという深い悲しみに襲われる。

解説 クジャクヤママユのうわさを聞いたとき、「僕」は憎んでいるエーミールの家へすぐに出かけていくほど興奮している。ところが、斑点を見たときから、「僕」は盗みを犯してその行動の意味にも気づかないほど、チョウ(クジャクヤママユ)に魅せられてしまった。

良心に目覚めた後、潰れたチョウを見た「僕」は、「盗みをしたという気持ちより……チョウを見ているほうが、僕の心を苦しめた。」(162・16)とあるように、罪悪感よりも、チョウを無残な姿にしてしまったことへの悲しみが心を占《し》めている。

④「そしてチョウを一つ一つ取り出し、指で粉々に押し潰してしまった。」(166・10)とあるが、このとき「僕」はどのようなことを考えていたのだろうか。

解答 ・エーミールに償いができなかった代わりに、自分で自分に罰を与えたい。
・自分にはもうチョウを収集する資格はないから、チョウと決別しよう。など

解説 この行動の意味するところは、いろいろに考えることができる。表現を丁寧に捉えて考えよう。
・「一つ一つ」…エーミールから償いの機会を与えられなかった「僕」は、長い間情熱をささげてきた宝物を「一つ一つ」じっくりと潰すことで、自分に罰を与えていると考えられる。チョウを捕まえたときの思いを、一匹ずつ思い返しているのかもしれない。
・「指で」…自らの指に、潰す感触の記憶を刻み込ませることで、より厳しく自分を罰しているともとれる。
・「粉々に」…修復不可能な状態にまで潰しているところに、チョウと決別しようとする意志の強さが感じられる。あるいは、情熱のままに行動する自分への決別かもしれない。また、粉々にしたかったのは、クジャクヤママユのうわさをきいてからそれを潰してしまうまでの、取り返しのつかない時間だったのかもしれない。

◉ 構成の工夫や表現の効果について話し合おう

⑤ 小説の前半部分(154・1～156・11)から、後半部分(156・12～166・10)への伏線になっている表現を探し、この小説の構成の工夫や表現の効果について話し合ってみよう。

解説 「伏線」とは、後の展開に備えて、関連した事柄を前の

ほうでほのめかしておくこと。本作では次のような表現に着目できる。

・「友人は一つのチョウを……羽の裏側を見た。」(155・7)

→「友人(客)」のチョウの扱いが丁寧で慣れていること、チョウの羽の裏側を見たことから、手に取ったチョウは羽の裏に特徴があるという、チョウについての知識を持っていることが分かる。

・「箱の蓋を閉じて、『もう、けっこう。』……口早にそう言った。」(155・15)

→チョウについて何か不愉快な思い出があることが想像できる。

・「僕も子供のとき……思い出を汚してしまった。」(156・4)

→前述の「不愉快な思い出」は、「友人(客)」自身が原因だということが分かる。この後、「友人(客)」本人の語りによって事のてんまつが語られるという構成になっている。

・「彼の姿は、外の闇からほとんど見分けがつかなかった。」(156・9)

→最後に「僕(＝友人、客)」が、闇の中でチョウを押し潰すという物語の結末を暗示している。

○広がる言葉

ⓐ「少年の日の思い出」には、「その緊張と歓喜ときたら……」(158・4)のような心情を表す言葉が用いられている。このような言葉を、文章中から探そう。

解答 うっとり(157・8)、得意(158・16)、妬む(159・5)、興奮(160・11)、羨ましい(160・14)、どきどき(161・9)、おびえる(162・6)、冷淡(165・12)、軽蔑(165・13)など。

解説 登場人物の様子に着目して心情を表す言葉を探す。良いイメージの語と悪いイメージの語に分類して整理するのもよい。

ⓑ 例を参考に、「少年の日の思い出」の中の1〜3の文について、そのときの人物の心情を表す言葉としてふさわしいものを、「言葉を広げよう 心情を表す言葉」(330ページ)から一つ以上選ぼう。

解答 1…心が躍《おど》る、夢中 など

2…感嘆、高鳴る、うっとり など

3…断腸の思い、悔恨《かいこん》 など

解説 各文の場面における「僕」の心情を想像し、ふさわしい言葉を探す。同じグループ(例えば「感動・興奮」や「好む・慕う」など)に属する言葉でも、場面に合うものと合わないものがあることに注意し、言葉の意味の違いを捉えよう。

ⓒ 次の心情を表す言葉のリストから一つ選び、その言葉を使った短文を作ってみよう。

解答 幼い頃から使っている食器に愛着を感じる。／明日の試合のことを考えて不安が募る。／真実を言うべきかどうか心の中で葛藤する。／実力を遺憾なく発揮して試験に合格した。／テスト勉強が思うように進まず、くさくさする。／彼のピアノの演奏を聞いて、あまりのすばらしさに嫉妬した。／その事件の真相は人々を戦慄させた。／兄のけががたいしたことなくて、ほっと胸をなで下ろす。／不合格の知らせにショックを受ける。／懐かしい歌声に郷愁を誘われる。／メールを誤送信しそうになって背筋が凍る思いをした。／都会の暮らしに憧憬の念を抱いている。

解説 似た表現との意味の違いを考えたり、熟語の場合は漢字の意味や構成から言葉の意味を捉えたりして、心情を表す言葉を使いこなせるようにしよう。

▼書く 描写《びょうしゃ》・表現

視点を変えて心情を描《えが》こう

教科書169ページ

学習目標
● 視点を決め、人物の心情などを描き出すため、ふさわしい言葉を選んで文章を練りあげる。

言葉の力　視点を決めて書く

○誰の視点を通して語るかを決め、その人物を、例えば一人称《いちにんしょう》の「私」など、どのような呼び方で登場させるかも考える。
○語り手の視点から分かる範囲《はんい》で人物の心情などを描き出す。
○描きたい心情に合った言葉を選んで文章を練りあげる。

視点を変えて物語の場面を書き換える

・「語り手」とは、文学作品の中で、起こった出来事、登場人物の行動や心情などを、読者に語る人物のこと。
・語り手が「私」「僕」などの□の登場人物として作品に出てくる場合。
→語り手自身の心の中の思いを直接、言葉にして表現できる。
・今までに読んだ作品から、視点を変えて場面を書き換えてみる。
→ものの見方を広げ、心情を描き出す表現力を磨《みが》くことができる。

▼一人称

ポイント　第三者を語り手にすると、登場人物を客観的な視点で描き出すことができる。自分で文章を書く場合は、どこに視点を置くのが効果的か、よく検討しよう。

教科書の例▼ 選んだ場面の例 ―― 教科書169ページ

・「少年の日の思い出」より、語り手である少年（＝僕）が、エーミールのチョウの標本を壊《こわ》してしまったことを謝っている場面。
・「彼は冷淡に構え、依然僕をただ軽蔑《けいべつ》的に見つめていた」
→エーミールの様子や心情が、少年の感じた範囲で書かれている。

教科書の例▼ 視点を変える ―― 教科書169ページ

・エーミールが一人称の「僕」として語っているように書き換える。
・エーミールの行動は、「僕」の行動として書く。
・少年の行動は、エーミールから見た少年の行動として書く。呼び方は「少年」または「彼」などとする。
・「彼は冷淡に……見つめていた」の部分は、エーミール自身がどんな気持ちで少年を見つめていたかを想像して書く。このとき、「冷淡に構え」や「軽蔑的に」という表現をそのまま使うのがよいか、ほかの表現に変えたほうがよいかも検討する。
・少年の謝罪や申し出を聞いて、エーミールはどんなことを感じたり考えたりしていたのか、続きを想像して書いてみよう。

ポイント　もとの文章では、語り手の少年から見たエーミールの心情しか描かれていない。視点を変えることで、エーミールの心情をより深く想像できる。一方の視点からでは気づかない新たな発見があるかもしれない。ほかの場面やほかの作品でも同様に取り組んでみよう。

文法の窓4

名詞

教科書170、262～263ページ

新出漢字・新出音訓

読みの太字は送り仮名を示す。（ ）は中学校では学習しなくてもよい読みを、―線は特別な言葉に限って使われる読みを示す。例は用例を示し、例中の太字は教科書本文中の語句であることを示す。新出音訓の▼は、常用漢字表の「付表」の語を示す。□には漢字を、（ ）には読みを書こう。

p.170 **袋** （タイ） ふくろ 11画 衣 □

ふくろ。例 **手袋**《てぶくろ》。ごみ袋《ぶくろ》。

p.170 **瀬** せ 19画 水 □

①流れが浅く、歩いて渡れる場所。例 浅瀬《あさせ》。②水が激しく流れる急流。例 早瀬《はやせ》。③立場。例 立《た》つ瀬《せ》がない。

p.170 **坪** つぼ 8画 土 □

尺貫法《しゃっかんほう》の土地の面積の単位。一間《いっけん》四方。例 **百坪**《ひゃくつぼ》。

p.170 **尻** しり 5画 尸 □

①物事の最後の部分。例 **目尻**《めじり》。②しり。例 猿《さる》の尻《しり》。

p.170 **呂** ロ 7画 口 □

①「ロ」の音にあてた字。例 **風呂**《ふろ》。風呂敷《ふろしき》。②音楽や言葉の調子。例 呂律《ろれつ》が回らない。

p.170 **駐** チュウ 15画 馬 □

とどまる。とどめる。例 **駐車**《ちゅうしゃ》。駐在《ちゅうざい》。駐輪《ちゅうりん》。

p.170 **掃** ソウ はく 11画 手 □

①はき清める。例 **掃除**《そうじ》。清掃《せいそう》。②取り除く。例 一掃《いっそう》。掃海《そうかい》。

p.170 **楷** カイ 13画 木 □

漢字の一点一画をきちんと書く法。また、その書体。例 楷書《かいしょ》。

p.170 **膳** ゼン 16画 肉 □

①お椀《わん》に盛った飯を数える語。例 **一膳**《いちぜん》。②料理をのせて出す台。また、その料理。例 御膳《ごぜん》。配膳《はいぜん》。食膳《しょくぜん》。③箸を一対《いっつい》として数える語。

p.170 **隻** セキ 10画 隹 □

①船を数える単位。例 **三隻**《さんせき》。②対になるものの一方。例 隻眼《せきがん》。③ほんの少し。例 片言《へんげん》隻句《せっく》。

「片言隻句」はほんの少しの言葉という意味で、「片言隻語《せきご》」ともいいます。

p.170 **含** ガン ふく**む** ふく**める** 7画 口 □

ふくむ。中に入っている。例 **含**《ふく》**む**。含有《がんゆう》。

■ **新出音訓** （――線部の読みを書こう。）

①京阪神の経済。→p.170 （ ）

②掃除を手伝う。→p.170 （ ）

答 ①けいはんしん ②そうじ

「京阪神」は「京都」「大阪」「神戸」から一文字ずつ取った言葉ですね。

◉学習内容の要点を押さえ、教科書の問題の答えを確かめよう。（□の中には当てはまる言葉を書こう。）

名詞とは、活用のない自立語で、□になることのできる単語である。名詞には、次のような種類がある。

▼主語

1 名詞の種類

❶**普通名詞**…物事を表す一般的な名詞。名詞の大部分を占《し》める。

例 家で、犬と猫《ねこ》を飼っている。
別れと出会いの季節。
この机は木でできている。

❷**固有名詞**…特定の人や物や場所などに付けられた名前を表す名詞。

例 京都で金閣寺《きんかくじ》を見学する。
勝海舟《かつかいしゅう》は船で太平洋を渡り、アメリカへ行った。

❸**数詞**…数を含む名詞。物の数や順序を表す。

例 三人であの店に行ったことが一度だけある。
入場者は百万を超《こ》えた。

＊数詞や、日時を表す名詞（今日など）は、他の名詞と異なり、助詞を伴わずに連用修飾語《しゅうしょく》になることができる。

例 ジュースを五本買う。　今日、夏休みが終わる。
来週、運動会がある。

❹**代名詞**…人や物や場所などを指し示すのに用いられる名詞。

例 あなたは、これとそれではどちらが好きですか。
彼と公園に行ったが、そこには誰もいなかった。
私は、紅茶にします。君は、どうしますか。

＊代名詞の種類
・人称《にんしょう》代名詞＝「私・僕・あなた・君・彼・彼女」など、①□を指し示す。
・指示代名詞＝「これ・それ・あれ・どれ・ここ・そちら」など、②□などを指し示す。

▼①人　②物事や場所

❺**形式名詞**…もともとの意味をなくして、必ず修飾語と結び付いて用いられる名詞。

例 苦しいときでも、努力することが大切だ。
練習すれば、できるはずだ。
そこまで行けるわけがない。（「わけ」は本来「理由」の意味）

＊形式名詞は普通、平仮名で書く。

例 遠い所から来た。（普通名詞）　今行くところだ。（形式名詞）

2 いろいろな成り立ちの名詞

❶**用言から名詞になったもの（転成名詞）**

例 話す→話
流れる→流れ
近い→近く
多い→多く

「近くの公園」「生徒の多く」は、形容詞から転成した名詞です。

❷形容詞・形容動詞の一部に接尾語《せつび》が付いたもの

例 深い→深さ・深み
軽やかだ→軽やかさ
華《はな》やかだ→華やかさ

❸名詞に接頭語・接尾語が付いたもの

例 お茶　ご案内　ま昼　田中さん

＊接頭語・接尾語について
・いろいろな単語の上や下に付き、意味を添える言葉である。
・「お」「ご」など、上に付くものを接頭語という。
・「さ」「み」「さん」など、下に付くものを接尾語という。
・接頭語・接尾語だけで一単語とはしない。

❹二つ以上の単語が結び付いたもの(複合名詞)

例 夏空(夏＋空)　親離れ(親＋離れる)
円安(円＋安い)　植木(植える＋木)
うれし涙(うれしい＋涙)

▼教科書170ページにある、表の各ますを、中に入っている名詞の種類によって塗《ぬ》り分ける問題の解答は、次のようになる。解説も参考にしよう。

解答 ①バラ・手袋・読書・パン・野球・人生・言葉・眠り・ペン・常識・スズメ・銅・深み・社会・広さ・目尻・名詞・光・犬・惑星・羊・山脈・人間・雲　②徳川家康《とくがわいえやす》・富士山《ふじさん》・瀬戸《せと》大橋・東大寺・エジソン・京阪神・日本銀行・竹取物語《たけとりものがたり》・パリ・北極・平成・孔子《こうし》　③十羽・百坪・一万・六個・二時・四回・八月　④彼・それ・どこ・誰・こちら・僕・どなた・そこ　⑤こと・ふり・つもり・はず・ほう

解説 ほかに、①普通名詞「小鳥・建物・植物」、②固有名詞「イギリス・宮沢賢治《みやざわけんじ》・平家《へいけ》物語・四国」、③数詞「二枚・四番・第六・一月一日」、④代名詞「君・彼女・ここ・これ」、⑤形式名詞「もの・ところ」などがある。代名詞はさらに、「君・彼女」などの人称代名詞と「ここ・これ」などの場所や物事を示す指示代名詞とに分けることができる。

○問題 ―― 教科書263ページ

1 下の文から名詞を抜き出し、名詞の種類を答えよう。

解答 1私＝代名詞　八つ＝数詞　とき＝形式名詞　人＝普通名詞　2東京＝固有名詞　村＝普通名詞　暮らし(二つ目のもの)＝普通名詞　3夜空＝普通名詞　星＝普通名詞　川辺＝普通名詞　蛍＝普通名詞　光＝普通名詞　4いくつ＝数詞　母＝普通名詞　そば＝普通名詞　子供＝普通名詞

解説 2の文の一つ目の「暮らし」は動詞「暮らす」が活用した形(連用形)で、二つ目の「暮らし」は転成名詞である。

2 下に挙げた用言から名詞を作ってみよう。

解答 1歩く→歩き　貸す→貸し　飾《かざ》る→飾り　2大きい→大きさ　厚い→厚さ・厚み　憎い→憎さ・憎しみ　3静かだ→静かさ　豪華《ごうか》だ→豪華さ　朗《ほが》らかだ→朗らかさ

解説 1は、それぞれの動詞を連用形にすればよい。2・3は、形容詞・形容動詞の一部に、接尾語の「さ」や「み」を付けてみよう。

「朗らか」のように、活用しても形の変わらない部分のことを「語幹」というよ。

漢字道場4 他教科で学ぶ漢字

教科書171ページ

新出漢字・新出音訓

読みの太字は送り仮名を示す。（ ）は中学校では学習しなくてもよい読みを、―線は特別な言葉に限って使われる読みを示す。例は用例を示し、例中の太字は教科書本文中の語句であることを示す。新出音訓の▼は、常用漢字表の「付表」の語を示す。□には漢字を、（ ）には読みを書こう。

亜　ア　7画　二　p.171
①つぐ。準ずる。例**亜熱帯**《あねったい》。亜流《ありゅう》。②亜細亜《あじあ》の略。例東亜《とうあ》。

墳　フン　15画　土　p.171
土を高く盛った墓。例**古墳**《こふん》。墳墓《ふんぼ》。円墳《えんふん》。

塚　つか　12画　土　p.171
①土を小高く盛ったもの。例**貝塚**《かいづか》。一里塚《いちりづか》。②土を盛って築いた墓。例無縁塚《むえんづか》。

弥　や　8画　弓　p.171
いよいよ。例**弥生時代**《やよいじだい》。弥生文化《やよいぶんか》。

脊　セキ　10画　肉　p.171
せぼね。背中。例**脊椎動物**《せきついどうぶつ》。脊柱《せきちゅう》。

椎　ツイ　12画　木　p.171
せぼね。例**脊椎動物**《せきついどうぶつ》。椎骨《ついこつ》。

鯨　ゲイ　くじら　19画　魚　p.171
①クジラ。例**鯨**《くじら》。捕鯨《ほげい》。鯨肉《げいにく》。②大きいこと。例鯨飲《げいいん》。

哺　ホ　10画　口　p.171
食べ物を口に入れる。例**哺乳類**《ほにゅうるい》。哺乳瓶《ほにゅうびん》。

顕　ケン　18画　頁　p.171
あきらか。例**顕微鏡**《けんびきょう》。顕著《けんちょ》。顕在《けんざい》。

塑　ソ　13画　土　p.171
土をこねて形をつくる。土の人形。例**塑性**《そせい》。塑像《そぞう》。彫塑《ちょうそ》。

穫　カク　18画　禾　p.171
作物をかり入れる。例**収穫**《しゅうかく》。

酢　サク　す　12画　酉　p.171
す。すっぱい。例**酢の物**《すのもの》。酢酸《さくさん》。

腎　ジン　13画　肉　p.171
①腎臓。例**腎臓**《じんぞう》。②大切なところ。例肝腎《かんじん》。

腺　セン　13画　肉　p.171
分泌作用を営む器官。例**胸腺**《きょうせん》。汗腺《かんせん》。涙腺《るいせん》。

■**新出音訓**（――線部の読みを書こう。）

①▼弥生時代の文化。p.171（　　）

答　①やよい

■**教科書の問題の答え**

1あねったい　2かんき　3こふん　4こうこつ　5かいづか　6やよい　7ひし　8せきつい　9ほにゅうるい　10けんびきょう　11ちかん　12のうど　13そせい　14だんせい　15しゅうかく　16てんか　17す　18じんぞう　19きょうせん

▼読む

読書2

読書への招待

風を受けて走れ

筆者・佐藤次郎《さとうじろう》

教科書172〜179ページ

ガイダンス

学習目標を押さえ、「風を受けて走れ」のおおよその内容を理解しよう。

●学習目標

●読んだ本を紹介し合い、知識を広げたり考えを深めたりする。

●文章を読む前に

多くの人にとって、「走る」ということはあたりまえに行う動作である。しかし義足使用者にとっては長い間、走ることも、走るときに頰《ほお》に風があたる感覚も、あたりまえのことではなかった。彼らが再び走る喜びを味わえるようになった背景には、一人の義肢《ぎし》装具士の粘《ねば》り強い努力があったのである。

●あらすじ

義肢装具士の臼井《うすい》二美男《ふみお》は、「義足使用者は走れない」という常識に疑問を抱き、海外で作られた「走れる足部《そくぶ》」を使って走る試みを行った。挑戦は成功し、臼井はこの活動を続けていく決心をする。

その後「板バネ」と呼ばれる義足が登場し、走る練習の会は活動を広げ、パラリンピック選手も輩出《はいしゅつ》するようになった。臼井は今も、義足を着けた人が走りを取り戻し、人生の幅を広げてほしいと願って支援《しえん》を続けている。

●文章の構成

プロローグとなる第一場面と、臼井二美男の挑戦を時系列に沿って紹介した本文の、大きく二つの部分で構成されている。本文はさらに、次のように四つに分けることができる。

・第一場面（初め〜172・13）……義足使用者の現状。
・第二場面（172・14〜175・1）…臼井が抱《いだ》き始めた夢。
・第三場面（175・2〜176・26）…初めての走る練習。
・第四場面（176・27〜178・19）…臼井の活動の輪が広がる。
・第五場面（178・20〜終わり）…臼井が目指すもの。

●表現の特色

この文章は、スポーツライターである著者が臼井の取り組みをまとめたノンフィクション（事実の記録）だが、語りの視点は臼井に置かれている。そのため、客観的な事実にとどまらず、臼井の心情も著者によって代弁されている。

●主題

不可能を可能にした、義肢装具士の挑戦。

長年の常識に疑問を抱き、走れる義足の研究開発や練習会の実施《じっし》に尽力《じんりょく》した臼井の、ひたむきに努力する姿が中心となって描かれている。また、臼井の活動を通して、脚《あし》を失った人が再び走れるようになった喜びの大きさや感動も伝わってくる。

新出漢字・新出音訓

読みの太字は送り仮名を示す。（　）は中学校では学習しなくてもよい読みを、―線は特別な言葉に限って使われる読みを示す。例は用例を示し、例中の太字は教科書本文中の語句であることを示す。新出音訓の▼は、常用漢字表の「付表」の語を示す。□には漢字を、（　）には読みを書こう。

p.172 **脚** キャク（キャ） あし　11画　肉　□

①あし。例**脚**《あし》。脚力《きゃくりょく》。健脚《けんきゃく》。②物事の下の部分。例脚注《きゃくちゅう》。③土台として支えるもの。例橋脚《きょうきゃく》。失脚《しっきゃく》。④台本。例脚本《きゃくほん》。

p.172 **肢** シ　8画　肉　□

手や足。体から枝分かれして出ている部分。例**義肢**《ぎし》。四肢《しし》。肢体《したい》。選択肢《せんたくし》。

p.173 **需** ジュ　14画　雨　□

もとめる。例**必需品**《ひつじゅひん》。需要《じゅよう》。需給《じゅきゅう》。内需《ないじゅ》。

p.173 **膝** ひざ　15画　肉　□

ひざ。例**膝**《ひざ》。**膝上**《ひざうえ》。膝枕《ひざまくら》。膝掛《ひざか》け。

p.174 **抱** ホウ だく いだく かかえる　8画　手　□

両手でかかえ持つ。例**抱**《いだ》**く**。抱《かか》える。介抱《かいほう》。

p.174 **薄** ハク うすい うすめる うすまる うすらぐ うすれる　16画　艹　□

①うすい。すくない。例**薄**《うす》**い**。薄明《うすあ》かり。薄暮《はくぼ》。意志薄弱《いしはくじゃく》。薄氷《はくひょう》。薄利多売《はくりたばい》。②なんとなく。例薄《うす》ぼんやり。薄《うす》よごれた。

p.174 **湾** ワン　12画　水　□

①まがる。入り込む。例**湾曲**《わんきょく》。②海水や湖水が陸地に入り込んだ所。例港湾《こうわん》。湾岸《わんがん》。東京湾《とうきょうわん》。

p.174 **丈** ジョウ たけ　3画　一　□

①じょうぶ。例**丈夫**《じょうぶ》。頑丈《がんじょう》。気丈《きじょう》。②体や物の高さ。例身《み》の丈《たけ》。背丈《せたけ》。居丈高《いたけだか》。

p.175 **挑** チョウ いどむ　9画　手　□

いどむ。そそのかす。例**挑戦者**《ちょうせんしゃ》。挑発《ちょうはつ》。

p.175 **廊** ロウ　12画　广　□

部屋どうしや建物どうしをつなぐ通路。例**廊下**《ろうか》。回廊《かいろう》。画廊《がろう》。

p.176 **喪** ソウ も　12画　口　□

①うしなう。なくす。例**喪失感**《そうしつかん》。記憶喪失《きおくそうしつ》。②親族の死後、その死をいたみ一定の期間身を慎《つつし》むこと。例喪中《もちゅう》。喪服《もふく》。服喪《ふくも》。

p.176 **悩** ノウ なやむ なやます　10画　心　□

なやむ。なやます。例**悩**《なや》**み**。苦悩《くのう》。煩悩《ぼんのう》。悩殺《のうさつ》。

p.177 **踏** トウ ふむ ふまえる　15画　足　□

ふむ。足が地につく。例**踏**《ふ》**み出**《だ》**す**。足踏《あしぶ》み。踏査《とうさ》。踏襲《とうしゅう》。

p.177 **絡** ラク（からむ）（からまる）（からめる）　12画　糸　□

①つなぐ。例**連絡**《れんらく》。②からみつく。まつわる。例絡《から》む。③すじ道。例脈絡《みゃくらく》。短絡《たんらく》。

p.177 **伴** ハン バン ともなう　7画　人　□

ともなう。つれだつ。例**伴走**《ばんそう》。同伴《どうはん》。伴奏《ばんそう》。

p.179 **幅** フク はば　12画　巾　□

端から端までの長さや隔《へだ》たり。はば。例**幅**《はば》。大幅《おおはば》。幅員《ふくいん》。全幅《ぜんぷく》。

■**新出音訓**（――線部の読みを書こう。）

①運を試す。 p.175 （　　）

②速さを競う。 p.178 （　　）

答 ①ため ②きそ

語句・文の意味

語義が複数の場合、①に教科書本文中の語義を示してある。類は類義語、対は対義語、文は語句を用いた短文例を示す。
●印は、教科書の脚注に示されている語句である。

▼172ページ

義《ぎ》足《そく》 切断された足の代わりに着ける、人工の足。

「走《はし》る」と「義足《ぎそく》」。二《ふた》つの言葉《ことば》は離《はな》れ離《ばな》れだった 二つの言葉が結び付くことはないほど、「走る」ことと「義足」は遠い関係だったということ。

▼173ページ

殊《こと》に 特に。とりわけ。

耐久性《たいきゅうせい》 長く持ちこたえる性質。

生活必需品《せいかつひつじゅひん》 生活するうえで必ずなくてはならないもの。

継《つぎ》手《て》 金属や木材などを継ぎ合わせたところ。つぎ目。

ソケット 一般には電球や蛍光灯《けいこうとう》などを差し込む受け口の器具のことをいうが、もとは「穴、受け口」の意味。

精《せい》巧《こう》 細工や仕組みが細かく、よくできていること。

▼174ページ

鉄《てっ》則《そく》 変えることのできない絶対的な規則や法則。

湾《わん》曲《きょく》 弓なりに曲がること。

触《ふ》れ込《こ》み 前もってそのものの効果や価値などを宣伝すること。

滑《なめ》らか つかえるところがなく、よどみなく進行する様子。

▼175ページ

ものおじ 物事をこわがること。臆病なこと。

うってつけ 条件や希望にちょうどよく合うさま。もとは「釘《くぎ》で打ち付けたように合う」という意味。

▼176ページ

喜《よろこ》びをかみしめていた 「かみしめる」は、ここでは「よく味わい、深い意味を十分に感じ取る」の意。

喪失感《そうしつかん》 大切なものを失ったときの悲痛な感覚や空虚《くうきょ》な気持ち。

原《げん》石《せき》 加工する前の宝石。

▼177ページ

試行錯誤《しこうさくご》 さまざまな試みを繰《く》り返し、失敗を重ねながら最適な方法を見いだしていくこと。

工夫《くふう》すればするほど……板《いた》バネは意欲《いよく》に応《こた》えてくれた 工夫や練習を重ねた分だけ効果が得られたということを、擬人法《ぎじんほう》を用いて表している。

ためらって 「ためらう」は、迷ったり失敗を恐れたりして実行に移せないこと。

伴《ばん》走《そう》 競技者に付き添って走ること。

▼178ページ

苦《く》にしなかった 苦労とは思わなかった。

活動《かつどう》の輪《わ》が広《ひろ》がって ここでの「輪」は、同じ行動を取る人たちのつながりの意。活動をする人や場が増えていくこと。

パラリンピック 身体障害者の国際スポーツ大会。四年に一度、オリンピック開催地で行われる。

▼179ページ

赴《おもむ》く ある場所に向かってゆく。

ひょうひょう 考えや態度などが世間離れしていて、つかみどころのない様子。

ことさら わざと。わざわざ。

縁《えん》の下《した》の力持《ちからも》ち 人に気づかれないところで、他人のために苦労や努力をすること。

読み解こう 場面ごとの内容を捉えよう。

第一場面 〔初め～172・13〕…**義足使用者の現状。**

■**義足使用者にとって「走る」とはどんなことかを押さえる。**

・義足を装着して動くことには、本人にしか分からない苦労や難しさがあり、簡単に走ることはできない。

・義足使用者は、走る喜びを味わいにくい。

テストに出る！

問 **「『走る』と『義足』。二つの言葉は離れ離れだった。」(172・12)とはどういうことか。説明しなさい。**

答 ◆義足を使っている人は走ることができないということ。「走る」と「義足」は結び付かない言葉であり、「義足」の人にとって「走る」ことは遠い存在だった、ということ。

第二場面 〔172・14～175・1〕…**臼井が抱き始めた夢。**

■**臼井二美男という人物について押さえる。**

・鉄道弘済会《こうさいかい》に勤務。

・義肢装具士＝義足を作り、組み立て、調整する技術者。

■**義足使用者、殊に大腿《だいたい》切断者は走れないと思われていた理由を押さえる。**

①義足の［①］…二キログラムから三キログラム。

［　］の中には当てはまる言葉を書こう。

②耐久性《たいきゅう》の弱さ…走るという激しい動作に対応できない。

③「［②］」とよばれる部品の性能…

・本物の膝のように素速く精巧には動かない。

・膝が折れたまま着地すれば転んでしまい、大けがにつながることもある。

④脚の切断した部分の傷つきやすさ…

・激しい運動をすれば、傷口が開いてしまうかもしれない。

▼①重さ ②膝継手

■**一九八五年に臼井がハワイで見た、最先端の足部について押さえる。**

・キール(＝足部の芯の部分)が、薄いカーボンファイバーを何層も重ね、湾曲させた黒い［　］だった。

▼板

・走ることもできるという触れ込み。

・ポイント 当時のキールは足形に作られたプラスチック製のものが多かった。カーボンファイバーは軽くて丈夫なうえ、弾性に優れているのが特徴。

■**千葉県の医師がアメリカから持ち帰ったビデオの内容を押さえる。**

・大腿義足の若い女性が、義足にしては滑らかに走っていた。

・当時の日本では考えられない、衝撃《しょうげき》的な映像だった。

テストに出る！

問 **「二つのきっかけ」(174・13)の内容を簡潔に説明しなさい。**

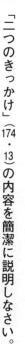

答 ①走れるという触れ込みの、最先端の足部を見たこと。
②大腿義足の人が滑らかに走るビデオを見たこと。

第三場面 〔175・2〜176・26〕…初めての走る練習。

■**最初の挑戦者に選ばれた柳下孝子《やぎしたたかこ》について押さえる。**

・四歳のとき、交通事故で右脚を膝の上から失っていた。

・ものおじせず、[　　]にチャレンジする姿勢を持っており、最初の挑戦者にうってつけだった。　▼積極的

・**ポイント**　これまでの常識では、義足で走ることは危険を伴うため不可能だと思われていたことを思い起こそう。初めて義足で走ることに挑戦する人物には、柳下のような前向きな性格が不可欠だった。

■**「走れる足部」と油圧式の膝継手を着けた柳下が、実際に走ってみたときの様子を押さえる。**

・膝は①[　　]こともなく、小走りの足の動きについてきた。

・足は交互に出て、両足が②[　　]いた。

＝確かに走っているということ。　▼①折れる　②浮いて

■**柳下との挑戦を通じて臼井が気づいたことを押さえる。**

・脚をなくした人たちにとって、「走る」ことはあたりまえではなく、その動作を失ったことは深い[　　]に結び付いている。

・彼らが走ることを取り戻せば、そこから何かが始まるはずだ。　▼喪失感

・**ポイント**　柳下が「できる、……ちゃんと走れる。」(176・1)と夢中で走った姿を見た臼井は、彼らにとって「走れない」ことがいかに大きな喪失だったか、それを取り戻すことでいかに大きな喜びを得られるかということに気づいたのである。

テストに出る!

問 **「きらきら光る原石」(176・18)とは何を表しているのか。**

答 走れないと思われていた大腿義足の人が、走れるようになる可能性。

◆何もしなければ「原石は埋まったままで世に出ることはない」(176・23)とあるように、「原石」は走れるようになる「可能性」の段階を表している。その原石(可能性)を掘り起こしていけば、実際に大腿義足の人が走れるという「宝石」のような出来事に結び付くのである。

第四場面 〔176・27〜178・19〕…臼井の活動の輪が広がる。

■**「板バネ」の特徴を捉える。**

・カーボンファイバーを重ねた長い一枚板を湾曲させたもの。

・足部も板そのままの形状。

・強い[　　]がある。→陸上競技にも使える。　▼反発力

・立って静止することも難しく、使うのは試行錯誤の連続だったが、微妙な調整を繰り返して工夫した。

■板バネを使った若者たちの様子を押さえる。
・最初は一歩を踏み出すのもためらっていた。
・練習すると百メートルを二十秒ほどで走るようになり、障害者陸上の大会にも出るようになった。

■臼井の活動の成果と、臼井の思いを捉える。
【活動の成果】
・義足を使って走る練習会は定期的に開かれるようになった。
・①［　　］に出る選手が次々と誕生した。
【臼井の思い】
・続けてさえいればいい。…少しずつ走れる人が増え、そこから何かが生まれる。
・②［　　］を忘れない。…不安を感じながらも走る気力を奮い起こした初心者を、何よりだいじにしたい。

▼①パラリンピック　②初心

●ポイント　活動の規模は大きくなっていったが、臼井が抱いていたのは、脚を失った人に走る喜びを取り戻してほしい、という当初から変わらない思いだった。

第五場面〔178・20〜終わり〕…臼井が目指すもの。

■臼井が考える、自分自身の役割を押さえる。
・縁の下の力持ちに徹する。
・［　　］のように、そっと選手たちを後押しする。
・義足で走れるようになることで、人生の幅が広がる。自分がその機会を作り、広げていく。

▼風

テストに出る!

問　**走りを取り戻した人たちにとって、「風」とはどのようなものなのか。**

答　走る喜びを何よりも感じられる存在であり、再び走れるようになった証明。

課題　教科書179ページ

○最も印象に残ったところはどこか、話し合ってみよう。

解説　義足使用者の走りを支援する臼井の視点だけでなく、臼井の支援によって走れるようになった人々の視点からも、感じたことを振り返ってみるとよい。次のような観点も参考にして、自由に話し合ってみよう。
・不可能と考えられていた「走り」に挑戦する、義足使用者たちの思いや勇気。
・教科書に掲載《けいさい》された写真の、義足を使って走る人々の様子。
・本文や題名から捉えた「風」の意味。

7 ▼読む
言葉とメディア

ニュースの見方を考えよう

作者・池上《いけがみ》　彰《あきら》

教科書184～191ページ

ガイダンス

学習目標を押さえ、「ニュースの見方を考えよう」のおおよそを理解しよう。

学習目標

- 文章を読み、ニュースを比べて、ニュースの見方について自分の考えを持つ。
- 意図に応じて材料を選び、ニュースを編集する。

言葉の力　情報を見極《みきわ》める

情報を見極めるには、次のことに注意する。

- ニュースなどの情報は編集されたものであり、映像や写真も事実の一部を切り取ったものである。
- 発信者が専門家であるか、また公平な立場であるか。
- 同じ話題について、異なる考え方を伝える情報はないか。

あらまし

私たちは、テレビのニュースを「客観的なもの」として見ているが、実際のニュースは、制作者の意図によって編集・加工されていたり、取り上げる事柄に優先順位がつけられたりしている。また、できるだけ多くの人に番組を見てもらおうと、ニュースに演出を加えることもある。私たちは、流れてくるニュースをただ受け止めるだけでなく、さまざまな角度から疑問を持ち、考え、ときには情報収集しながら、自分なりにニュースを判断することがだいじである。

文章の構成

内容から、大きく五つの意味段落に分かれる。

- 第一段落(初め～186・18)……ニュースは編集されている。
- 第二段落(186・19～186・35)…ニュースは制作者が選ぶ。
- 第三段落(186・36～187・10)…ニュースの伝え方は制作者が決める。
- 第四段落(187・11～187・30)…ニュースの内容は加工されている。
- 第五段落(187・31～188・23)…ニュースは演出されている。
- 第六段落(188・24～終わり)…ニュースを判断する大切さ。

第一段落は導入、第二～五段落はニュースの編集の実例、第六段落は結論として筆者の考えが述べられている。

要旨

テレビのニュースは編集や演出が加えられているため、疑問を持って考え、自分なりに判断することが重要である。

私たちが日常に目にするニュースがどのような意図を持って制作されているか、どのように手が加えられているかが第一～五段落で説明されている。その内容を踏まえて、第六段落で筆者の考えが述べられている。

新出漢字・新出音訓

読みの太字は送り仮名を示す。（　）は中学校では学習しなくてもよい読みを、―線は特別な言葉に限って使われる読みを示す。例は用例を示し、例中の太字は教科書本文中の語句であることを示す。新出音訓の▼は、常用漢字表の「付表」の語を示す。□には漢字を、（　）には読みを書こう。

p.185　**渋**　ジュウ　しぶ　しぶい　しぶる　11画　水　□
①しぶい味がする。例渋皮《しぶかわ》。②しぶる。ぐずぐずする。例渋滞《じゅうたい》。

p.186　**聴**　チョウ　きく　17画　耳　□
耳をすましてきく。例**視聴者**《しちょうしゃ》。**視聴率**《しちょうりつ》。視《し》聴覚室《ちょうかくしつ》。聴覚《ちょうかく》。聴衆《ちょうしゅう》。拝聴《はいちょう》。音楽《おんがく》を聴《き》く。

p.186　**紛**　フン　まぎれる　まぎらす　まぎらわす　まぎらわしい　10画　糸　□
小さなものが入りみだれてわからなくなる。例**紛争**《ふんそう》。紛失《ふんしつ》。闇《やみ》に紛《まぎ》れる。

p.187　**輩**　ハイ　15画　車　□
①仲間。その世代に属する人。例**先輩**《せんぱい》。②つらなる。並ぶ。例輩出《はいしゅつ》。

p.188　**冒**　ボウ　おかす　9画　曰　□
①おおいかぶさる。例**冒頭**《ぼうとう》。②無理をして進む。例冒険《ぼうけん》。危険《きけん》を冒《おか》す。

p.188　**誇**　コ　ほこる　13画　言　□
①大げさに言う。例**誇張**《こちょう》。②すぐれているものを持ち、それを自慢《じまん》に思う。例誇示《こじ》。

語句・文の意味

語義が複数の場合、①に教科書本文中の語義を示してある。類は類義語、対は対義語、文は語句を用いた短文例を示す。
●印は、教科書の脚注に示されている語句である。

▼184ページ

●**あるいは**　そうでなければ。類または。もしくは。

街頭《がいとう》**インタビュー**　取材をして記事にするために、まちなかで人々に話を聞くこと。

収録《しゅうろく》　①テープなどに録画や録音をすること。②作品を出版物に載せること。

編集《へんしゅう》　記事や資料、原稿、撮影《さつえい》したフィルムなどを整理し、出版物や番組などにまとめること。

●**はたと**　急に。その瞬間に。文分かれ道で、はたと立ち止まった。

●**たまたま**　予想や計画をしたのではない様子。類偶然《ぐうぜん》。

▼185ページ

●**印象**《いんしょう》　ある物事が、人の心に直接与える感じのこと。類イメージ。

●**……になりかねない**　……になりそうだ。……になるかもしれない。文幼い兄弟に一つのおもちゃを与えたら、けんかになりかねない。

VTR　ビデオテープレコーダー。ビデオテープに記録された映像のこと。現在では、ビデオだけではなく、DVDなどに記録されたものも指す。

●**判断**《はんだん》　どのようにするのか、考えを決めること。

●**困**《こま》**ったもの**　頭を悩《なや》ませるもの。やっかいであるもの。文弟のやんちゃぶりは、困ったものだ。

▼186ページ

しばしば　何度もよくある様子。

ニュースというのは、「客観的《きゃっかんてき》**なもの」と考**《かんが》**えている人**《ひと》**が多**《おお》**いと思**《おも》**います**　ニュースには、社会の出来事を正確に伝えるという性格があり、当然、テレビニュースも公平な視点で現実がそのまま報道されているものだと、受け手は思いがちだということ。

●**客観的《きゃっかんてき》** あらゆる人がもっともだと認めるような立場から、物事を考えること。対主観的。

確《たし》かに 事実として明らかであるさま。類間違いなく。

視聴者《しちょうしゃ》 番組を見たり聞いたりする人。

二〇一八年《ねん》六月《がつ》にロシアで行《おこな》われたサッカーのワールドカップ 強豪《きょうごう》国が新興国に苦戦するなど波乱が多かった。フランスが二度目の優勝を飾《かざ》った。

●**とりわけ** 特別に。ことのほか。類特に。ことに。

シリアでもアフガニスタンでも、パレスチナでも、紛争《ふんそう》で大勢《おおぜい》の人《ひと》が命《いのち》を落《お》としていました これらの地域では、長らく紛争の絶えない状態が続いている。特に、二〇〇一年以降はアメリカが軍事介入《かいにゅう》するなどしている。

紛《ふん》争《そう》 争い。もめごと。

たいして 特に問題として取り上げるほどではない様子。

▼187ページ

●**重要視《じゅうようし》** 重要と認めること。重視。

●**ほんの** 小さい、少ないということを強調する言葉。文ほんの少しの時間だったが、会えてうれしかった。

一分《いっぷん》の番組《ばんぐみ》に二十分《にじっぷん》は回《まわ》せ 「回す」とはカメラを回す＝撮影すること。できるだけ多くの情報を集めたうえで伝えたい情報を選ぶということ。

膨《ぼう》大《だい》 量や規模が非常に大きいこと。

カット 映画やテレビなどの映像の一続きの場面。

●**加《か》工《こう》** 原材料に手を加えること。類改造。

広告料《こうこくりょう》 テレビの場合、製品を広めたい企業《きぎょう》がコマーシャルを流すための料金。番組の視聴率が高いとコマーシャルを目にする人も多いということなので、広告料が高くなる。

●**意《い》識《しき》** ここでは、気にかけること。はっきりと知ること。類留意。

そもそも ここでは、もともと。だいたい。

▼188ページ

放送局《ほうそうきょく》の社会的責任《しゃかいてきせきにん》 公共の電波を使って情報を発信する報道機関として、中立的な立場で、視聴者に真実を伝える姿勢をいう。

もうかる 利益になる。

●**割《わ》り切《き》る** 物事を単純に解釈し、結論を出す。文嫌《いや》なことだが、これも仕事だと割り切って取り組む。

●**冒《ぼう》頭《とう》** 文章や物事の初めの部分。序盤。類初め。

ショッキング 思わず心に強い衝撃《しょうげき》を受ける様子。

優先的《ゆうせんてき》 他のものよりも、特別に先にする様子。

●**誇《こ》張《ちょう》** 実際よりも大げさに言うこと。

●**コメント** 物事や問題について加える、意見や解説。論評。

演《えん》出《しゅつ》 テレビや演劇、映画などで、何らかの効果をねらって表現に手を加えること。

●**何気《なにげ》ない** 特に考えや意図のない様子。類さりげない。

●**意《い》図《と》** 何かをしようとすること。また、このようにしようと考えている内容。

▼189ページ

表《ひょう》現《げん》 心の中にある内容を、言葉や絵画、その他の形に表すこと。類描写《びょうしゃ》。表し方。

インターネット 通信回線を通じて、個人や組織とつながっている世界規模のコンピュータネットワーク。

読み解こう

場面ごとの内容を捉えよう。[　]の中には当てはまる言葉を書こう。

第一段落　〔初め～186・18〕…ニュースは編集されている。[　]

■**例えば、テレビニュースで街頭インタビューを放送するとき、制作者がどのようなことを意図しているかを押さえる。**

・実際のインタビューの結果をそのまま伝えるのではなく、対立する[　]を同じ数だけ紹介《しょうかい》すること。　▼両方の意見

・あらかじめ欲しいインタビューにあわせて、インタビューの場所を決めること。

■**街頭インタビューの事例から、ニュースについてどんなことが分かるかを押さえる。**

・街頭インタビューの段階ですでに、ニュースは制作者の考え方や判断が入っており、「客観的なもの」とはいえない。

→ニュースは[　]されているということ。　▼編集

テストに出る!

問　**ある場所でのインタビューで賛成よりも反対の人のほうが多くても、ニュースでは両方の意見を同じ数だけ紹介するのはなぜか。**

答　全国で調査をすれば賛成のほうが多いかもしれないのに、一か所でのインタビューの結果に沿って反対の人のほうが多いと紹介してしまうと、事実とは違うということになりかねないから。

◆実際には、両方の意見を同じ数だけ紹介することで、今度は「賛成と反対が同じくらいなんだ。」という印象を与えることになり、これも事実とは違う可能性がある。人が作っている以上、完全に「客観的なもの」にはならないのであり、これが「テレビニュースの難しいところ」（185・13）だと筆者は述べている。

第二段落　〔186・19～186・35〕…ニュースは制作者が選ぶ。[　]

■**二〇一八年に、サッカーのワールドカップのニュースが世界の紛争に関するニュースより大きく取り上げられた理由を押さえる。**

・二〇一八年当時の日本では、世界の紛争に関することよりもワールドカップが高い[　]を集めていたから。　▼関心

■**ワールドカップの事例から、ニュースについてどんなことが分かるかを押さえる。**

・取り上げるニュースは、視聴者が関心を持つかどうかを検討の材料として、制作者が決めているということ。

テストに出る!

問　**長い時間取り上げられるニュースと、取り上げられなかったり小さな扱いにしかならなかったりするニュースとの違いは何か。**

答 長い時間取り上げられるニュースは視聴者の関心が高く、取り上げられなかったり小さな扱いだったりするニュースは、視聴者があまり関心を持たないと制作者が判断したものである。

第三段落 〔186・36〜187・10〕…**ニュースの伝え方は制作者が決める。**

■**ニュースの伝え方によって、視聴者の受ける印象がどう違うかを押さえる。**

●世論調査の「賛成」が昨年の五十九パーセントから今年は五十一パーセントになった場合

・「半数以上が賛成」…①［　］が多いという印象を与える。

・「賛成、八ポイント減」…②［　］が増えている印象を与える。

▼①賛成　②反対

•**ポイント** どちらも事実だが、どちらを選ぶかは、制作者がどちらを重要視するかによる。「ある出来事のどのような面に着目してニュースにするかも制作者が決めている」(187・8)のである。

第四段落 〔187・11〜187・30〕…**ニュースの内容は加工されている。**

■**インタビューの映像を編集することの危険性を押さえる。**

・放送時間の何倍もの量の映像から制作者が伝えたいことを選びぬいて編集するので、重要かもしれない情報が［　］しまう危険性がある。

▼抜け落ちて

•**ポイント** 「ニュースの内容は加工されたもの」(187・29)であり、事実そのものではない。ニュースを見るときには、なぜこういう伝え方なのか、ほかの伝え方ではどんな印象なのか、などと考えることが必要なのである。

第五段落 〔187・31〜188・23〕…**ニュースは演出されている。**

■**テレビ局が視聴率を気にする理由を押さえる。**

・民放では、視聴率が高いとスポンサーからの［　］がたくさん入ってくるから。

・なるべく多くの人に番組を見てもらおうと考えているから。

▼広告料

テストに出る!

問 **ニュース番組の視聴率について、①以前はあまり意識されていなかったのはなぜか。②最近は意識されるようになったのはなぜか。それぞれ説明しなさい。**

答 ①「ニュースは視聴率が低いもの」と考えられていたから。

②ニュース番組の視聴率が高くなってきて、ニュースもお金になるものと考えられるようになったから。

◆以前はもうけを考えず、「社会的責任」(188・2)としてニュース番組を流していた。しかし、視聴率が高くなれば広告料の収入につながるので、視聴率を意識するように変化していったのである。

■ニュースの冒頭に、ショッキングな映像が出てきたり、本当の意味ではたいしたニュースではないものが優先的に放送されたりする理由を押さえる。

・視聴者の関心をひき、高い［　　］を取るため。

▼視聴率

・ポイント　冒頭にかわいい動物や楽しいイベントの様子などが流れていて、つい見続けてしまった、という経験がある人もいるだろう。ほかにもニュース番組には、「ちょっと誇張した」内容が交じったり、「大げさなコメント」や「はでな音楽」が流れたりと、視聴者が飛びつくような「演出」が加えられていることがある。

第六段落〔188・24〜終わり〕…ニュースを判断する大切さ。

■私たちは、今後ニュースを見るうえで、どのようなことを身につけるべきかを考える。

・ニュースをそのまま信じてしまわないで、「どうして、このニュースから伝えるんだろう。」「本当かな。」などと［　　］見る習慣を身につける。

▼考えながら

・ポイント　これまでの内容から、ニュースには「編集」という形で制作者の意図が加わっていることを思い起こそう。

■テレビのキャスターやコメンテーターの発言を聞くとき、どんなことを心がけるとよいかを押さえる。

・「そんなふうに考えていいのかな。」と［　　］に思いながら聞く。

・「自分だったら、どんなコメントをするだろう。」と、キャスターやコメンテーターと競い合ってみる。

▼疑問

・ポイント　キャスターやコメンテーターは、ニュースに対して解釈や意見を話す人たちである。その発言は、事実を客観的に伝えているとは限らず、その人の主観や考え方が含まれていることを意識しておかなければならない。

■筆者が考える、ニュースを見る際に「だいじなこと」を押さえる。

・ニュースの受け手でいるだけでなく、ニュースを自分なりに［　　］していくこと。

▼判断

・ポイント　「いずれ社会人になるあなたにとって」(189・17)とあるように、これは筆者から中学生である読者へのメッセージでもある。

テストに出る！

問　**ニュースを見る際に、疑問を持って自分なりに判断することがだいじなのはなぜか。**

答　ニュースには、「編集」という形で制作者の意図やねらいが加わっているので、それをそのまま受け入れていると、ものの見方が偏ってしまい、真実を見失う可能性があるから。

てびき―解答と解説

教科書の課題を解き、学習内容をしっかりと身につけよう。

教科書186、189〜190ページ

1 筆者が挙げている編集の例を整理してみよう。

解答
〈街頭インタビューの例〉
・賛成の人は二人で反対の人は十人というインタビュー結果だったが、賛成と反対の意見を同じ数だけ紹介する。
・どんなインタビューを採るかを先に決めて、行く場所を決める。
〈二〇一八年サッカーワールドカップの例〉
・その間も世界各地で紛争などがあったが、視聴者の関心が高いサッカーワールドカップのニュースを大きく取り上げた。
〈その他〉
・「賛成」が五十九パーセントから五十一パーセントになった場合に、「半数以上が賛成」と伝えるか、「賛成、八ポイント減」と伝えるかを決める。
・長時間のインタビュー映像からカットをつないで加工する。

解説　筆者が実際のニュースの例を挙げている部分を探し、それがどんな意図で編集された例なのかを考える。

2 筆者が「テレビのキャスターやコメンテーターの発言」（189・6）を問題にしているのはなぜだろうか。

解答　いくら客観的な意見を心がけていても、ニュースに対するコメントの中にその人独自の見方や考え方が入ってしまうから。

解説　キャスターやコメンテーターの発言をそのまま信じてしまわずにたくさんある世論の一つと考え、ニュースをさまざまな角度から見て、自分の考えを常に意識することがだいじである。

◎ニュースを比べて、印象の違いについて考えよう

3 同じ出来事を伝えるⅠ・Ⅱの二つのニュースの、印象の違いを比べよう。また、「ニュースの見方を考えよう」を参考にして、何が印象の違いを生んでいるのかを考えよう。

解答　Ⅰのニュースでは、小学校に侵入《しんにゅう》したツキノワグマが射殺されたことについて批判的な印象があり、Ⅱのニュースではツキノワグマを射殺したことは妥当《だとう》だったと肯定的《こうていてき》に伝えている印象がある。印象の違いは、Ⅰのニュースがツキノワグマの射殺を「かわいそう」「対応が疑問視」と批判的に捉える意見を紹介《しょうかい》しているのに対して、Ⅱのニュースは射殺は「妥当」と賛同する関係者の発言を紹介するというように、紹介する意見の違いによる。

解説　どちらのニュースも、冒頭は「クマが小学校に侵入し射殺された」ということを伝えている。この「射殺された」という出来事の中で、何を重視しているかの違いによって印象が変わっていることに気づこう。

小学校にクマが侵入し、射殺された　←
飢《う》えたクマが射殺されたのはかわいそうだ……Ⅰのニュース
子供たちの安全を考えると妥当な判断だ……Ⅱのニュース

◎意図に応じて材料を選び、ニュースを編集しよう

4 温泉記号に関するニュースを、次の手順や条件に従って、グループで編集しよう。

(1)　次のア・イのどちらかの意図に沿うように、A〜Nのニュースの

材料からいくつかの情報（文と図・写真）を選ぼう。

ア　国際規格の新しい温泉記号を使用することで、外国人観光客にとって分かりやすくなることを伝える。

イ　今まで日本で伝統的に使われてきた温泉記号を存続させたいという意見を中心に伝える。

［条件］・図・写真は三、四枚を目安に選ぶ。
・全体で一分程度のニュースになるようにする。

解答
ア　A・B・F・G・H・I・J・L・N
イ　A・D・E・H・I・J・K・L・M

解説　アとイの着目点の違いに注目する。アは国際規格の記号を使うことによる利点に、イは国内で使われている記号が消えてしまうことへの懸念《けねん》に焦点《しょうてん》を当てている。

(2) 選んだ文と図・写真を並べ、必要に応じて言葉を補ったり言い換《か》えたりして、ニュースを組み立てよう。

解答
ア　東京二〇二〇オリンピック・パラリンピックに向けて、日本で使用されている国内規格の案内用図記号を、国際規格に合わせて改定することになりました。（図I・J示す）今までの記号と国際規格の記号のどちらが分かりやすいかを調べたアンケートによると、（図L示す）温泉の記号については七十パーセント以上の外国人が国際規格の記号の方がよいと答えました。海外の人の中には、日本の温泉記号を見て、温かい料理だと思ってしまう人がいます。（Nのインタビュー映像を流す）温泉の記号については国際規格の記号と今までの記号のどちらかを選ぶことができることになりましたが、国際規格の記号を使うことで外国人観光客を呼び込みたいと考える人もいるとのことです。

イ　東京二〇二〇オリンピック・パラリンピックに向けて、日本で使用されている国内規格の案内用図記号を、国際規格に合わせて改定することになりました。（図I・J示す）現在日本で使われている温泉記号は、一六六一年に群馬県の磯部《いそべ》温泉で生まれ、長く愛されてきた伝統があります。（図M示す）文化の一部として、変えないでほしいという意見も出されました。これを受けて、温泉の記号については、今までの温泉記号と国際規格の温泉記号とを、選択《せんたく》して使用できることになりました。

解説　案内用図記号の改定という話題や温泉記号に関するアンケートの結果など、必要な情報を削らないように注意する。

(3) ニュースの最後にコメントを一言付け加えよう。

解答
ア　国際規格の記号によって、日本を訪れる外国人がより快適に過ごせるようになるとよいですね。
イ　案内用図記号の中にも根づく日本の文化を、大切にしていきたいものです。

解説　ア、イのそれぞれの意図に応じたコメントを考える。

(4) ニュースを発表し、編集の意図や工夫を伝え合おう。

解説　耳で聞く印象の違い、文章と図や写真の選び方による印象の違いを捉え、どのように感じたかを率直に話し合おう。

◉ニュースの見方について自分の考えを持とう

5 ここまでに学習したニュースの見方について、気づいたことや考えたことを話し合ってみよう。

解説　発信者の情報が公平とは限らない。情報は編集されたものであることを理解したうえで、情報を選ぶ力が必要である。

学びの扉《とびら》

分類する・比較する

教科書192、226〜229ページ

複数の情報があって考えがまとまらないときには、情報を分類・比較して整理しよう。

●分類する

・情報が多いときは、［　　］を持ったものを探して分類する。
・分類によってそれぞれの情報の特徴や、情報をどう使えばよいかが分かりやすくなる。

▼共通点

教科書の例▼ バレーボール部の部員の部活動への要望 ——教科書226ページ

ⓤ 体育館に専用のコートが欲しい。
ⓞ 体育館が暑いので、冷房《れいぼう》を入れてほしい。
→「体育館」が共通点 → 同じグループに分類できる。
ⓚ ネットが穴だらけなので、新しくしてほしい。
→「設備」のこと →ⓤ・ⓞとともに「設備についての要望」グループに分類できる。

・残りは「練習についての要望」とまとめ、更に細かく分類する。
・分類によって、要望をどうすればよいかが分かりやすくなる。
設備についての要望（ⓤ・ⓞ・ⓚ）…学校に伝えればよい。
練習についての要望
　練習時間についての要望（ⓘ・ⓔ）→指導する先生に伝えればよい。
　練習態度についての要望（ⓐ・ⓚa）→部活仲間に伝えればよい。

・ⓚaは「練習態度」ではなく「練習時間」に入るとも考えられる。
→分類はいちおうの目安と考え、一つの項目《こうもく》がなるべく複数のグループに重ならないような分類を目指す。

●比較する

・物事を比較するときは、さまざまな［　　］から多面的に考える。
・何を選ぶか決める場合には、どの観点を重視するかを考える。

▼観点

教科書の例▼ 大会会場に貸し切りバスで行くか、電車で行くか ——教科書228ページ

観点	貸し切りバス	電車
楽かどうか	○歩かない	△駅から歩く
時間の正確さ	△渋滞《じゅうたい》で遅れる可能性がある	○遅れる可能性は少ない
移動時間の使い方	○作戦会議ができる	△作戦会議ができない

＊ほかに「楽しさ」「安全性」「費用」などの観点が考えられる。
・どの観点が重要なのかを考える。
→だいじな大会で遅刻してはいけないので、「時間の正確さ」の観点が重要。→「電車」を選ぶ。

ポイント ○の数が多いほうがよい選択《せんたく》とは限らない。状況によって優先する観点は何かを考え、総合的に判断することが大切である。

▼話す・聞く　話し合う

話し合いで理解を深めよう
グループディスカッション

教科書193～198ページ

学習目標

●お互いの体験や考えを出し合って整理する。
●話し合いの展開に注意し、お互いの発言を結び付けて、考えをまとめる。

1 話題を決めて体験を振り返る

・四人程度のグループで、話し合う話題を決める。
・話題に沿って体験を振り返り、具体的なよさを付箋《ふせん》に書き出す。

教科書の例▼ 話題の例 ―― 教科書194ページ

・いくつか挙げた案の中から、「自分たちの学校のよさ」を話題に決めている。

ポイント　クラスや地域、学校など、身近なものを話題にすることで、誰もが自分の体験に基づいてよさを考えることができる。

教科書の例▼ 具体的なよさを付箋に書き出す ―― 教科書194ページ

・「自分たちの学校のよさ」という話題に沿って、自分の体験を振り返り、具体的なよさを付箋に書き出している。
・たいへんだったことやよくないと感じたことも、見方を変えることでよさにつながらないか考えてみる。

例 行事は生徒のやることが多くてたいへんだった。
→自分たちで計画して楽しかった。

2 考えを伝え合って付箋を整理する

言葉の力　話し合いで材料を出し合い、整理する

○自分の体験を振り返ったり、話し合いでほかの人の体験を聞いたりして材料を集める。
○開放的な雰囲気《ふんいき》を作る。話すときは率直に発言し、人の発言を聞くときは、最後まで聞いて、まずは受け止める。
○考えを伝え合い、材料についての理解を深めながら共通点を見つけて分類する。

・付箋を模造紙に貼り、考えを伝え合いながら整理する。
・［　　］を見つけて分類し、見出しを付ける。
・新しいよさを見つけたら付箋を追加する。

▼共通点

教科書の例▼ 付箋をもとに考えを伝え合う ―― 教科書195ページ

・「合唱コンクール」と「文化祭」の付箋をまとめ、「行事」の見出しを付けている。
・新しく見つけた「クラス対抗の球技大会」の付箋を追加している。
・部活動に関する付箋を「部活動」の見出しでまとめ、「友達が増える」というよさを追加している。
・理奈さんが純平さんの発言に「確かに。」と同意したり、優馬さんが純平さんの発言を踏まえて「付箋に書いて加えたらいいんじゃない？」と提案したりしていて、ほかの人の発言を受け止める姿勢が見て取れる。

ポイント　付箋を用いることで、分類・整理するときに動かしたり並べ替えたりしやすくなる。

3　話し合って考えをまとめる

言葉の力　**お互いの発言を結び付けて、考えをまとめる**

○何について、どのような目的で話し合っているのか、今は話し合いのどの段階なのかを意識する。
○お互いの考えを理解するために、よく分からない点は質問したり、確認したりする。
○お互いの考えを比較したり、共通点に目を向けて関連づけたりする。

・よさを一言で表すため、2で整理したことを踏まえて話し合う。
・司会（優馬さん）は話し合いの①［　］や見通しを示したり、出された意見を途中で整理したりする。
・考えを②［　］したり、関連づけたりして話し合う。
→付箋を動かしたり、模造紙に書き込んだりするとよい。

▼①目的　②比較

教科書の例▾ **考えをまとめるために、話し合う**――教科書196・197ページ

・司会の優馬さんは、初めに今日の話し合いの目的や時間配分を伝えたり、出された意見を途中で整理して次の話題に進めたりしている。
・「行事」と「部活動」を結び付けて、京子さんは「生徒が中心になってやっている活動だからいい」という共通点から「生徒が積極的」というよさを提案している。優馬さんは、「みんなで協力して盛り上がるから楽しい」という共通点から「みんなで協力」と言うよさを提案している。
・京子さんは「みんなで協力」がほかの例にも当てはまるかという疑問を投げかけ、理奈さんが検討してそれに答えている。このように質問したり確認したりし合うことによって、お互いの考えをより深く理解することができる。
・出された意見を一つに絞《しぼ》る話し合いでは、どんな思いを伝えたいか、多くの例に当てはまる言葉か、という視点から意見を伝え合っている。
・話し合いをしながら、関連する付箋を線で囲んだり、「一言」の案を書き込んだりしている。

4　まとめたよさを発表する

・グループごとにまとめた一言をクラスで発表する。
・発表では、その一言にまとめた理由や具体的なよさのほかに、話し合いで気をつけたこと、話し合いを通して気づいたことなども伝える。

教科書の例▾ **よさを一言にまとめた例**――教科書198ページ

・話し合いの結果として、学校のよさを「みんなで協力」の一言にまとめている。
・具体的なよさとして、合唱コンクール、文化祭、部活動、全校清掃など、話し合いで出された具体例を挙げている。

▼書く　感性・想像

心に残る出来事を表現しよう

日常生活から生まれる随筆《ずいひつ》

教科書199～204ページ

○学習目標

●日常生活の中から題材を決め、伝えたい出来事と思いを明確にする。

●出来事と思いがよく伝わるように、表現を工夫して随筆を書く。

1　随筆を読み、工夫を捉える。

①例文を読んで、随筆を書くポイントを探《さぐ》る。

・次のような観点から、随筆の工夫を捉える。

○題材の選び方　○構成の工夫　○表現の工夫

教科書の例▼　随筆の例「『しか』の呪文《じゅもん》」——教科書200ページ

・夏休みの宿題をめぐる母と筆者のやりとりを通じて、「しか」という言葉のおもしろさに気づいた筆者の考えの変化が書かれている。

②随筆の工夫について話し合う。

教科書の例▼　随筆の工夫について話し合う——教科書201ページ

【題材の選び方】

・身近な体験を題材に、そこから考えを深めたことを書いている。

【構成の工夫】

・まず自分の体験を時間順に書き、最後の段落で考えたことをまとめている。

【表現の工夫】

・「夏休みが始まる前は……遊ぼうと思う。」という［　　］が、読者の共感を得やすく、興味をひく表現になっている。　▼書きだし

・会話文や具体的な描写《びょうしゃ》が多く、場面の状況が想像しやすい。

・表現技法が効果的に用いられている。

例「出口は、はるか地平線の先。」→体言止め

「ごま粒のように小さく見える。」→比喩

2　題材を決め、伝えたいことを考える

○言葉の力　**題材を見つける**

○日常生活を振り返り、人に伝えたくなるような出来事をなるべくたくさん挙げてみる。

○「新たな発見をした」「今までの思い込みに気づかされた」「教訓を得た」など、自分の思いや考えが変化するきっかけとなった出来事を取り上げるとよい。

①これまでの生活を振り返り、心に残る出来事を挙げる。

・感動したこと、おもしろかったこと、うれしかったこと、腹が立ったこと、悲しかったことなどを振り返る。

②伝えたいことを考える。

・出来事から自分が感じたり考えたりしたことや、体験する前と後で［　　］したことを考える。　▼変化

教科書の例▼　書きたい出来事や自分の思いなどを短い言葉で表す——教科書202ページ

・「野球部の試合で、チャンスを生かせず悔《くや》しかった話。」など、どんなときの出来事で、何が心に残ったのかを簡潔に書いている。
・いくつか挙げた中から、自分の思いや考えが変化するきっかけとなった出来事を題材に決めている。

教科書の例▼ **伝えたい内容を整理した例**――教科書202ページ
・「出来事」と「思いや考え」に分けて整理している。
・伝えたい内容を箇条《かじょう》書きで簡潔に書いている。

3　表現を工夫して下書きをする

言葉の力　**工夫して随筆を書く**
○読み手をひきつけるような書きだしを考える。
○どんな出来事があったのか、その出来事からどんな思いや考えを持ったのかということが明確に伝わるように書く。
○出来事の場面では、人物の行動・態度や心情を丁寧《ていねい》に描写したり、会話文を取り入れたりするとよい。
○比喩や反復、倒置、体言止め、省略、対句《ついく》などの表現技法を使うと効果的な場合もある。

①**構成を考える**
・出来事の場面を具体的に描《えが》き出してから自分の思いを書くか、思いを最初と最後の両方に書くかを考える。
・出来事は、原則として時間の順番に沿って書く。ただし、現在から過去に遡る書き方もある。

②**書きだしを工夫する。**
・読み手をひきつけ、続きを読んでみたいと思わせる工夫をする。

教科書の例▼ **表現を工夫する（書きだしの例）**――教科書203ページ
・謎を投げかけるような書きだしで興味をひく工夫がされている。
・ほかに、会話文から始める、出来事のクライマックスを冒頭に持ってくるなどの工夫が考えられる。

③**出来事を書く。**
・場面の様子を具体的に描き出す。
・出来事を通して自分が抱いた思いや考えもしっかりと書く。

4　推敲《すいこう》して随筆を仕上げる

・意味が通じる文章になっているか確かめる。
・表現の工夫を見直す。（書きだし、人物の描写、会話文など）

教科書の例▼ **完成作品例**――教科書204ページ
・「僕はK君を尊敬している。」と、自分の①□を初めに書くことで、読み手にその理由に興味を抱かせる表現になっている。
・「ガシャン。」と擬音語《ぎおんご》で場面の様子を丁寧に②□している。
・「ある一人が飛び出した。」で読み手の興味をひき、後で「その後ろ姿こそ、K君だった。」と種明かしをする書き方になっている。
・K君に関する出来事に、祖父から聞いた言葉を結び付けて書くことで、思いがよく伝わる構成になっている。
・最後の段落で今現在の自分の思いをまとめている。

▼①思い　②描写

5　読み合って感想を交換する

・清書した作品をグループやクラスで読み合い、感想を伝え合う。
・クラスで文集にまとめてもよい。

文法の窓５

連体詞・副詞・接続詞・感動詞

教科書205、264～266ページ

新出漢字・新出音訓

読みの太字は送り仮名を示す。（　）は中学校では学習しなくてもよい読みを、―線は特別な言葉に限って使われる読みを示す。例は用例を示し、例中の太字は教科書本文中の語句であることを示す。新出音訓の▼は、常用漢字表の「付表」の語を示す。□には漢字を、（　）には読みを書こう。

p.205　**刈**　かる　4画　刀　□

草や枝などをかりとる。例**しば刈り**。

p.205　**濯**　タク　17画　水　□

洗う。例**洗濯**《せんたく》。

「洗濯」という熟語は、似た意味を持つ二つの漢字で構成されているよ。

◉学習内容の要点を押さえ、教科書の問題の答えを確かめよう。（□の中には当てはまる言葉を書こう。）

活用のない自立語には、名詞のほかに、連体詞・副詞・接続詞・感動詞がある。これらは必ず一語だけで文節を作る。

❶連体詞…体言（名詞）にかかる連体修飾語《しゅうしょくご》だけになる。

❷副詞……主に用言（動詞・形容詞・形容動詞）にかかる連用修飾語になり、状態や程度などを表す。

❸接続詞…前後の文や語句をつなぐ接続語だけになる。

❹感動詞…独立語だけになる。

1　連体詞

❶「～の」型…この本　その後　あの人　どの方向

❷「～な」型…大きな力　おかしな話　いろんな色

❸「～た（だ）」型…たいした人物　とんだ勘違《かんちが》い

❹「～る」型…いかなる場合　あらゆる国　ある日

＊指示する語句（こそあど言葉）に属する連体詞は、体言以外に助動詞「ようだ」や助詞「くらい」に接続することもある。

例このような本。　あのくらいの長さ。

2　副詞

❶状態の副詞…ある動作がどのような様子で行われているかを表す副詞。動詞を修飾することが多い。

例ゆっくり歩く。（様子を表す）

ワンワンほえる。（擬音語《ぎおんご》）　きらきらと光る。（擬態語）

❷程度の副詞…ある状態がどのくらいであるかを表す副詞。用言を修飾することが多いが、ほかに、状態の副詞や、位置・方向・時間などを表す名詞を修飾することもある。

例少し食べる。（動詞を修飾）

とても苦い。（形容詞を修飾）

ちょっと残念だ。（形容動詞を修飾）

もっとゆっくりと見よう。（状態の副詞を修飾）

やや前に進め。（名詞を修飾）

❸呼応の副詞…下にきまった言い方を求める副詞。「陳述《ちんじゅつ》の副詞」や「叙述《じょじゅつ》の副詞」ともいう。

例 全くその本の内容は知らない。（打ち消し）
まるで夢のような出来事だった。（たとえ）

3 接続詞

❶順接…前後の事柄の関係が、素直に考えられるとおりのもの。
例 晴れた。だから、ハイキングに出かけた。

❷逆接…前後の事柄の関係が、素直に考えられるのとは逆のもの。
例 雨はやんだ。しかし、風はまだ吹いている。

❸累加《るいか》・並立《へいりつ》…前の事柄に後の事柄を付け加えたり、前後の事柄を並べたりするもの。
例 図書館へ行った。そして、その本を見つけた。

❹説明・補足…前の事柄に対して、後で説明や付け足しをするもの。
例 うまく飛ばない。なぜなら、風が弱すぎるからだ。
男か女かということ、すなわち、性別は、無関係だ。

❺対比・選択《せんたく》…前後の事柄を比べたり、どちらかを選んだりするという関係のもの。
例 明日の天気は、曇りまたは雨でしょう。

❻転換…前の事柄を述べ終わり、別の事柄を持ち出すもの。
例 自己紹介《しょうかい》は以上です。では、本題に入りましょう。

4 感動詞

驚き・感動などの気持ちを表したり、呼びかけ・応答などに用いたりする単語。
例 えっ、そうなの。（驚き）　はい、ここにいます。（応答）
わあ、すごい。（感動）　おうい、誰かいますか。（呼びかけ）

▼教科書205ページのア～クは、次のような言葉が入ると考えられる。
ア「ある」（連体詞）、イ「ざぶざぶと」（副詞）、ウ「大きな」（連体詞）、エ「まあ」（感動詞）、オ「さっそく」（副詞）、カ「すると」（接続詞）、キ「すくすくと」（副詞）、ク「とても」（副詞）。

○考えよう ―― 教科書205ページ

上のア～クに入れた言葉を、文法的な特徴に注目して分類してみよう。

解説 ルール2より、名詞・動詞・形容詞・形容動詞は使えないので、ア～クに入れる言葉は、連体詞・副詞・接続詞・感動詞のいずれかとなる。これらは、修飾語になるか、接続語になるか、独立語になるか、などの文法的な特徴にしたがって分類することができる。更に、修飾語は連用修飾語か連体修飾語かで連体詞と副詞をだいたい分けることができる。

○問題 ―― 教科書266ページ

1 **下の文から、連体詞と副詞を探そう。**

解答 1連体詞＝おかしな　副詞＝しばらく　2連体詞＝この　副詞＝全て（二つ目のもの）

解説 1の「暖かな」は、言い切りの形が「暖かだ」となる形容動詞。2の副詞は二つ目の「全て」である。一つ目は、「この虫の生態の」という連体修飾部を受けているので名詞と考える。

2 **下の文の（　）に、適する呼応の副詞を入れよう。**

解答 1どうぞ・どうか・ぜひ／さぞ・さぞや　2たとえ・仮に／決して・少しも

解説 解答以外にも例えば2の下の（　）には、打ち消しの表現と呼応する副詞が入るので、「全く」なども当てはまる。

3 **下の傍線部の接続詞の、接続の仕方は何だろうか。**

解答 1㋐説明・補足　㋑逆接　2㋐累加・並立　㋑順接

漢字道場 5

漢字の成り立ち

教科書206〜207ページ

新出漢字・新出音訓

読みの太字は送り仮名を示す。（ ）は中学校では学習しなくてもよい読みを、—線は特別な言葉に限って使われる読みを示す。例は用例を示し、例中の太字は教科書本文中の語句であることを示す。新出音訓の▼は、常用漢字表の「付表」の語を示す。□には漢字を、（ ）には読みを書こう。

p.206 **炎** エン ほのお 8画 火 □
①もえあがる。例**炎上**《えんじょう》。②熱をもってあつい。例炎天《えんてん》。炎暑《えんしょ》。③発熱、はれ、痛みなどを起こす症状。例炎症《えんしょう》。肺炎《はいえん》。

p.206 **囚** シュウ 5画 口 □
罪を犯したり、戦いに敗れたりして捕らえられる。また、その人。例**囚人**《しゅうじん》。囚徒《しゅうと》。

p.207 **猿** エン さる 13画 犬 □
サル。例猿《さる》。犬猿《けんえん》の仲《なか》。

p.207 **弦** ゲン （つる） 8画 弓 □
①弦楽器に張った糸。例**弦楽**《げんがく》。管弦楽器《かんげんがっき》。②月が弓状に見えること。例弦月《げんげつ》。上弦《じょうげん》。③弓に張った糸。例弓弦《ゆみづる》。

p.207 **溶** ヨウ とける とく とかす 13画 水 □
液体に物質がまじり込む。また、まじり込ませる。例**溶媒**《ようばい》。溶液《ようえき》。溶解《ようかい》。水溶性《すいようせい》。

p.207 **媒** バイ 12画 女 □
間をとりもつ。例**溶媒**《ようばい》。媒介《ばいかい》。媒体《ばいたい》。触媒《しょくばい》。

p.207 **譜** フ 19画 言 □
①音楽を符号で表したもの。例**楽譜**《がくふ》。②物事を系統だてて書き記したもの。例系譜《けいふ》。

p.207 **摩** マ 15画 手 □
①こする。例**摩擦**《まさつ》。②みがく。例研摩《けんま》。③すりへらす。例摩滅《まめつ》。摩耗《まもう》。④近づく。せまる。例摩天楼《まてんろう》。

p.207 **姓** セイ ショウ 8画 女 □
みょうじ。家固有の名。例**姓名**《せいめい》。同姓《どうせい》。

p.207 **犠** ギ 17画 牛 □
神にささげるいけにえ。他のものに身を投げ出してつくすこと。例**犠牲**《ぎせい》。犠打《ぎだ》。

p.207 **牲** セイ 9画 牛 □
神にささげるいけにえ。例**犠牲**《ぎせい》。

p.207 **符** フ 11画 竹 □
①記号。例**符号**《ふごう》。音符《おんぷ》。②わりふ。例符合《ふごう》。③しるしのあるふだ。例切符《きっぷ》。

p.207 **附** フ 8画 阝 □
「付」に同じ。①つき従う。例**附属**《ふぞく》。附随《ふずい》。②つける。例附着《ふちゃく》。附録《ふろく》。

p.207 **且** かつ 5画 一 □
①〜したり、〜したり。例歌《うた》い、且《か》つ踊《おど》る。②更に。そのうえ。例必要《ひつよう》且《か》つ十分《じゅうぶん》。

p.207 **租** ソ 10画 禾 □
①税金。例**租税**《そぜい》。②土地を借りる。例租借《そしゃく》。

p.207 **阻** ソ （はばむ） 8画 阝 □

さえぎる。じゃまをする。例阻止《そし》。阻害《そがい》。

p.207
狙　ソ　ねらう　8画　犬　□
ねらう。例**狙撃**《そげき》。狙《ねら》い目《め》。

p.207
択　タク　7画　手　□
よいものを選び取る。例**選択**《せんたく》。採択《さいたく》。択抜《たくばつ》。二者択一《にしゃたくいつ》。

p.207
抄　ショウ　7画　手　□
抜き書きする。例**抄訳**《しょうやく》。抄本《しょうほん》。抄録《しょうろく》。

p.207
斤　キン　4画　斤　□
①重さの単位。転じて、重さ。例斤量《きんりょう》。②おの。まさかり。

p.207
匠　ショウ　6画　匚　□
①名人。技術などにすぐれた人。例**巨匠**《きょしょう》。師匠《ししょう》。②考案する。例意匠《いしょう》。

◉学習内容の要点を押さえ、教科書の問題の答えを確かめよう。（□の中には当てはまる言葉を書こう。）

漢字は、その①□や②□から、象形《しょうけい》・指事《しじ》・会意《かいい》・形声《けいせい》・転注《てんちゅう》・仮借《かしゃ》の六通りに分類することができる。これらをまとめて六書《りくしょ》とよぶ。

▼①成り立ち　②使い方

①象形…物をかたどって漢字を作ること。
例「川」＝両岸の間を水が流れる様子をかたどる。

②指事…形のない物事を、線や点で象徴化して表すこと。
例「一」「二」＝数量を線で表す。
「上」「下」＝位置を点と線で表す。

③会意…既にある象形文字や指事文字を組み合わせ、それぞれの意味を生かした新しい漢字を作ること。
例「林」＝「木」が並んで「林」。
「鳴」＝「鳥」が「口」で「鳴」く。

＊日本で独自に作られた漢字を国字《こくじ》とよぶが、多くは会意で作られたものである。

④形声…意味を表す要素と音《おん》を表す要素を組み合わせ、新しい漢字を作ること。
例「猿」＝意味「犭」（けもの）＋音「袁」（エン）
「園」＝意味「囗」（かこい）＋音「袁」（エン）
「遠」＝意味「辶」（すすむ）＋音「袁」（エン）

⑤転注…元の意味と関係のある別の意味に、使い方を広げること。
例「楽」＝元の意味は「おんがく」だが、「おんがく」は「たのしい」ので、「たのしい」の意味も表すようになった。

⑥仮借…元の意味とは無関係に、漢字の音だけを借りてほかの意味を表すこと。
例「我《が》」＝もともと「戈」（ほこ）を表す漢字が、「自分」を意味する代名詞「ガ」に当てられた。

○問題

教科書206〜207ページ

❶次のようにして作られた漢字は何だろう。

解答　馬

解説　「馬」は、顔が長く、たてがみのある動物の形をかたどって、「うま」の意味を表した象形文字である。

❷ **次の漢字はいずれも指事文字で、象形文字の「木」に線を加えてできたものである。加えた線が表す意味を考えてみよう。**

解答 1「木」の下部に「一」を加えて、「ねもと」の意味を表している。 2「木」の上部に「一」を加えて、もとの部分から遠い「こずえ」の意味を表している。

❸ **次の傍線部の漢字は、いずれも会意文字である。元の漢字(要素)の組み合わせは何と何だろうか。**

解答 1日+月　2人+木　3火+火　4力+口　5手+目　6囗+人

解説 3「炎」は、「火+火」で盛んに燃える様子を表す字。 5「看」は、手をかざして遠くを見る様子を表す字。 6「囚」を構成する「囗」は、わく、かこいを意味する。

❹ **次の傍線部の漢字は、いずれも形声文字である。意味と音を表す要素はそれぞれ何だろうか。**

解答 〔上が意味、下が音〕 1弓+玄　2氵+容　3言+普　4手+麻

解説 それぞれ、どのように音読みするかを考えてみれば、どこが意味を、どこが音を表すのかが分かる。

❺ **次の[　]の漢字が音を表す要素となる漢字を集め、その音読みを比べてみよう。**

解答 1性格=せいかく　姓名=せいめい　犠牲=ぎせい　星座=せいざ　2符号=ふごう　附属=ふぞく　府立=ふりつ　腐敗=ふはい　3租税=そぜい　阻止=そし　狙撃=そげき　粗悪=そあく　祖先=そせん　4解釈=かいしゃく　選択=せんたく　抄訳=しょうやく　光沢=こうたく

解説 1「性」「姓」「牲」「星」のように、部首が変わっても「セイ」という読みは共通していることが分かる。「気性《きしょう》」のように「セイ」以外の読みとなることもある。 3「狙」という漢字の読みを知らなくても、「且」は「ソ」と読むことを知っていれば、「狙撃」は「ソゲキ」と読むのではないかと推測することが可能となる。 4「尺」は「シャク」と読むが、「釈《しゃく》」「択《たく》」「訳《やく》」のように、読みがさまざまに異なる例もあることを押さえておく。

❻ **次の[斤]が含まれる漢字の、音読みと成り立ちを調べてみよう。**

解答 近…キン(形声)　所…ショ(会意)　折…セツ(会意)　匠…ショウ(会意)

解説 「所」は辞書によって、会意ではなく形声としているものもある。その場合、「斤」が意味を表す要素で「戸」が音を表す要素である。このように解釈が分かれる場合もあるが、その漢字がどれに分類されるのかということよりも、漢字の成り立ちは六通りに分類できるということを押さえておこう。

漢字はこんなふうに少しずつ作られてきたのね。
はるか昔に作られた漢字を、今もこうして使っているのだから、漢字はすばらしい発明といえるわね。

▼読む　詩

詩の言葉　わたしの中にも

新川《しんかわ》和江《かずえ》

教科書208〜209ページ

ガイダンス

学習目標を押さえ、「わたしの中にも」のおおよその内容を理解しよう。

●学習目標

●詩に描《えが》かれた情景や心情を的確に捉える。

●詩を読んで理解したことをもとに、考えを深める。

●詩の形式と構成

四連から成る口語自由詩。全体では第一・二連と第三・四連の二つのまとまりに分けることができる。

・第一連（初め〜208・5）……つくしやつばなが伸びる様子。

・第二連（208・6〜208・9）…つくしやつばなの姿と重なる自分。

・第三連（208・10〜209・3）…羽化《うか》した蝶《ちょう》が舞い立つ様子。

・第四連（209・4〜終わり）…蝶の姿と重なる自分。

●主題

動植物のみずみずしい生命力と、「わたし」の中にも同じ可能性が秘《ひ》められていると信じる思い。

まっすぐ天に向かって伸びるつくしやつばな、羽化を終えて空に舞い立つ蝶。どちらも今いる場所から外へと広がる、若い生命力が感じられる。そして作者は、それと同じ力が「わたしの中にも」あると述べている。それは、決して強い力ではなくとも、自分なりに力を出し切ってせいいっぱい生きようとする姿である。

●表現の特色

対比の構造が特徴的な詩である。全体では、動植物を描写《びょうしゃ》した第一連・第三連に対し、第二連・第四連では「わたしの中にも　そのように／……がある」という共通の表現を用いて「わたし」について述べる、という対比がある。また、第四連の最後の四行では、広い対象に向けた「ことば」と、「ひとりのひと」に向けた「ことば」とが対比されている。

読み解こう

詩の内容を捉えよう。　□の中には当てはまる言葉を書こう。

■つくしやつばなについて描かれた情景を押さえる。

・上へ上へと、せいいっぱい生長していく情景。

●ポイント　ポプラは生長が速く、高さ40メートルほどにも達する木である。「較《くら》ぶべくもない」は、比べることができないほど差が大きいという意味。ポプラには及ばなくとも、つくしやつばながせいいっぱい伸びようとする情景を描いている。

■**「まっすぐ　背伸びして」(208・5)に使われている表現技法を押さえる。**　▼背伸び

・擬人《ぎじん》法…植物が伸びる様子を「□」と表現している。

■**もんしろ蝶やもんき蝶について描かれた情景を押さえる。**

・真新しい羽を広げ、未知の世界へと飛び立とうとしている。

■**第一連、第三連の対句《ついく》表現を押さえる。**

・1行目の二語の語頭の音をそろえている。
・2行目で擬態語を用いている。
・2行目と3～5行目で倒置を用いている。

■**第二連、第四連で「わたしの中にも」あると述べられているものを捉える。**

・第二連…せいいっぱい高く伸びようとする力。
・第四連…□が生み出される気配。

課題　教科書209ページ

○**詩の中のそれぞれの連に描かれた情景や心情を捉えよう。**

解説　第一連では、つくしやつばながせいいっぱい伸びる情景が、第三連では、羽化した蝶がそっと羽を広げて空に舞い立つ情景が、それぞれ描かれている。そして、第二連・第四連では、それらと対比する形で、「わたし」の中にも同じような力があると信じる思いが描かれている。

○**この詩を読んで、気づいたことや考えたことを話し合ってみよう。**

解説　作者は、動植物の生命力に対し、「わたし」はどうだろうかと自分に問いかけ、「わたし」の中にも同じ力があるのだと確信している。作者と同じように、あなたも自分自身に問いかけてみよう。そして、感じたことを率直に話してみよう。

▼ことば

・ポイント　第二連では、たとえ低くても伸びた先が天であると述べられ、自分の持つ力を最大限発揮すればよいという、第一連と共通するメッセージが込められている。第四連の「ことばのひらく気配」という表現は、第三連の蝶が羽を広げる情景を受けている。「わたし」の中で新たな「ことば」が静かに生まれる様子を表している。

■**「たくさんの人に／春のよろこびを伝えることば／ひとりのひとに／思いを告げるただひとつのことば」(209・6)が表していることを押さえる。**

・不特定多数の人に向けた、皆が共感できる「ことば」と、目の前の一人に向けた唯一《ゆいいつ》の「ことば」とが対比されている。

テストに出る！

問　**第四連で用いられている表現技法「体言止め」と「反復」について説明しなさい。**

答　第四連の4行目が「ことば」という名詞(体言)で終わっており、それが反復して6行目でも繰《く》り返されている。

▼読む

読書3

読書への招待 トロッコ

作者・芥川龍之介《あくたがわりゅうのすけ》

教科書210～219ページ

ガイダンス

学習目標を押さえ、「トロッコ」のおおよその内容を理解しよう。

○学習目標

●文学作品を読み、情景描写《びょうしゃ》などの表現の効果について考える。

●あらすじ

良平《りょうへい》は八歳の頃、工事で使われるトロッコに興味を持ち、毎日村外れまで通う。トロッコの様子を眺めながら、良平はトロッコに乗ることへの憧れを募らせていく。二月初旬のある夕方、弟たちとトロッコを見に行った良平は、土工たちに黙ってトロッコに乗るが、見つかって怒鳴られ、逃げ出す。十日余り後、良平は一人でトロッコを見に行き、二人の若い土工に「押してやろうか」と声を掛け、トロッコを押し始めた。いつまでも押していたいと思う良平だったが、ふと遠くに来すぎたことに気づく。だんだん不安は増していき、西日の光が消えかかる頃、ついに土工たちに帰るように言われた。それから良平は、泣くのをこらえ、必死で家へと走った。やっと家にたどり着くと、良平は激しく泣き出した。大人になり塵労《じんろう》に疲れた良平は、どうかするとそのときの自分を思い出すのであった。

●文章の構成

時間の経過と出来事から、次の七つの場面に分けることができる。

・第一場面（初め～210・21）…良平のトロッコに対する憧れ。
・第二場面（210・22～212・2）…初めてトロッコに乗った良平。
・第三場面（212・3～214・4）…トロッコで遠くに来すぎた良平。
・第四場面（214・5～215・16）…帰りを気にする良平。
・第五場面（215・17～216・8）…暗くなる一方の道を駆け続ける良平。
・第六場面（216・9～217・8）…家に帰り着いた良平。
・第七場面（217・9～終わり）…大人になった良平。

●主題

少年の頃の思い出と、大人になった現在の行く先に存在する、不安感や焦燥《しょうそう》感。

良平のさまざまな感情が描《えが》かれているが、その感情は、良平が大人になった第七場面にまで引き継がれている。ここで人生の行く先に少年時代の体験を重ね合わせ、更に現実感を持たせているところに作品のおもしろさがある。

作家と作品 芥川龍之介《あくたがわりゅうのすけ》 教科書218・219ページ

・一八九二年東京都に生まれ、一九二七年三十五歳で亡《な》くなる。
・東京大学在学中に発表した「鼻」で夏目漱石《なつめそうせき》から高い評価を受ける。
・日本の古典の物語集に題材を求めた「羅生門《らしょうもん》」「芋粥《いもがゆ》」、童話「杜子春《とししゅん》」「蜘蛛《くも》の糸」、自身を描いた「或阿呆《あるあほう》の一生」などがある。

新出漢字・新出音訓

読みの太字は送り仮名を示す。（ ）は中学校では学習しなくてもよい読みを、—線は特別な言葉に限って使われる読みを示す。例は用例を示し、例中の太字は教科書本文中の語句であることを示す。新出音訓の▼は、常用漢字表の「付表」の語を示す。□には漢字を、（ ）には読みを書こう。

p.210 **搬** ハン 13画 手 □
持ちはこぶ。例**運搬**《うんぱん》。搬送《はんそう》。搬入《はんにゅう》。

p.210 **旬** ジュン／シュン 6画 日 □
一か月のうちの十日間。例**初旬**《しょじゅん》。旬刊《じゅんかん》。

p.210 **泥** （デイ） どろ 8画 水 □
①水のまじった土。例**泥**《どろ》。泥水《どろみず》。汚泥《おでい》。②ぐにゃぐにゃしている。例泥酔《でいすい》。③こだわる。例拘泥《こうでい》。

p.211 **勾** コウ 4画 勹 □
かぎ形に曲がる。例**勾配**《こうばい》。

p.211 **郎** ロウ 9画 阝 □
男。例**野郎**《やろう》。新郎《しんろう》。

p.211 **憶** オク 16画 心 □
①おぼえる。例**記憶**《きおく》。②思う。口に出さずに思いをはせる。例追憶《ついおく》。

p.212 **彩** サイ （いろどる） 11画 彡 □
色をつける。色。例**色彩**《しきさい》。彩色《さいしょく》。

p.213 **褒** （ホウ） ほ**める** 15画 衣 □
物事のすぐれている点を認め、それをよく言う。例**褒**《ほ》**める**。褒美《ほうび》。

p.213 **爪** つめ／つま 4画 爪 □
手足のつめ。つめの形をしたもの。例**爪先**《つまさき》**上**《あ》**がり**。爪切《つめき》り。

p.214 **崖** ガイ がけ 11画 山 □
切り立ったがけ。例**崖**《がけ》。断崖《だんがい》。

p.214 **頑** ガン 13画 頁 □
①じょうぶ。例**頑丈**《がんじょう》。頑健《がんけん》。②融通《ゆうずう》が利《き》かない。例頑固《がんこ》。頑張《がんば》る。

p.214 **菓** カ 11画 艹 □
①間食用の食べ物。おかし。例**駄菓子**《だがし》。菓《か》子《し》折《お》り。②くだもの。木の実。

p.214 **掛** か**ける** か**かる** かかり 11画 手 □
すえる。ぶらさげる。高いところにとまる。例**掛**《か》**ける**。

p.214 **蹴** シュウ ける 19画 足 □
足でける。例**蹴**《け》**る**。蹴球《しゅうきゅう》。

p.215 **邪** ジャ 8画 阝 □
①正しくない。心がねじけている。例**邪魔**《じゃま》。邪道《じゃどう》。②人の病を起こさせたりする。例邪鬼《じゃき》。

p.215 **履** リ はく 15画 尸 □
①はく。はきもの。例**草履**《ぞうり》。②おこなう。おこない。例履行《りこう》。履歴《りれき》。

p.217 **朱** シュ 6画 木 □
①「朱肉《しゅにく》」「朱墨《しゅぼく》」の略。例**朱筆**《しゅふで》。②あか。あけ。例朱色《しゅいろ》。

■ **新出音訓** （——線部の読みを書こう。）

①薄暮が迫る。 p.211 （　　）
②有頂天になる。 p.211 （　　）

③乳飲み子を抱く。 p.214 （　　）
④▼草履を脱《ぬ》ぐ。 p.215 （　　）
⑤▼足袋を履く。 p.215 （　　）
⑥門口へ駆け込む。 p.216 （　　）

答 ①はくぼ ②うちょうてん ③ち ④ぞうり ⑤たび ⑥かどぐち

「薄暮」は日が暮れる頃のことだよ。「たそがれ」とも言うね。

「足袋」は着物を着るときに履くわね。

「門口」は、家や門の出入り口の辺りのことだよ。

語句・文の意味

語義が複数の場合、①に教科書本文中の語義を示してある。類は類義語、対は対義語、文は語句を用いた短文例を示す。
●印は、教科書の脚注に示されている語句である。

▼210ページ

運搬《うんぱん》 ものを運ぶこと。

あおるように車台《しゃだい》が動《うご》いたり トロッコの車台が、起伏に合わせて上下に揺《ゆ》れる様子を表す。

おそるおそる ひどく緊張してためらいがちに。

▼211ページ

二度目《にどめ》の車輪《しゃりん》の音《おと》は……驚《おどろ》かさなかった 良平が、すぐに緊張よりも喜びの気持ちでいっぱいになったことを表す。

勾配《こうばい》 傾《かたむ》きの大きさ。

突《つ》き当《あ》たりの風景《ふうけい》は……目《め》の前《まえ》へ展開《てんかい》してくる トロッコのスピードが上がり、目に見える風景がどんどん迫ってては流れていく様子を表している。

薄暮《はくぼ》 夕方、日が暮れる頃。類夕暮れ。

有頂天《うちょうてん》 得意の頂点にある様子。文新しいラケットを買ってもらった僕は、有頂天になっていた。

のみならず それだけではなく。そればかりではなく。文彼は陸上競技の一流選手だ。のみならず、水泳も得意としている。

ほのめく うっすらと見える。かすかに目にとまる。

しかしその記憶《きおく》さえも……薄《うす》れるらしい 最後の段落で大人になった良平が出てくるが、ここの表現で八歳の頃の良平の描写が回想であることが分かる。

▼212ページ

枕木《まくらぎ》 鉄道のレールの下に並べて敷いてある木材。現在は、木材ではなくコンクリート製が多い。

▼213ページ

うつむき 顔を下に向けた状態。対あおむき。

巻《ま》きたばこ 紙や葉で巻きかためて、細い棒状にしたたばこ。

黙々《もくもく》 黙り込んだまま何かをしている様子。

おずおず 恐れてためらいがちに。類おそるおそる。

ひた滑《すべ》りに ただひたすら前へと滑る様子。「ひた〜」で、その状態のほかの何でもない様子を表す。

風《かぜ》をはらむ 風を中に含んでふくらむ。

▼214ページ

薄《うす》ら寒《さむ》い なんとなく寒い感じがする。

行《い》くところまで行《い》き着《つ》かなければ……帰《かえ》れない トロッコに積んである枕木を下ろす

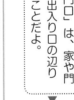

作業所まで行って仕事を終えなければ、トロッコは良平の村の方に戻ることはできないということ。

わら屋根《やね》 わらでふいた屋根のこと。

乳飲《ちの》み子《ご》 まだ母乳を飲んでいる赤ん坊。

悠《ゆう》々《ゆう》 余裕《よゆう》を持って、落ち着いている様子。類悠然。

……しなに ……するときに。……するのとほとんど同時に。文友人は、帰りしなに母に軽く頭を下げた。

冷《れい》淡《たん》 優しさや同情などの感情を示さない様子。類冷ややか。冷然。

取《と》り繕《つくろ》う ここでは、気まずい雰囲気《ふんいき》や自分にとってよくない状況をおさめようと、うわべを飾《かざ》るという意味。

気持《きも》ちを紛《まぎ》らせる 気持ちを他のことに向けて、そのことが分からないようにごまかす。

▼215ページ

無造作《むぞうさ》に わけなく。あっさりと。

今日《きょう》は向《む》こう泊《ど》まりだから 土工たちが、良平の住む村の方に戻るのではなく、行き着いたところでそのまま夜をこすことを表している。良平は土工たちとトロッコで帰れるのではなく、一人で歩いて帰らなければならないことがこの言葉で分かったのである。

あっけにとられる 予想外のことに、驚いてぽかんとする様子。文妹の奇抜《きばつ》な服装を見て、あっけにとられる。

かれこれ ここでは、大体そうなりそうな様子を表す。類そろそろ。

取《と》って付けたよう 言動が不自然で、わざとらしい様子。

無我夢中《むがむちゅう》 何かに心を奪《うば》われ、我を忘れること。

それは無理《むり》に……クークー鳴《な》った 涙が込み上げてくるのをぐっとがまんしても、がまんしきれずに鼻を詰まらせてしまう様子を表す。

ほてり ここでは、夕焼けで空が赤く染まっていること。

気《き》が気《き》でない 気にかかって落ち着かない。文電車が止まり、約束の時間に間に合うか、気が気でない。

ひと思《おも》いに いろいろ考えずに思い切って。

べそをかく 子供が、今にも泣きそうな顔になる。

▼216ページ

電灯《でんとう》の光《ひかり》に……はっきり分《わ》かった 良平が汗びっしょりになり、電灯の光に照らされて汗が蒸気になるのが見える様子を表す。

女衆《おんなしゅ》・男衆《おとこしゅ》 女の人たち。男の人たち。

あえぎあえぎ 息を切らせながら。苦しそうに呼吸をしながら。

床《とこ》屋《や》 整髪《せいはつ》や顔そりなど、頭部や顔の手入れをする店。理容店。理髪店。

殊《こと》に 他とは違っている様子。類特に。ことさら。

手足《てあし》をもがく やたらと手足を動かす。

すすり上《あ》げる 鼻水や息を吸い込みながら、しゃくりあげる。

▼217ページ

校《こう》正《せい》 印刷物の仮刷りを原稿と照らし合わせて、誤りを正すこと。文字や文章の間違いを正すこと。

どうかすると 場合によると。何かのはずみに。類ややもすると。

薄暗《うすぐら》いやぶや坂《さか》のある道《みち》が……断続《だんぞく》している 大人になった良平が、今後の仕事や生活に終わりのない不安を感じていることを表している。

断続《だんぞく》する とぎれとぎれになりながらも続く。

読み解こう

場面ごとの内容を捉えよう。□の中には当てはまる言葉を書こう。

第一場面 〔初め～210・21〕…良平のトロッコに対する憧れ。

■主人公について押さえる。

・主人公＝良平（八歳）
・小田原《おだわら》・熱海《あたみ》間の軽便《けいべん》鉄道の敷設工事に使われるトロッコに、憧れの気持ちを抱いている。

■トロッコや土工についての細かい描写を捉える。

【トロッコ】（山を下るとき）
・①□ように車台が動く。
・土工のはんてんの裾《すそ》がひらつく。
・細い線路がしなる。

【土工】
・②□にトロッコを飛び降りるが早いか、その線路の終点へ車の土をぶちまける。
・今度はトロッコを押し押し、もと来た山の方へ登り始める。

▼①あおる　②身軽

・**ポイント**　軽快に走るトロッコや、慣れた動きで作業をする土工たちの様子がいきいきと描《えが》かれ、それを憧れの目で見つめる良平の思いが伝わってくる。

テストに出る!

問　良平は、トロッコや土工たちの様子を眺めながらどのように思ったか。

答　土工になりたい、せめて一度でも土工といっしょにトロッコへ乗りたい、乗れないまでも押すことさえできたら、と思った。

◆少しでもトロッコに近づきたいという良平の思いを捉える。

第二場面 〔210・22～212・2〕…初めてトロッコに乗った良平。

■初めてトロッコに乗った良平の、気持ちの変化を押さえる。

・三人の子供は、いちばん端のトロッコを①□押した。
→憧れのものに初めて触れる緊張した気持ち。
・ごろりと車輪の回る音にひやりとしたが、二度目の音には驚かなかった。
→すぐに緊張が消え去り、喜びのほうが勝っている。
・「さあ、乗ろう!」と言って、トロッコの上へ飛び乗った。
→初めてトロッコに乗れる機会を得て、意気揚々《ようよう》としている。
・勢いよく線路を下りながら、良平はほとんど②□になった。
→実際にトロッコに乗ることを体験して、得意の絶頂にある。

▼①おそるおそる　②有頂天

・**ポイント** 初めは、周囲に人がいないことを確かめながら遠慮《えんりょ》がちに手を触れていたが、トロッコの動きが速くなるにつれ、徐々《じょじょ》に喜びと興奮が高まっていっている。

■**トロッコが坂を下っていくときの情景描写を押さえる。**

・突き当たりの風景は、……目の前へ展開してくる。（211・17）

・顔に当たる薄暮の風、足の下に躍《おど》るトロッコの動揺《どうよう》（211・19）

→トロッコが［　　］坂を下るスピード感が表現されている。

▼勢いよく

・**ポイント** 目の前の景色が飛ぶように後ろへと過ぎていく情景や、風を切り、ガタガタと揺《ゆ》れながら走る感覚などが、臨場感のある表現で描写されている。

■**「背の高い土工」の描写から、初めてのトロッコ体験の印象を読み取る。**

・土工が身につけていた印ばんてんや、小さい黄色い［　　］のことを、はっきりと記憶している。

▼麦わら帽

・**ポイント** 「今でも」（211・38）とは、良平が大人になった現在のことであり、語り手が良平の少年時代の出来事を回想していることが分かる。大人になっても背の高い土工の帽子まで記憶しているほど、初めてのトロッコ体験は良平に鮮烈な印象を与えたのである。

第三場面 **〔212・3〜214・4〕…トロッコで遠くに来すぎた良平。**

■**二人の若い土工から、良平が受けた印象を押さえる。**

・二人に親しみやすさを感じ、この人たちならば①［　　］だろうと思った。

・良平のことを、「なかなか力があるな。」と褒めてくれた。

・いつまでも押していていいと言ってくれて、②［　　］人たちだと思った。

▼①叱《しか》られない　②優しい

・**ポイント** 先日土工に怒鳴られて以来、「トロッコを見ても、二度と乗ってみようと思ったことはない」（211・36）良平だったが、二人の土工に親しみやすさを感じ、声を掛けたのである。

■**トロッコを押し始めた良平の気持ちを押さえる。**

・「もう押さなくともいい。」と言われないか気がかりだった。

・「いつまでも押していていい？」と土工たちに確かめた。

・登り道のほうが、いつまでも押せるのでいいと考えた。

→できるだけ長く押していたいと願う気持ち。

・**ポイント** 勾配が緩《ゆる》くなると、自分が押して手伝う意味がなくなってしまうので、「もういい」と言われるのではないかと心配している。その点、登りの道が続けば、それだけ長く押すことができるだろうと考えたのである。

■**トロッコに乗って坂を下るときの良平の気持ちを押さえる。**

・「押すよりも［　　］ほうがずっといい。」と思った。
・行きに押すところ（＝登り道）が多ければ、帰りに乗るところ（＝下り道）が多くなると期待している。

・ポイント　トロッコへの憧れから、押すだけでもうれしくて仕方ない気持ちだったが、下り道でトロッコに乗る心地《ここち》よさを味わい、さらに幸せな気持ちが増している。

▼乗る

■みかん畑を描写した表現を押さえる。

・黄色い実がいくつも日を受けている。
・トロッコに乗って坂を下りながら、みかん畑の［　　］を感じた。

▼匂い

・ポイント　日が当たって輝く黄色、風に乗って漂《ただよ》ってくる香りなど、視覚や嗅覚《きゅうかく》に訴《うった》える、明るく爽やかな表現になっており、良平の喜びにあふれた心情を反映している。帰りにみかん畑を通るときの描写と読み比べたい。

テストに出る！

問　**良平が遠くに来すぎたことに気づいたのは、どのような瞬間か。**

答　高い崖の向こうに、広々と薄ら寒い海が開けたのを見た瞬間。

◆「薄ら寒い」という言葉にも着目する。良平の心情が、喜びや幸福から一転し不安と焦《あせ》りに変わったことが読み取れる。

第四場面　**〔214・5〜215・16〕…帰りを気にする良平。**

■またトロッコへ乗ったときの良平の気持ちを読み取る。

・さっきのようにおもしろい気持ちにはなれなかった。
・もう帰ってくれればいいと念じた。

・ポイント　いつまでもトロッコを押していたいと願っていた気持ちは消え、どこまで行くのかという不安がしだいに広がってきている。

■茶店に入ったときの土工と良平の行動を押さえる。

【土工】・茶店のかみさんを相手に、悠々と茶などを飲み始めた。
・良平に駄菓子《だがし》をくれた。

【良平】・［　　］しながら、トロッコの周りを回った。
・駄菓子を受け取り、冷淡に「ありがとう。」と言ったが、相手にすまないと思い直し、取り繕うように一つ食べた。

▼いらいら

・ポイント　良平の不安をよそに、土工たちはのんびりと過ごしており、そのことが良平をさらにいら立たせている。しかし、土工の親切に対し、冷淡にしてはいけないと相手の心情を気にする余裕《よゆう》もまだ持っている。

■茶店を出て再び出発してからの良平の様子を押さえる。

・トロッコを押しながら、良平の心はほかのことを考えていた。
・また土工たちが茶店に入った後は、①［　　］ことばかり気にしていた。

・もう日が暮れると思うと、ぼんやり腰かけてもいられず、トロッコの車輪を蹴ってみたり、一人で押してみたりして、気持ちを[②]いた。

▼①帰る　②紛らせて

・**ポイント**　不安と焦りが押し寄せ、ほかのことを考える余裕を失っているが、できるだけ考えないようにしていることが分かる。

■**「われはもう帰んな。……向こう泊まりだから。」（215・3）という土工の言葉が、良平をどのような気持ちにさせたかを考える。**

・一瞬間あっけにとられた。

・これから長い夜道を一人で帰らなければならない、という現実が一時に分かった。

・**ポイント**　それまで、良平は遠くに来たことに気づきながらも考えないようにして、土工たちが帰路に就《つ》くことを期待していた。ところが、この言葉で現実が突きつけられ、良平は絶望に近い気持ちに突き落とされている。親切に見えた土工たちの「無造作に」（215・2）という態度にも、良平は裏切られたような気持ちになったことだろう。

■**土工の言葉を聞いてから走りだすまでの良平の気持ちを捉える。**

・ほとんど泣きそうになったが、泣いてもしかたがない、泣いている場合ではないとも思った。

・土工たちに[　]ようなお辞儀《じぎ》をして、どんどん走りだした。

▼取って付けた

・**ポイント**　泣きたいほどの不安より、一刻も早く帰らなければならないという焦りが勝っている。土工たちに対しても、丁寧《ていねい》に挨拶《あいさつ》をする心の余裕がない様子が表れている。

第五場面　〔215・17〜216・8〕…暗くなる一方の道を駆け続ける良平。

■**帰り道の良平の様子を押さえる。**

・線路のそばを[①]に走り続けた。

・懐《ふところ》の菓子包みを邪魔に感じて放り出し、板草履も脱ぎ捨てた。

・汗が気になり、羽織も脱ぎ捨てた。

・「命さえ助かれば。」という思いだった。

・走っている間は、ときどき涙が込み上げてきて顔がゆがんだが、無理に[②]した。

・村外れの工事場が見えたとき、ひと思いに泣きたくなり、べそをかいたが、泣かなかった。

・村人から声を掛けられても、返事もしなかった。

▼①無我夢中　②我慢

・**ポイント**　無事に家に帰り着くことだけを考えて、必死で走り続ける様子が描かれている。八歳の少年が暗い見知らぬ道を一人で行く心細さと恐怖《きょうふ》心が、臨場感のある描写から読み取れる。「命さえ助かれば」という言葉には、良平の追い詰められた気持ちが表れている。

工事場が見えた時点で、家の近くまで戻って来られたのだと分かり、緊張の糸が緩みかけたが、家に帰り着くまでは安心できないと思い直して走り続けている。

■**行き道と帰り道の景色の違いを読み取る。**

・竹やぶを通るとき…夕焼けが消えかかっていた。

・みかん畑へ来る頃…辺りは［　　］一方だった。 ▼暗くなる

・ポイント 行きと帰りとでは、同じ場所でも異なる描写がされて、時の経過と良平の不安な気持ちを表している。特にみかん畑は、行き道では日に照らされた明るい光景として描かれており、対照的である。

第六場面 〔216・9～217・8〕…家に帰り着いた良平。

■**涙をこらえながら家に帰り着いた良平の様子を読み取る。**

・家の［　　］へ駆け込んだとき、とうとう大声に、わっと泣きだした。手足をもがきながら、すすり上げて泣き続けた。 ▼門口

・ポイント 家に駆け込んだ瞬間、無事に帰って来た安心感で、抑《おさ》えていたつらさや悔《くや》しさ、心細さが一気にあふれていることが読み取れる。

テストに出る!

問 **良平が、「何と言われても泣き立てるよりほかにしかたがなかった。」(217・4)のはなぜか。説明しなさい。**

答 一人で夜道を駆け通してきたことが、言葉で表すことができないほど心細くつらいことだったから。

第七場面 〔217・9～終わり〕…大人になった良平。

■**第七場面が、物語の中でどのような意味を持っているかを考える。**

・トロッコをめぐるてんまつが、人生を投影したものであることを意味づけている。

・ポイント ここでの良平は、大人になって妻子を持ち、校正の仕事に就いている。「塵労に疲れた……断続している。」(217・14)とあるように、目の前に続く生活や仕事への不安や焦りが、八歳の頃に走った不安でいっぱいの夜道と重ね合わせられている。

テストに出る!

問 **作者が、「全然何の理由もないのに?」(217・13)と疑問形で表しているのはなぜか。説明しなさい。**

答 良平は何の理由もなく八歳の頃の自分を思い出すと思っているが、実は理由がないのではなく、現在置かれている状況が家へと走った道と同じように、終わりの見えない不安や焦りに満ちているせいだから。

課題 教科書217ページ

○ **さまざまな情景の描写がどのような効果をあげているか、話し合ってみよう。**

解説 第一場面のトロッコのさっそうとした描写、第二場面でトロッコに初めて乗ったときの周りの景色、第三～六場面で土工とトロッコを押しているときや走って帰るときの周りの景色の描写を細かく読み取ろう。そして、それらが良平のどのような心情につながっているか、どのように場面を盛り上げているかを考えて、それぞれの意見を出し合おう。

小学校六年の漢字〈日常〉 教科書222〜223ページ

教科書の問題の答え

1 異
2 域
3 裏
4 映
5 延
6 恩
7 片
8 洗・干
9 巻
10 簡
11 危・除
12 揮
13 疑
14 供・呼
15 暮
16 尊敬
17 激・降
18 券
19 厳
20 己
21 誤
22 孝
23 紅
24 刻
25 困難
26 砂糖
27 座
28 誌・冊
29 至
30 私
31 姿
32 詞
33 舌
34 捨
35 専・従
36 純
37 処
38 承
39 将
40 傷
41 障
42 寸
43 誠
44 銭
45 善
46 奏
47 窓
48 創
49 装
50 蔵
51 存
52 退
53 宅
54 卵・忘
55 担
56 値段
57 著
58 頂
59 腹痛
60 机・並
61 乳・届
62 納
63 灰
64 班
65 晩
66 秘密
67 閉
68 宝
69 亡
70 枚
71 認
72 模
73 盛
74 優
75 幼・誕
76 欲
77 翌
78 朗
79 若
80 割
81 我

やってみよう 傍線部を漢字で書こう。

形の似ている漢字

① 胃や腸などのないぞう。
図書館がしょぞうする書物。

② 資料をさんこうにして書く。
親にこうこうする。

③ 銅をふくんだこうせきをほる。
こうてつの柱を使った建物。

④ りくじょう競技の選手。
国王へいかにお目にかかる。

⑤ ひっしゃの主張を読み取る。
作者のちょさく権を保護する。

⑥ かもつを積んだ列車が走る。
労働者にちんぎんをはらう。

⑦ 先祖のはか参りをする。
新しい時代のまく開け。

解答 ①内臓・所蔵 ②参考・孝行 ③鉱石・鋼鉄 ④陸上・陛下 ⑤筆者・著作 ⑥貨物・賃金 ⑦墓・幕